中学教科書ワーク 学習カード

Pocket Study

ポケットスタディ

英単語カード

2年

アプリ対応

1 abroad
go abroad

2 action
take action to clean the town

3 ago
three years ago

4 album
see an album

5 along
along the road

6 among
a house among the trees

7 answer
answer the question

8 area
shopping area

9 arrive
arrive at the station

10 aunt
visit my aunt

11 away
Go away!

12 back
Come back here.

13 become
become a singer

14 behind
behind the tree

15 best
my best friend

16 better
much better

17 between
between 8 to 10

18 borrow
borrow a pen

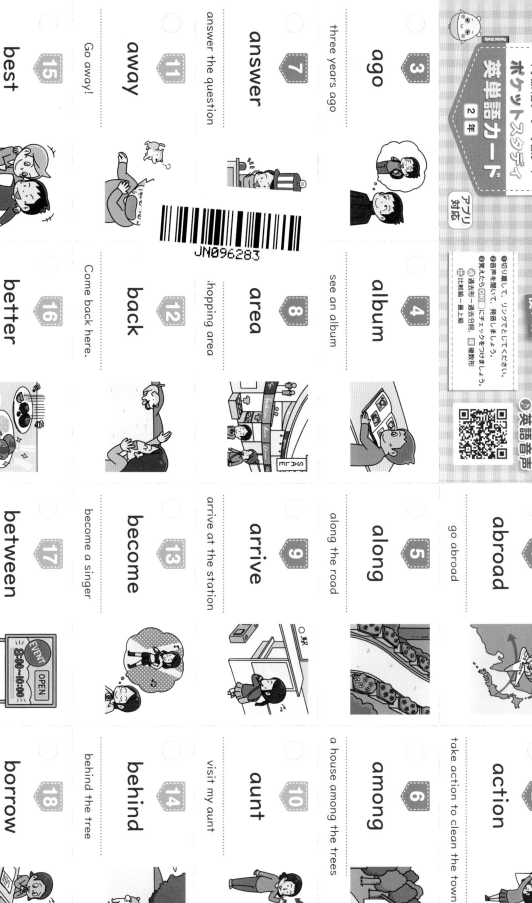

OK!

3 OK!
（今から）～前に
3年前に

7 OK!
～に答える／答え、返事
質問に答える

11 OK!
去って、はなれて
あっちへ行け！

15 OK!
《goodの最上級》最もよい／《wellの最上級》最もよく
私のいちばんの友人
good / well – better – best

4 OK!
アルバム
アルバムを見る

8 OK!
区域、地域、場所
ショッピングエリア

12 OK!
戻って、返して／後ろの、裏の
ここに戻っておいで。

16 OK!
《goodの比較級》よりよい／《wellの比較級》よりよく
ずっとよい
good / well – better – best

1 OK!
外国に、海外に
外国へ行く

5 OK!
～に沿って
道に沿って

9 OK!
到着する
駅に到着する

13 OK!
～になる
歌手になる
became – become

17 OK!
～（と…）の間で
8時から10時の間に

2 OK!
行動、アクション
街をきれいにするための行動をとる

6 OK!
～の中で[に]、～の間で[に]
木々の中にある家

10 OK!
おば、おばさん
おばをたずねる

14 OK!
～の後ろに
木の後ろに

18 OK!
～を借りる
ペンを借りる

19 both — Both Lily and Meg like Tom.

20 bottle — a bottle of water

21 build — build a house

22 call — Call me Cathy.

23 camp — camp in a forest

24 careful — Be careful.

25 case — a pencil case

26 catch — catch a ball

27 change — change the color

28 choose — choose a card

29 clean — clean my room

30 clothes — change clothes

31 cold — cold drink

32 collect — collect stamps

33 contest — a chorus contest

34 continue — continue playing the video game

35 country — large countries

36 course — Can I use your eraser? — Of course.

37 decide — decide to go to university

38 drop — drop my key

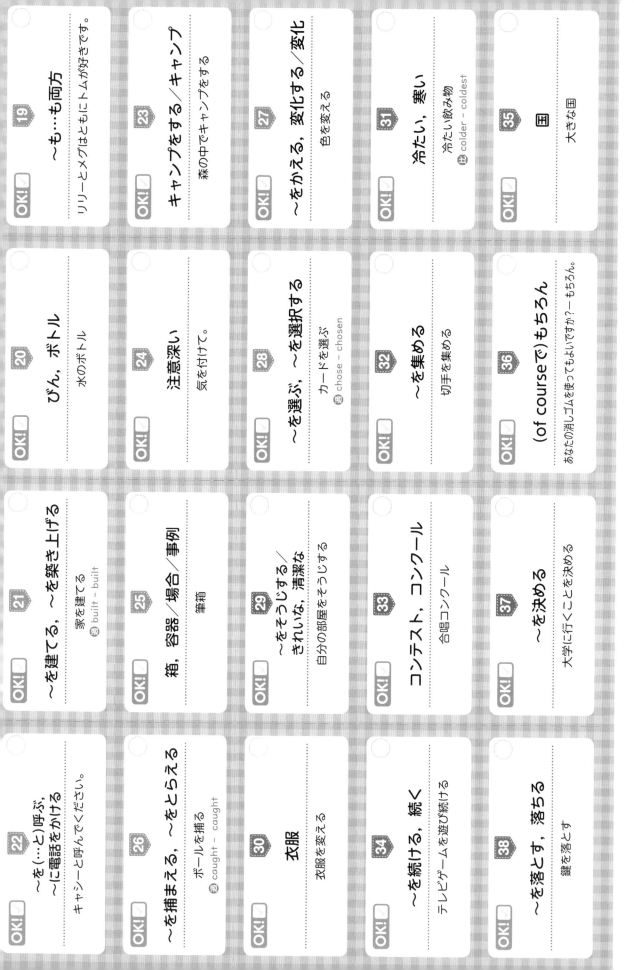

19 OK!
～も…も両方
リリーとメグはともにトムが好きです。

20 OK!
びん、ボトル
水のボトル

21 OK!
～を建てる、～を築き上げる
家を建てる
動 built - built

22 OK!
～を(…と)呼ぶ、
～に電話をかける
キャシーと呼んでください。

23 OK!
キャンプをする／キャンプ
森の中でキャンプをする

24 OK!
注意深い
気を付けて。

25 OK!
箱、容器／場合／事例
筆箱

26 OK!
～を捕まえる、～をとらえる
ボールを捕る
動 caught - caught

27 OK!
～をかえる、変化する／変化
色を変える

28 OK!
～を選ぶ、～を選択する
カードを選ぶ
動 chose - chosen

29 OK!
～をそうじする／
きれいな、清潔な
自分の部屋をそうじする

30 OK!
衣服
衣服を変える

31 OK!
冷たい、寒い
冷たい飲み物
比 colder - coldest

32 OK!
～を集める
切手を集める

33 OK!
コンテスト、コンクール
合唱コンクール

34 OK!
～を続ける、続く
テレビゲームを遊び続ける

35 OK!
国
大きな国

36 OK!
(of courseで) もちろん
あなたの消しゴムを使ってもよいですか？－もちろん。

37 OK!
～を決める
大学に行くことを決める

38 OK!
～を落とす、落ちる
鍵を落とす

39 easy

It's easy for me.

40 example

show an example

41 excuse

Excuse me.

42 fan

I'm a soccer fan.

43 far

far from here

44 fever

a high fever

45 few

a few coins

46 follow

follow a rule

47 foreign

foreign countries

48 forget

forget her name

49 forward

look forward to seeing our grandchild

50 front

in front of the house

51 glad

I'm glad to see you.

52 guess

Can you guess?

53 half

half of an apple

54 hall

a concert hall

55 happen

What happened?

56 hard

work hard

57 headache

have a headache

58 hear

hear the news

OK! **39**

簡単な、やさしい

それは私には簡単です。
🔊 easier – easiest

OK! **40**

例

例を見せる

OK! **41**

～を許す

すみません。

OK! **42**

ファン／扇、うちわ

私はサッカーのファンです。

OK! **43**

遠くに

ここから遠くに

OK! **44**

熱

高熱

OK! **45**

少しの

数枚のコイン
🔊 fewer – fewest

OK! **46**

～に従う、～を守る

規則に従う

OK! **47**

外国の

外国

OK! **48**

（～を）忘れる

彼女の名前を忘れる
🔊 forgot – forgot[forgotten]

OK! **49**

先へ、～に向かって

孫に会うことを楽しみにする

OK! **50**

前、正面／前の

家の前で

OK! **51**

うれしい

あなたに会えてうれしいです。

OK! **52**

（～を）推測する

推測できますか？

OK! **53**

半分

リンゴ半分

OK! **54**

会館、ホール

コンサートホール

OK! **55**

起こる、生じる

何が起きたのですか？

OK! **56**

一生懸命に、熱心に

一生懸命働く
🔊 harder – hardest

OK! **57**

頭痛

頭痛がする

OK! **58**

～を聞く、～が聞こえる

ニュースを聞く
🔊 heard – heard

59 heart

My heart is beating fast.

63 if

If it is sunny, we can play baseball.

67 inside

inside the house

71 late

Don't be late for the class.

75 lonely

She felt lonely.

60 history

Japanese history

64 important

an important message

68 job

find a job

72 learn

learn English

76 lose

lose my way

61 holiday

enjoy a holiday

65 influence

He is influenced by the movie.

69 just

It's just three o'clock.

73 little

a little milk

77 love

I love dogs.

62 idea

a good idea

66 information

get information

70 last

I slept well last night.

74 local

try local food

78 magazine

read a magazine

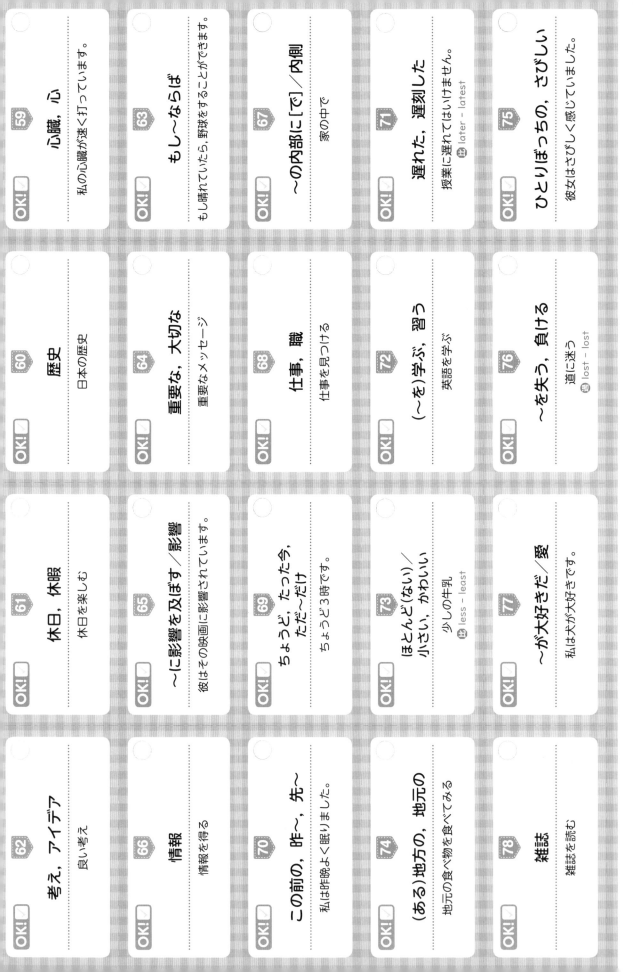

59 心臓、心
私の心臓が速く打っています。

60 歴史
日本の歴史

61 休日、休暇
休日を楽しむ

62 考え、アイデア
良い考え

63 もし〜ならば
もし晴れていたら、野球をすることができます。

64 重要な、大切な
重要なメッセージ

65 〜に影響を及ぼす／影響
彼はその映画に影響されています。

66 情報
情報を得る

67 〜の内部に［で］／内側
家の中で

68 仕事、職
仕事を見つける

69 ちょうど、たった今、ただ〜だけ
ちょうど3時です。

70 この前の、昨〜、先〜
私は昨晩よく眠りました。

71 遅れた、遅刻した
授業に遅れてはいけません。
later - latest

72 (〜を)学ぶ、習う
英語を学ぶ

73 ほとんど(ない)／小さい、かわいい
少しの牛乳
less - least

74 (ある)地方の、地元の
地元の食べ物を食べてみる

75 ひとりぼっちの、さびしい
彼女はさびしく感じていました。

76 〜を失う、負ける
道に迷う
lost - lost

77 〜が大好きだ／愛
私は犬が大好きです。

78 雑誌
雑誌を読む

79 main 
the main street

80 market 
a fish market

81 meat 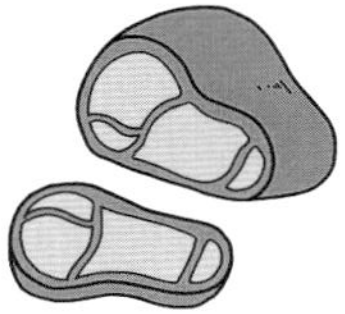
fresh meat

82 middle 
the middle of a circle

83 miss 
miss the train

84 most 
the most popular

85 must 
I must finish my homework.

86 national 
a national holiday

87 nature 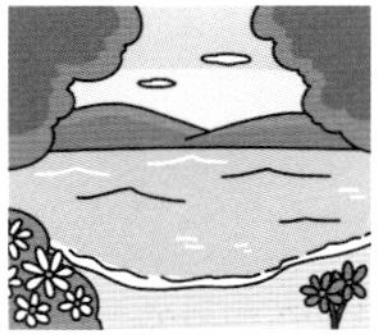
beautiful nature

88 need 
I need some water.

89 only 
children under 6 years only

90 outside 
It's hot outside.

91 over 
all over the world

92 pardon 
Pardon me?

93 part 
take part in the activity

94 party 
a welcome party

95 pass 
pass the exam

96 perform 
perform a famous play

97 performance 
an exciting performance

98 phone 
on the phone

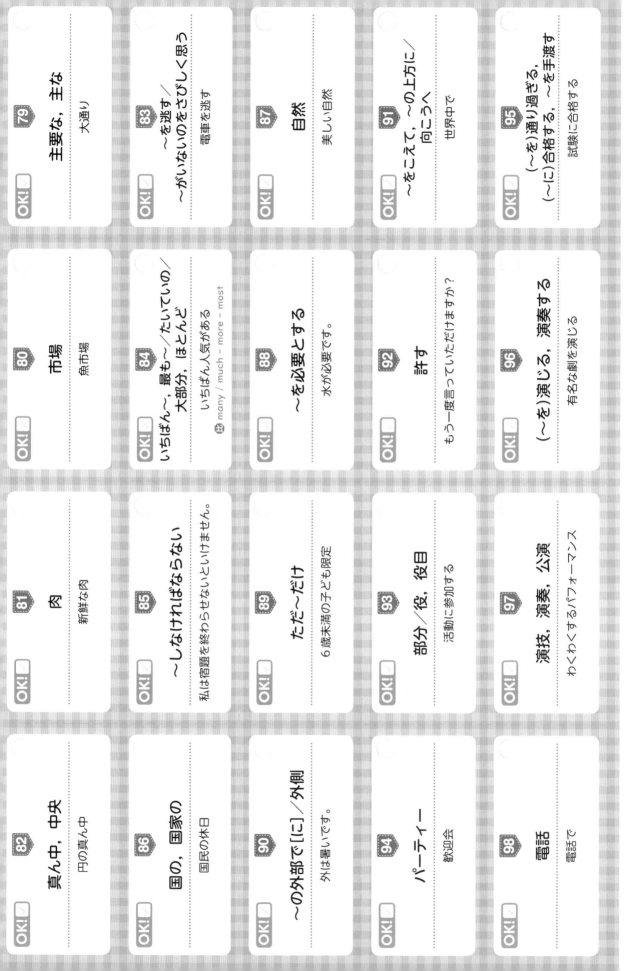

79 主要な、主な
大通り

80 市場
魚市場

81 肉
新鮮な肉

82 真ん中、中央
円の真ん中

83 ～を逃す／
～がいないのをさびしく思う
電車を逃す

84 いちばん～、最も～／たいていの／
大部分、ほとんど
いちばん人気がある
many / much – more – most

85 ～しなければならない
私は宿題を終わらせないといけません。

86 国の、国家の
国民の休日

87 自然
美しい自然

88 ～を必要とする
水が必要です。

89 ただ～だけ
6歳未満の子ども限定

90 ～の外部で[に]／外側
外は暑いです。

91 ～をこえて、～の上方に／
向こうへ
世界中で

92 許す
もう一度言っていただけますか？

93 部分／役、役目
活動に参加する

94 パーティー
歓迎会

95 (～を)通り過ぎる、
(～に)合格する、～を手渡す
試験に合格する

96 (～を)演じる、演奏する
有名な劇を演じる

97 演技、演奏、公演
わくわくするパフォーマンス

98 電話
電話で

99 photo

a photo of my father

100 pick

pick up garbage

101 piece

a piece of cheese

102 plant

grow plants

103 point

I understand your point.

104 poor

a poor boy

105 power

This robot is powered by the sun.

106 prepare

prepare for school

107 problem

solve a problem

108 quickly

move quickly

109 quiet

Be quiet.

110 rich

a rich woman

111 right

Which is the right answer?

112 rise

The sun rises.

113 role

play the role of a prince

114 round

a round table

115 sale

for sale

116 same

have the same T-shirt

117 sell

This store sells flowers.

118 send

send an e-mail

OK!	99 写真	私の父の写真	OK!	100 ~をつむ	ゴミを拾う	OK!	101 部分、断片／作品	1切れのチーズ	OK!	102 植物	植物を育てる

99 写真
私の父の写真

100 ～をつむ
ゴミを拾う

101 部分、断片／作品
1切れのチーズ

102 植物
植物を育てる

103 論点、特徴、ポイント
あなたの論点はわかります。

104 貧しい、かわいそうな
かわいそうな男の子

105 ～に動力を供給する／力、動力
このロボットは太陽光で動いています。

106 （～の）準備をする
学校の準備をする

107 問題
問題を解く

108 速く、素早く、すぐに
素早く動く

109 静かな
静かにして。

110 裕福な、金持ちの
裕福な女性
🔊 richer – richest

111 正しい、正確な／ちょうど、すぐに／権利
どちらが正しい答えでしょう？

112 のぼる、上がる
太陽がのぼる。
🔊 rose – risen

113 役、役割
王子の役を演じる

114 丸い、球形の
丸いテーブル

115 販売
売り出し中

116 同じ、同一の／同じもの
同じTシャツを持っている

117 ～を売る
この店は花を売っています。
🔊 sold – sold

118 （～に）…を送る
メールを送る
🔊 sent – sent

119	serious	serious damage
120	set	set the table
121	shall	Shall we dance?
122	share	share a cake
123	should	You should go home.
124	show	Show me the map.
125	shy	a shy girl
126	snow	It snows a lot.
127	so	I was hungry, so I ate pizza.
128	soon	I'll be there soon.
129	spend	spend two hours
130	stage	dance on a stage
131	start	start running
132	story	an interesting story
133	such	such a cute cat
134	tell	tell him the truth
135	than	taller than Bob
136	theater	at the theater
137	then	I was listening to music then.
138	ticket	buy a ticket

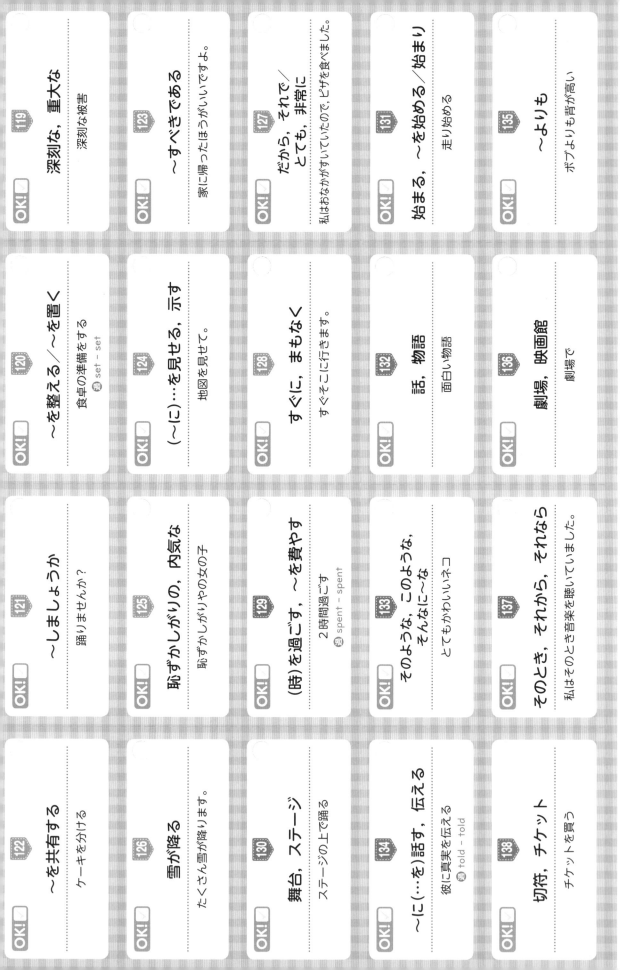

119 深刻な、重大な
深刻な被害

120 ～を整える／～を置く
食卓の準備をする
set – set

121 ～しましょうか
踊りませんか？

122 ～を共有する
ケーキを分ける

123 ～すべきである
家に帰ったほうがいいですよ。

124 (～に)…を見せる、示す
地図を見せて。

125 恥ずかしがりの、内気な
恥ずかしがりやの女の子

126 雪が降る
たくさん雪が降ります。

127 だから、それで／とても、非常に
私はおなかがすいていたので、ピザを食べました。

128 すぐに、まもなく
すぐそこに行きます。

129 (時)を過ごす、～を費やす
2時間過ごす
spent – spent

130 舞台、ステージ
ステージの上で踊る

131 始まる、～を始める／始まり
走り始める

132 話、物語
面白い物語

133 そのような、このような、そんなに～な
とてもかわいいネコ

134 ～に(…を)話す、伝える
彼に真実を伝える
told – told

135 ～よりも
ボブよりも背が高い

136 劇場、映画館
劇場で

137 そのとき、それから、それなら
私はそのとき音楽を聴いていました。

138 切符、チケット
チケットを買う

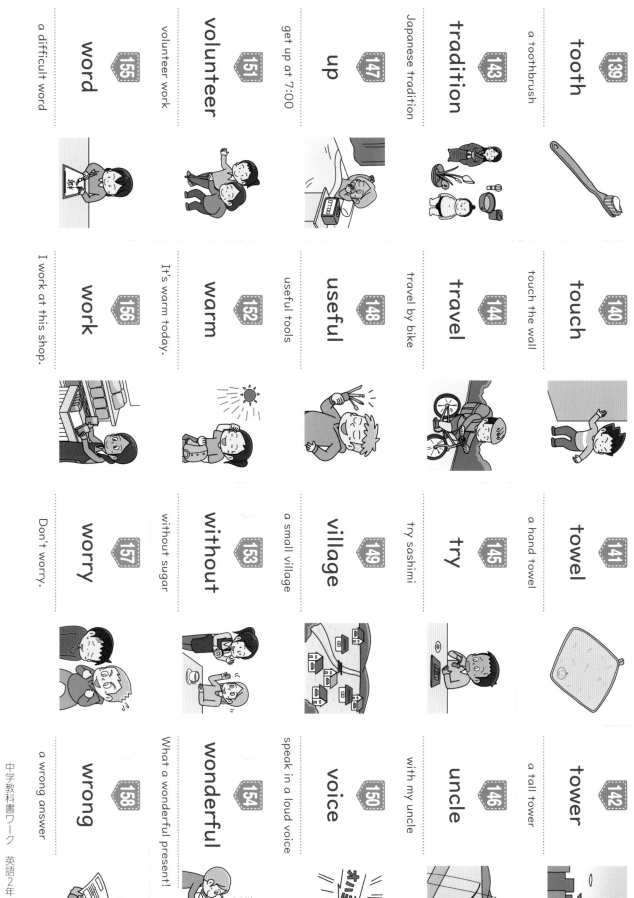

139 tooth — a toothbrush

140 touch — touch the wall

141 towel — a hand towel

142 tower — a tall tower

143 tradition — Japanese tradition

144 travel — travel by bike

145 try — try sashimi

146 uncle — with my uncle

147 up — get up at 7:00

148 useful — useful tools

149 village — a small village

150 voice — speak in a loud voice

151 volunteer — volunteer work

152 warm — It's warm today.

153 without — without sugar

154 wonderful — What a wonderful present!

155 word — a difficult word

156 work — I work at this shop.

157 worry — Don't worry.

158 wrong — a wrong answer

OK!	139 歯	OK!	140 ～にさわる、ふれる	OK!	141 タオル	142 塔、タワー
	歯ブラシ 歯 teeth		壁にさわる		ハンドタオル	高いタワー

OK!	143 伝統	OK!	144 旅行する	OK!	145 (～を)試みる、やってみる	146 おじ、おじさん
	日本の伝統		自転車で旅行する		刺身を食べてみる	おじといっしょに

OK!	147 上に、起きて、終わって	OK!	148 役に立つ	OK!	149 村	150 声
	7時に起きる		便利な道具		小さな村	大きな声で話す

OK!	151 ボランティア	OK!	152 あたたかい	OK!	153 ～なしで	154 すばらしい、すてきな
	ボランティア活動		今日はあたたかいです。		砂糖なしで	なんてすばらしいプレゼントでしょう！

OK!	155 言葉、語	OK!	156 働く、努力する／仕事、職	OK!	157 心配する、悩む	158 誤った、間違った／具合が悪い
	難しい言葉		私はこの店で働いています。		心配しないで。	間違った答え

啓林館版 英語2年 もくじ

英語音声

この本の特長と使い方
3ステップと予想問題で実力をつける！

確認のワーク　ステージ1

- 文法や表現，重要語句を学習します。
- 基本的な問題を解いて確認します。
- 基本文には音声がついています。

定着のワーク　ステージ2

- ステージ1で学習したことを，さらに問題を解くことで定着させます。
- ヒントがついているので学習しやすいです。
- リスニング問題もあります。

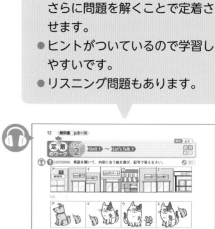

文法のまとめ

- ここまでに学習した文法をまとめて学習します。

Try! READING

- 教科書の長めの文章に対応するページです。読解力をつけます。

● ステージ1で学習したことが身についたかをテスト形式で確認します。
● リスニング問題もあります。

ホームページテスト

● 文理のウェブサイトからテストをダウンロード。たくさん問題を解いて，実力アップ！ リスニング問題もあります。　　くわしくは巻末へ➡

アクセスコード　B064330

定期テスト対策 予想問題

● 定期テスト前に解いて，実力を確かめます。
● リスニング問題もあります。

Challenge! SPEAKING

● アプリを使って会話表現の発音練習をします。AIが採点！

くわしくはChallenge! SPEAKINGの最初のページへ➡

英語音声について

● 英語音声があるものには a00 がついています。
● 音声はスマートフォン，タブレット，またはパソコンで聞くことができます。
● また文理のウェブサイトから音声ファイルをダウンロードすることもできます。

▶スマホで聞く　　　　　　　　［使い方］

▶パソコンで聞く　https://listening.bunri.co.jp/
▶ダウンロードする　　［ダウンロード方法］

 ----➡

※この本にはCDはついていません。

音声用アクセスコード　7QPFV

※音声配信サービスおよび「おん達Plus」は無料ですが，別途各通信会社の通信料がかかります。
※お客様のネット環境および端末によりご利用いただけない場合がございます。ご理解，ご了承いただきますよう，お願いいたします。

確認のワーク ステージ **1** **Unit 1** What is a Hero? ①

 読聞書話

教科書の **要点** There is[are] 〜. の文 ♪ a01

There is a picture book in your room. あなたの部屋には絵本があります。
単数名詞 場所を表す語句

There are many picture books in your room. あなたの部屋にはたくさんの絵本があります。
複数名詞 場所を表す語句

要点1

● 「…に〜がある，いる。」は〈There is [are] ＋名詞＋場所を表す語句.〉で表す。
● There is[are]のあとの名詞（主語）が単数なら is，複数なら are を使う。

プラス There is [are] 〜. は不特定のもの（人）について使い，the, this, my などがついた特定のもの（人）には使わない。特定のもの（人）が「ある，いる」というときは以下のように表す。
例 Your bag is on the bed. あなたのかばんはベッドの上にあります。

Are there many picture books in your room?
be 動詞を there の前に

あなたの部屋にはたくさんの絵本がありますか。

— Yes, there are. / No, there are not. はい，あります。/いいえ，ありません。

要点2

● There is[are] 〜. の疑問文は〈Is [Are] there＋名詞＋場所を表す語句 ?〉で表す。
● 答えるときも there を使い，Yes, there is[are]. / No, there isn't[is not]. または No, there aren't[are not]. のように答える。

Wordsチェック 次の英語は日本語に，日本語は英語になおしなさい。

□(1) round （　　　　　　） □(2) bookcase （　　　　　　）
□(3) キャラクター ＿＿＿＿＿＿ □(4) ポスター ＿＿＿＿＿＿

よく出る **1** 絵を見て例にならい，「…に〜があります[います]」という文を書きなさい。

例 There is a book on the desk.

(1) ＿＿＿＿＿＿ ＿＿＿＿＿＿ a girl in the room.
(2) ＿＿＿＿＿＿ ＿＿＿＿＿＿ a dog under the tree.
(3) ＿＿＿＿＿＿＿＿＿＿＿＿＿＿＿＿ .

 ミス注意
数えられる名詞が複数のときは，名詞に s, es をつける。

there is は2語を続けて「ゼアリズ」，there are は「ゼアラー」と発音するよ。

2 次の（ ）内から適する語を選び，〇で囲みなさい。

(1) There (is, are) six eggs in this box.

(2) There (is, are) an old magazine under the bed.

(3) There (is, are) a lot of students in the museum.

(4) (Is, Are) there two cats by the window?

(5) (Is, Are) there a park near my house?

ミス注意
(3) be 動詞のあとに a があるからといって，主語が単数だと勘ちがいしないい。

3 次の文を（ ）内の指示にしたがって書きかえるとき，＿＿＿に適する語を書きなさい。

(1) There is a library near your school.
（疑問文にかえて Yes で答える）
＿＿＿＿＿＿＿＿＿＿ a library near your school?
— Yes, ＿＿＿＿＿＿ ＿＿＿＿＿＿ .

(2) There is a rabbit in the park. （下線部を複数にかえて）
＿＿＿＿＿＿＿＿＿＿ rabbits in the park.

ここが ポイント
There is[are] ～. の疑問文の答え方
there と be 動詞を使って答える。

ここが ポイント
There is[are] ～. の文
主語が単数のときは is，複数のときは are を使う。

4 次の英文を日本語になおしなさい。

(1) There is a boy by the tree.
（ ）

(2) There are many countries in the world.
（ ）

(3) Are there lions in this zoo?   No, there aren't.
（ ）

5 絵を見て例にならい，疑問文に答えなさい。

例	(1)	(2)	(3)
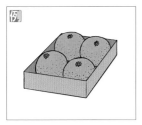	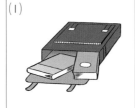	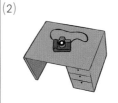	

例 Are there any oranges in the box? — Yes, there are.

(1) Are there three books in the bag?
— ＿＿＿＿＿＿ , there ＿＿＿＿＿＿ .

(2) Is there a camera on the desk?
— ＿＿＿＿＿＿ , ＿＿＿＿＿＿ ＿＿＿＿＿＿ .

(3) Is there a dog under the table?
— ＿＿＿＿＿＿＿＿＿＿＿＿＿ .

ここが ポイント
There is[are] ～. の疑問文の答え方
there と be 動詞を使って答える。

postbox[póustbàks], stone[stóun]の発音は，日本語の「ポストボックス」や「ストーン」とのちがいに注意しよう。

確認のワーク　ステージ1　**Unit 1** What is a Hero? ②　

教科書の 要点　「〜する[した]とき」の文　♪ a02

When he finds hungry people, he gives a part of his face.
〈when＋主語＋動詞〉　　　　　　　　　カンマ

= He gives a part of his face **when** he finds hungry people.
　　　　　　　　　　　　〈when＋主語＋動詞〉

おなかがすいている人を見つけたとき，彼は顔の一部を与えます。

要点
- when は「〜するとき，〜したとき」の意味で，2つの文をつなぐ働きをする。
- 文のはじめに使うときは When〜, のように，文の区切りにカンマ(,)をつける。
- when は，あとに続く〈主語＋動詞 〜〉をほかの〈主語＋動詞 〜〉に結びつける接続詞の働きをする。

Wordsチェック　次の英語は日本語に，日本語は英語になおしなさい。

- □(1) get angry （　　　　　）
- □(2) be in trouble （　　　　　）
- □(3) talk to 〜 （　　　　　）
- □(4) a part of 〜 ＿＿＿＿＿
- □(5) おなかのすいた ＿＿＿＿＿
- □(6) （〜に）…を与える ＿＿＿＿＿
- □(7) 悲しい ＿＿＿＿＿
- □(8) かぜをひく ＿＿＿＿＿

1 例にならい，次の2つの文を when を使って1文にしなさい。

例　I was five years old.　I went to America.
→ I was five years old when I went to America.

(1) Ken was always happy.　He was in Paris.

＿＿＿＿＿＿＿＿＿＿＿＿＿＿＿＿＿＿＿＿

(2) Emily wasn't at home.　Aoi called her.

＿＿＿＿＿＿＿＿＿＿＿＿＿＿＿＿＿＿＿＿

(3) We had a good time.　We went hiking last Sunday.

＿＿＿＿＿＿＿＿＿＿＿＿＿＿＿＿＿＿＿＿

ここがポイント
「〜するとき，〜したとき」の文
- when は2つの〈主語＋動詞 〜〉の文をつなぐ接続詞。
- when は，文のはじめ，文の途中，どちらにも置ける。

2 次の日本文に合うように，＿＿に適する語を書きなさい。

(1) 彼はけさ早く家を出たとき，眠かったです。

＿＿＿＿＿＿＿＿ he left home early this morning, he was sleepy.

(2) 私はそのニュースを聞いたとき，驚きました。

I was surprised ＿＿＿＿＿＿ I ＿＿＿＿＿＿ the news.

ミス注意
〈when＋主語＋動詞 〜〉を前に置くとき
〈when＋主語＋動詞 〜〉のあとにカンマ(,)をつけることに注意。

hear の過去形は heard[há:rd]，副詞の hard「懸命に」は[há:rd]と発音する。区別して覚えよう。

解答 p.1

ステージ **1** 〉Unit 1〉 **What is a Hero?** ③

読｜聞
書｜話

Unit 1

教科書の 要点 　過去進行形

 a03

（現在進行形）They are singing the song now. 　　　彼らは今，その歌を歌っています。

↓ be 動詞を過去形にする

（過去進行形）They **were** sing**ing** the song during the hard times.

〈be 動詞の過去形＋動詞の ing 形〉　　　彼らは苦しい時期に歌っていました。

要点

●過去のある時点で「〜していました」と言うときは，〈was［were］＋動詞の ing 形〉で表す。
　この形を**過去進行形**という。

Words チェック 　次の英語は日本語に，日本語は英語になおしなさい。

- □(1) create 　　（　　　　　　　） 　□(2) east 　　（　　　　　　　）
- □(3) hour 　　（　　　　　　　） 　□(4) ago 　　（　　　　　　　）
- □(5) write の過去形 　＿＿＿＿＿＿ 　□(6) 地震 　　＿＿＿＿＿＿
- □(7) 歌 　　＿＿＿＿＿＿ 　□(8) 〜を元気づける 　＿＿＿＿＿＿

1 絵を見て例にならい，「…はそのとき〜していました」という文になるよう＿＿に適する
語を書きなさい。

I / watch

they / play

she / have

Mary / run

例　I was watching TV at that time.

(1) They ＿＿＿＿＿＿　＿＿＿＿＿＿ soccer at that time.

(2) She ＿＿＿＿＿＿＿＿＿＿＿ dinner at that time.

(3) Mary ＿＿＿＿＿＿　＿＿＿＿＿＿ at that time.

2 次の文の（　）内から適する語を選び，○で囲みなさい。

(1) Aoi and I (are / was / were) talking then.

(2) My father (is / was / were) playing the game when I came
home.

(3) I (did / do / was doing) my homework at eight last night.

(4) When I saw him, he (walks / was walking / is walking) in
the park.

be 動詞の過去形
am, is → was
are → were

ago は[əɡóu]と発音する。「アゴー」ではなく「アゴウ」と発音することに注意しよう。

解答　p.2

 **Unit 1** What is a Hero? ④

読 聞 書 話

教科書の 要点　過去進行形, 接続詞 when を使った文(復習) ♪ a04

現在形

When someone is hungry, he feeds a part of his face to them.

〈when＋主語＋動詞〉　　カンマ

だれかがおなかをすかせているとき，彼は自分の顔の一部を彼らに与えます。

過去進行形

Yanase was thinking about a true hero when he wrote the Anpanman story.

〈be 動詞の過去形＋動詞の ing 形〉　　〈when＋主語＋動詞の過去形〉

やなせ氏はアンパンマンの物語を書いたとき，本当のヒーローについて考えていました。

要点

● when は，あとに続く〈主語＋動詞〜〉をほかの〈主語＋動詞〜〉に結びつける接続詞の働きをする。

● when の文の動詞が過去形の場合，「〜していた」という過去進行形の文と合わせて用いることができる。

プラス when を文のはじめに使うときは When〜, のように，文の区切りにカンマ(,)をつける。

Words チェック　次の英語は日本語に，日本語は英語になおしなさい。

□(1) true （　　　　） □(2) fight （　　　　）
□(3) building （　　　　） □(4) someone ＿＿＿＿
□(5) 失う ＿＿＿＿ □(6) rewrite の過去形 ＿＿＿＿
□(7) say の過去形 ＿＿＿＿ □(8) child の複数形 ＿＿＿＿

1 次の日本文に合うように，＿＿に適する語を書きなさい。

(1) 日本には独自のヒーローがいます。
＿＿＿＿＿＿ a unique hero in Japan.

(2) 私は作家ではなく，漫画家です。
I am ＿＿＿＿ a writer, ＿＿＿＿ I am a manga artist.

(3) 彼はいつも 10 時に寝るわけではない。
He does ＿＿＿＿ ＿＿＿＿ go to bed at ten.

思い出そう
There is[are] 〜. の文
There is[are] のあとの名詞(主語)が単数なら is, 複数なら are を使う。

2 次の文の＿＿に，( )内の語を適する形にかえて書きなさい。ただし 2 語になる場合もある。

(1) She often ＿＿＿＿ her classroom when she leaves school. （clean）

(2) I ＿＿＿＿ English when she called me. （study）

(3) We ＿＿＿＿ dinner at six yesterday. （have）

ミス注意
(3) have は，語尾が e で終わる動詞なので，e をとって ing をつける。

child の i は[ai]「チャイルド」と発音するけれど，children の i は[i]「チルドレン」と発音するよ。

3 〔 〕内の語を並べかえて，日本文に合う英文を書きなさい。
ただし，下線部の語を適切な形になおすこと。

(1) 私は昨夜，10時に音楽を聞いていました。
〔 at / to / listen / was / I / music 〕 ten last night.

_____ ten last night.

(2) 私の両親はそのとき写真をとっていました。
〔 were / my parents / pictures / take 〕 then.

_____ then.

(3) 私が学校を出るとき彼は泳いでいました。
When I left school, 〔 was / he / swim 〕.

When I left school, _____ .

(4) アオイが彼を訪ねたとき，彼はギターをひいていました。
〔 he / when / playing / guitar / be / the 〕 Aoi visited him.

_____ Aoi visited him.

まるごと暗記
ing 形のつくり方
● ふつうの動詞は語尾に ing をつける。
wear → wearing など
● 語尾が e で終わる動詞は e をとって ing をつける。
make → making など
● 語尾が〈短母音＋子音字〉で終わる動詞は子音字を重ねて ing をつける。
swim → swimming など

Unit 1

4 次の文を（ ）内の指示にしたがって書きかえなさい。

(1) I am washing dishes now. （下線部を「3時間前」にかえて）
I _____ .

(2) Saki and Hana are making cakes now.
（下線部を「昨日の2時」にかえて）
Saki and Hana _____ .

(3) Mr. Yamada wrote a letter then.
（下線部を「（そのとき）書いていた」という意味にかえて）
Mr. Yamada _____ then.

ミス注意
(3) wrote は write の過去形。語尾が e で終わる動詞なので，e をとって ing をつける。

5 次の英文を日本語になおしなさい。

(1) We were waiting for our friends at that time.
（ ）

(2) When I met them, they were looking for a ball.
（ ）

(3) It was raining when I got up.
（ ）

思い出そう
● wait for ～「～を待つ」
● look for ～「～を探す」
● get up「起きる」

6 （ ）内の日本語を参考に， ___ に適する語を書きなさい。

(1) The monster ___ the ___ . （その怪物がその建物を破壊した。）

(2) He ___ himself for his family.
（彼は家族のために自分を犠牲にした。）

(3) He was not a ___ father. （彼は完璧な父親ではなかった。）

確認のワーク　ステージ1　**Express Yourself**　アニメやマンガのキャラクターを紹介しよう。

解答 p.2

読 聞 書 話

教科書の 要点　アニメやマンガのキャラクターを紹介する文　♪a05

My favorite manga character is a man who fights against monsters.

「私の好きな～は」　　　　　紹介したいキャラクター

私の好きなマンガのキャラクターは怪獣と戦う男です。

He is brave and tough.

キャラクターの特徴

彼は勇敢で強いです。

My brother likes him very much too.

私の弟も彼をとても好きです。

要点

● 自分の好きなものを紹介するときは My favorite ～is….「私の好きな～は…です。」と表す。
● その特徴を紹介するときは She[He, It] is ～.「彼女[彼，それ]は～です。」と表す。

プラス 「～がとても好きです。」というときは I like ～ very much. や I love ～. と言うことができる。

Wordsチェック　次の英語は日本語に，日本語は英語になおしなさい。

□(1) character 　　　　(　　　　　　　)　　□(2) kind 　　　　(　　　　　　　)

□(3) 好きな 　　＿＿＿＿＿＿＿＿＿　　□(4) 笑顔 　　＿＿＿＿＿＿＿＿＿

1 絵を見て例にならい，「…は～です」という文を書きなさい。

例	(1)	(2)	(3)
she / kind	she / smart	he / strong	it / beautiful

例　She is kind.

(1) She ＿＿＿＿＿＿＿＿＿＿＿＿＿＿＿＿＿＿ .

(2) ＿＿＿＿＿＿＿＿＿＿＿＿＿＿＿＿＿＿ .

(3) ＿＿＿＿＿＿＿＿＿＿＿＿＿＿＿＿＿＿ .

まるごと暗記

特徴を表す表現
● kind「親切な」
● cool「かっこいい」
● beautiful「美しい」
● cute「かわいい」
● smart「頭がよい」
● strong「強い」

2 次の英文を日本語になおしなさい。

(1) My favorite subject is English.

(　　　　　　　　　　　　　　　　　　　　)

(2) I like her cute face.

(　　　　　　　　　　　　　　　　　　　　)

ch には character[kǽrəktər], chair[tʃéər], school[skúːl]などいろいろな発音があるので注意しよう。

解答　p.2

 確認のワーク　ステージ**1**　**Let's Talk 1**　待ち合わせ

読聞書話

Express Yourself ~ Let's Talk 1

教科書の 要点　場所を伝える表現 a06

I　am　in front of the Blue Sky Restaurant.

〈主語＋be 動詞＋場所を伝える表現〉　　　私はブルースカイレストランの前にいます。

It　is　next to the post office.

〈主語＋be 動詞＋場所を伝える表現〉　　　それは郵便局の隣にあります。

要点

● 「〜にいます[あります]」と言うときは，〈主語＋be 動詞＋場所を表す表現〉で表す。
● 場所を伝える表現
　□　in front of 〜「〜の前に」　　　□　next to 〜「〜の隣に」
　□　behind 〜「〜の後ろに」　　　□　between A and B「A と B の間に」

プラス　「〜はどこですか」と場所をたずねるときは〈Where＋be 動詞＋主語 ?〉と表す。
　例　Where is the restaurant?　そのレストランはどこですか。

Words チェック　次の英語は日本語に，日本語は英語になおしなさい。

□(1)　in front of 〜　（　　　　　　）　□(2)　next to 〜　（　　　　　　）
□(3)　レストラン　＿＿＿＿＿＿＿　□(4)　郵便局　＿＿＿＿＿＿＿

1 次の地図を見て，対話文の＿＿に適する語を書きなさい。

(1)　A : Excuse me.　Where is the flower shop?
　　B : It's ＿＿＿＿＿ ＿＿＿＿＿ the
　　　　bookstore.
(2)　A : Where are you now?
　　B : I'm in front of the hospital.
　　A : Oh, you can see the department store
　　　　＿＿＿＿＿ it.

デパート		
病院	本屋	花屋

●←B がいる場所

2 次の日本文に合うように，＿＿に適する語を書きなさい。

(1)　レストランはどこにありますか。
　　＿＿＿＿＿ ＿＿＿＿＿ the restaurant?
(2)　私はコンビニエンスストアの前にいます。
　　I am ＿＿＿＿＿ ＿＿＿＿＿ ＿＿＿＿＿ the
　　convenience store.
(3)　銀行は病院と郵便局の間にあります。
　　The bank is ＿＿＿＿＿ the hospital and the post office.

表現メモ
施設を表す表現
● convenience store
　「コンビニエンススト
　ア」
● bank「銀行」
● hospital「病院」
● department store
　「デパート」
● post office「郵便局」
● bookstore「本屋」
● flower shop「花屋」

 down：下に，up：上に，straight：まっすぐ，left：左に，right：右に

定着のワーク　ステージ 2　Unit 1 〜 Let's Talk 1

読聞
書話

🎧 **1 LISTENING** 英語を聞いて，内容に合う絵を選び，記号で答えなさい。　♪ 101

(1) (　　　　)

(2) (　　　　)

2 次の(　)内から適する語句を選び，○で囲みなさい。

(1)　The boys (are, were) dancing at four yesterday.

(2)　(Is, Was) it snowing around eight last night?

(3)　Mr. Yamada (was, were) working at school this morning.

(4)　She (listens, was listening) to music when she is free.

よく出る **3** 次の文を(　)内の指示にしたがって書きかえなさい。

(1)　Aoi and Chen are studying math.

　　（文末に at that time を加えて「〜していた」という文に）

　　_____

(2)　Be careful.　You ride a bike.

　　（when を使って1文に）

　　_____

(3)　There are <u>some</u> convenience stores in our town.

　　（下線部を a にかえて）

　　_____

よく出る **4** 次の日本文に合うように，＿＿に適する語を書きなさい。

(1)　私の好きなキャラクターはアンパンマンです。

　　My ＿＿＿＿＿＿＿＿＿ ＿＿＿＿＿＿＿＿＿ is Anpanman.

(2)　ソラは6歳のとき，この学校に入学しました。

　　＿＿＿＿＿＿＿ Sora was six, he entered this school.

重要ポイント

1 場所を伝える表現に注意。

2 (1)(2)過去を表す語句に注意。

(3)主語は Mr. Yamada で単数。

(4) when 〜の部分が現在形であることに注意。

3 (2)「自転車に乗るときは」という when の文を命令文に続ける。

テストに◎出る！

(3)「〜がある，いる」の文

● 〈There is＋単数名詞 〜.〉

● 〈There are＋複数名詞 〜.〉

4 (2)「〜(した)とき」を表す語を補う。

5 次の対話文を読んで，あとの問いに答えなさい。

Emily : Wow!　①あなたの部屋にはたくさんの絵本がありますね。

Aoi : Yes, I (　②　) picture books.

Emily : What is ③this character with a round face?

Aoi : He is Anpanman.　He is my hero.

レベルUP (1)　下線部①を英語になおしなさい。

(2)　本文の内容に合うように，②の(　)に適する語を選び，記号で答えなさい。

　　　ア　give　　イ　catch　　ウ　like　　エ　cheer

　　　　　　　　　　　　　　　　　　　　　　(　　　)

(3)　下線部③の指すものを選び，記号で答えなさい。

　　　ア　アンパンマン

　　　イ　やさしい性格

　　　ウ　絵本に出てくるヒーローたち　　　(　　　)

(4)　本文の内容に合うように，次の問いに英語で答えなさい。

　　　1. What kind of face does Anpanman have?

　　　_____

　　　2. Is Anpanman a hero for Aoi?

　　　_____

6 次の英文を日本語になおしなさい。

(1)　I help my mother when she is busy.

　　(　　　　　　　　　　　　　　　　　　　　　　)

(2)　We often talk to our parents when we are in trouble.

　　(　　　　　　　　　　　　　　　　　　　　　　)

よく出る 7 次の日本文を英語になおしなさい。

(1)　私たちの町には 2 つの病院があります。

　　_____

(2)　彼の友だちは彼の笑顔がとても好きです。

　　_____

(3)　ケンが帰宅したとき，お母さんは料理をしていました。

　　_____

重要ポイント

5 (1)「～ がある」は There are ～. の文。

(2)エミリーの「絵本がたくさんありますね」という発言をうけて，文脈に合う意味を考える。

(4) 1. what kind of ～ は「どんな種類の～」という意味。

6

得点力をUP

(2) be in trouble「困っている」

7 (2)「～がとても好きです」は like ～very much を使う。

(3)過去進行形を使う。

ちょっと BREAK　英語で「アンパン」は sweet bean bread です。では「カレーパン」は？　➡答えは次のページ

解答　p.3

実力判定テスト　ステージ3　Unit 1 〜 Let's Talk 1　30分　/100　読聞書話

1 LISTENING 次の絵についての対話を聞き，チャイムの箇所に入る文として適するものを1つ選び，記号で答えなさい。　♪102 3点×2(6点)

(1)

ア　Yes, there is.

イ　No, there aren't.

ウ　No, there isn't.

（　　　）

(2)

ア　Is there a TV in your room?

イ　Is there a bed in your room?

ウ　Are there any pictures in your room?

（　　　）

2 次の日本文に合うように，＿＿に適する語を書きなさい。　4点×4(16点)

(1) その歌がラジオから聞こえてきたとき，彼はその歌を歌っていました。

He was singing the song ＿＿＿＿＿ the song came on the radio.

(2) 私はタロウが好きです。彼はとても頭がよいです。

I like Taro. ＿＿＿＿＿ ＿＿＿＿＿ very ＿＿＿＿＿.

(3) 私の父は公園で走っていました。

My father ＿＿＿＿＿ ＿＿＿＿＿ in the park.

(4) 私は銀行と本屋の間にいます。

I'm ＿＿＿＿＿ the bank ＿＿＿＿＿ the bookstore.

3 次の各組の文がほぼ同じ内容を表すように＿＿に適する語を書きなさい。　4点×2(8点)

(1) My family has six people.

＿＿＿＿＿ ＿＿＿＿＿ six people in my family.

(2) The hospital is behind the flower shop.

The flower shop is ＿＿＿＿＿ ＿＿＿＿＿ ＿＿＿＿＿ the hospital.

4 文の＿＿に適する語を□から選び，適切な形にかえて書きなさい。　3点×3(9点)

(1) He was ＿＿＿＿＿ a letter at ten yesterday.

(2) ＿＿＿＿＿ there a cap on the bed now?

(3) When she ＿＿＿＿＿ free time, she plays the guitar.

be
write
have

ちょっとBREAKの答え　curry doughnut や curry bread と表します。アンパンやカレーパンは日本特有のパンです。

●過去進行形の用法を正しく理解しましょう。●There is[are] ～. の文で「… に ～がある」を表現しましょう。

自分の得点まで色をぬろう!

| 0 | 60 | 80 | 100点 |

目標

5 次の英文を読んで，あとの問いに答えなさい。 (計 42 点)

①Yanase was thinking about a true hero when he wrote the Anpanman story. Some heroes fight against monsters in towns. They destroy roads and buildings. ②Are they true heroes?

Anpanman does not always fight. He gives his *anpan* face to hungry people. Yanase said, "③[hero / others / for / himself / sacrifices / true / a]." Anpanman is not a perfect hero, (④) he is a true hero for Yanase.

(1) 下線部①の英語を日本語になおしなさい。 (6 点)

( )

(2) 下線部②のように作者が疑問を投げかける理由として正しいものを選び，記号で答えなさい。 (5 点)

　　ア　本当のヒーローは世界中の町の敵を倒すべきだから。

　　イ　敵と戦うときに町のものを壊してしまっては本当のヒーローといえないから。

　　ウ　本当のヒーローはアンパンマンだけだと考えているから。 ( )

(3) 下線部③の〔 〕内の語句を並べかえて，意味の通る英文にしなさい。 (6 点)

_____ .

(4) ④の（ ）内に適する語をア～エから選び，記号で答えなさい。 (5 点)

　　ア　that　　　イ　when　　　ウ　or　　　エ　but ( )

(5) 本文の内容に合うように，_____ に適する語を書きなさい。 (5 点)

When people are hungry, Anpanman _____ the people his face.

(6) 次の文が本文の内容と合っていれば○，異なっていれば×を書きなさい。 5 点×3(15 点)

　　１．ヒーローの中には町の中の道や建物を壊してしまうものもいる。 ( )

　　２．アンパンマンは絶対に戦わない。 ( )

　　３．アンパンマンはやなせ氏にとっては完璧なヒーローである。 ( )

6 次の質問に対する，あなた自身の答えを英語で書きなさい。 6 点×2(12 点)

(1) 自分の部屋があると仮定して，「あなたの部屋にはなにがありますか。」

_____

(2) 「あなたの好きな作家は誰ですか。」（My で始めて）

_____

7 次のようなとき，英語でどのように言うか書きなさい。 (7 点)

レストランは郵便局のとなりにあると言うとき。

_____

確認のワーク　ステージ1　**Unit 2** Traveling Overseas ①

解答　p.4

読聞書話

📖 教科書の **要点**　未来や意志を表す will の文　 a07

It **will** be clear soon.　　　　　　すぐに晴れるでしょう。

I **will** bring my camera.　　　　　私はカメラを持ってくるつもりです。
　　　　　 動詞は原形

要点
● 「〜するでしょう，〜だろう」は〈will＋動詞の原形〉で表す。
● 「〜するつもりです」も〈will＋動詞の原形〉で表す。
● It will の短縮形は It'll，I will の短縮形は I'll と表す。
　例　I'll be there.　　　　　　　　　　私はそこにいるでしょう。
● be 動詞(am, is, are)の原形は be。

プラス　疑問文「〜するでしょうか，〜するつもりですか」は，〈Will＋主語＋動詞の原形 〜?〉で表す。
　will を主語の前に置く。疑問詞がある場合は，疑問詞を文頭に置く。
　例　What will you do this afternoon?　　　　あなたは今日の午後何をするつもりですか。

Words チェック　次の英語は日本語に，日本語は英語になおしなさい。

☐(1) tonight （　　　　　） ☐(2) sunny （　　　　　）
☐(3) cloudy （　　　　　） ☐(4) do my best （　　　　　）
☐(5) win （　　　　　） ☐(6) 雨が降る ＿＿＿＿＿＿
☐(7) カメラ ＿＿＿＿＿＿ ☐(8) 明日 ＿＿＿＿＿＿
☐(9) It will の短縮形 ＿＿＿＿＿＿ ☐(10) I will の短縮形 ＿＿＿＿＿＿

よく出る **1** 絵を見て例にならい，「〜に…するでしょう，〜するつもりです」という文を書きなさい。

例　play tennis / this Sunday

come to the party / tonight

(2) do her homework / all day

(3) play soccer /tomorrow

例　I will play tennis this Sunday.

(1) He ＿＿＿＿＿＿＿＿＿＿＿＿＿ .

(2) She ＿＿＿＿＿＿＿＿＿＿＿＿ .

(3) I ＿＿＿＿＿＿＿＿＿＿＿＿＿ .

ミス注意
(1)(2)主語が3人称単数
でも，will＋動詞の原形
の形は変わらない。

🔊 It'll は[ítl]，I'll は[áil]と発音するよ。

2 次の日本文に合うように，_____に適する語を書きなさい。

(1) 私たちはその店でケリーに会うでしょう。

We _____ _____ Kelly at the shop.

(2) 私はあとで彼女に電話するつもりでいます。

_____ _____ her later.

(3) 彼は英語の先生になるでしょう。

He _____ _____ an English teacher.

(4) 彼女は夏休みの間忙しいでしょう。

She _____ _____ busy during summer

vacation.

ここがポイント
(2)「～するつもりでいる」という主語の意志も will で表す。

ミス注意
(3)(4) be 動詞の原形は be であることに注意。

3 〔 〕内の語句を並べかえて，日本文に合う英文を書きなさい。

(1) あなたは今晩何を食べるつもりですか。

〔 will / eat / what / you 〕tonight?

_____ tonight?

(2) 私の両親はすぐに怒ってしまうでしょう。

〔 will / angry / my parents / soon / get 〕.

_____ .

ここがポイント
(1)疑問文では will を主語の前に置く。

4 次の日本文に合うように，_____に適する語を書きなさい。

(1) 東京は雨でしょう。

It _____ _____ _____ in Tokyo.

(2) カナダは晴れでしょう。

It _____ _____ _____ in Canada.

(3) ロシアはくもりでしょう。

It _____ _____ _____ in Russia.

(4) 香港は雨でしょう。

It _____ _____ in Hong Kong.

ミス注意
(1)～(3) will のあと, rainy, clear, sunny, cloudy の前には be 動詞の原形 be を置くことに注意。
(4)空所の数が 2 つなので, 動詞 rain を用いる。

WRITING Plus ✎

例にならい，明日，自分がする予定のことを書きなさい。

例 I will clean my room tomorrow.

(1) _____

(2) _____

(3) _____

ステージ **1**

Unit 2 Traveling Overseas ②

解答　p.5

読｜聞
書｜話

教科書の 要点　be going to の文

a08

I　**am going to** visit Hawaii next month.

主語にあわせる　動詞は原形

私は来月ハワイに行く予定です。

Are　you **going to** visit Hawaii next month?

主語の前に　動詞は原形

あなたは来月ハワイに行く予定ですか。

── Yes, I **am**. / No, I **am not**.

be動詞で答える

はい，そうです。/ いいえ，ちがいます。

要点

- ●「〜する予定です」「〜するつもりです」とすでに決まっている予定や近い未来のことなどは〈be動詞(am, is, are)＋going to＋動詞の原形〉で表す。
- ●be動詞は主語にあわせて使い分ける。会話では短縮形を使うことが多い。
- ●be going to の疑問文は〈be動詞＋主語＋going to＋動詞の原形 〜?〉で表す。
- ●答えるときは，be動詞を使い，Yes, I am. / No, I am not[No, I'm not]. のように答える。

Words チェック　次の英語は日本語に，日本語は英語になおしなさい。

□(1) dolphin　（　　　　　　　）　□(2) Hawaii　（　　　　　　　）

□(3) drive　（　　　　　　　）　□(4) Bali　（　　　　　　　）

□(5) 計画　＿＿＿＿＿＿＿　□(6) 浜辺，ビーチ　＿＿＿＿＿＿＿

□(7) 観光　＿＿＿＿＿＿＿　□(8) 島　＿＿＿＿＿＿＿

よく出る 1 絵を見て例にならい，「…は〜する予定です」という文を書きなさい。

例	(1)	(2)	(3)
 Yui / cook	 Miki / visit	 I / dance	 Bob and I / be fourteen

例　Yui is going to cook dinner.

(1) Miki ＿＿＿＿＿＿＿＿＿＿＿ her grandmother.

(2) I ＿＿＿＿＿＿＿＿＿＿＿ at the party.

(3) Bob and I ＿＿＿＿＿＿＿＿＿＿＿ next week.

ここがポイント

be going to の文
- ●be動詞は主語にあわせる。
- ●to のあとの動詞は原形。

island は[áilənd]と発音し，s は発音しない。このような発音しない文字を黙字と言うよ。

2 次の文を疑問文に書きかえ，⑴は Yes，⑵は No で答えなさい。

⑴　Aoi is going to clean her room.

　　_____ ?

　　— Yes, _____ .

⑵　These girls are going to go shopping tomorrow.

　　_____ ?

　　— No, _____ .

3 次の日本文に合うように，_____ に適する語を書きなさい。

⑴　あなたはそこで何をする予定ですか。

　　_____ _____ _____ going to do

　　there?

⑵　私たちはすぐに家に帰るつもりです。

　　_____ _____ to come home soon.

⑶　なんてすばらしいのでしょう。

　　_____ _____ !

4 次の文を（ ）の指示にしたがって書きかえるとき，_____ に適する語を書きなさい。

⑴　He is going to study <u>science</u>.

　　（下線部が答えの中心となる疑問文に）

　　_____ _____ _____ going to

　　study?

⑵　What's your plan next week?

　　（ほぼ同じ内容を表す文に）

　　What are you _____ to _____ next week?

5 次の表には，各人物の予定とそれを行う日時が書かれています。例にならい，「―は～に…する予定です」という文を書きなさい。

人物	予定	日時
私	釣りに行く	日曜日
ソラ	買い物に行く	今夜
エミリー	サイクリングに行く	明日
ケリーとアオイ	観光に行く	来月

例　I am going to go fishing on Sunday.

⑴　Sora _____ .

⑵　Emily _____ .

⑶　Kelly and Aoi _____ .

確認のワーク　ステージ1　**Unit 2** Traveling Overseas ③　読聞書話

教科書の **要点**　「〜しなければならない」,「〜してはいけない」の文　♪a09

You **must** <u>follow</u> the local rules.　あなたは現地の規則に従わなければなりません。
〔動詞は原形〕

You **must not** <u>litter</u>.　あなたはごみを散らかしてはいけません。
〔動詞は原形〕

要点

● 「〜しなければならない」は〈must＋動詞の原形〉で表す。
● 「〜してはいけない」は〈must not＋動詞の原形〉で表す。
● must, must not のあとの動詞は原形にする。

プラス　must not は mustn't と短縮形で表すこともできる。
例　You mustn't litter.

Wordsチェック　次の英語は日本語に, 日本語は英語になおしなさい。

□(1) local 　　（　　　　　　　） 　 □(2) public 　　（　　　　　　　）
□(3) take care of 〜 （　　　　　） 　 □(4) go out 　　（　　　　　　　）
□(5) 従う 　　_____ 　 □(6) 規則 　　_____
□(7) 夜に 　　_____ 　 □(8) must not の短縮形 _____

1 絵を見て例にならい,「…は〜しなければなりません」という文を書きなさい。

例 study English

 (1) clean our room

(2) help her mother

 (3) leave home at seven

例　I must study English.

(1) We _____ our room.

(2) Aoi _____ her mother.

(3) Sora _____ at seven.

ここがポイント

「〜しなければならない」「〜してはいけない」の文
● must, must not のあとの動詞は原形になる。
● 主語が何であっても must, must not の形は変わらない。

2 次の日本文に合うように, _____ に適する語を書きなさい。

(1) あなたたちは遅刻してはいけません。

You _____ _____ late.

(2) あなたは夜, 出かけてはいけません。

You _____ _____ out at night.

mustn't は[mʌ́snt, mʌ́sn]と発音するよ。最初の t を発音しないことに注意しよう。

確認のワーク　ステージ1　Unit 2　(Read & Think)　The Maori in New Zealand

読聞書話

Unit 2

教科書の 要点　There is[are] 〜. の文(復習)　a10

Are there <u>many Maori people</u> in New Zealand?
　　　　　　　複数名詞
ニュージーランドにはたくさんのマオリの人たちがいますか。

要点

- ●「…に〜がある，いる。」は〈There is [are]＋名詞＋場所を表す語句.〉で表す。
- ●There is[are]のあとの名詞(主語)が単数なら is，複数なら are を使う。
- ●There is[are] 〜. の疑問文は〈Is[Are] there＋名詞＋場所を表す語句 ?〉で表す。

Wordsチェック　次の英語は日本語に，日本語は英語になおしなさい。

□(1) life　　　(　　　　　)　　□(2) word　　　(　　　　　)

□(3) mean　　(　　　　　)　　□(4) clothes　　(　　　　　)

□(5) 学ぶ　　　＿＿＿＿＿＿　　□(6) (〜に)…を見せる　＿＿＿＿＿＿

□(7) 有名な　　＿＿＿＿＿＿　　□(8) 言語　　　＿＿＿＿＿＿

1 次の( )内から適する語を選び，〇で囲みなさい。

(1) The (population, percent) of China is very large.

(2) My sister is small, so she can't change (clothes, crowded) alone.

ミス注意
(1)「中国の人口」の意味になる単語を選ぶ。
(2)「服を着替える」の意味になる単語を選ぶ。

2 〔 〕内の語を並べかえて，日本文に合う英文を書きなさい。

(1) ここにはたくさんの先住民がいます。

〔 native / there / of / are / lot / a / people 〕 here.

＿＿＿＿＿＿＿＿＿＿＿＿＿＿＿＿＿ here.

(2) 教室にだれかいますか。

〔 is / there / the / anyone / classroom / in 〕?

＿＿＿＿＿＿＿＿＿＿＿＿＿＿＿＿＿ ?

ここがポイント
There is[are] 〜. の文
主語が単数のときは is，複数のときは are を使う。

3 次の日本文に合うように，＿＿ に適する語を書きなさい。

(1) 私たちはお年寄りを尊敬しなければなりません。

We ＿＿＿＿＿＿ ＿＿＿＿＿＿ old people.

(2) ハローはこんにちはを意味しています。

Hello ＿＿＿＿＿＿ Konnichiwa.

ミス注意
(1)「〜しなければならない」には must を使う。
(2)主語が単数なので，3単現の s がつくことに注意する。

clothes は[klóuz]と発音するよ。es を[iz]とは発音しないので注意しよう。

ステージ 1　**Express Yourself**　海外旅行の計画を発表しよう。　読 聞 書 話

📖 教科書の **要点**　海外旅行の計画を発表する文 　♪ a11

I am going to visit <u>China</u> **this spring.**
　　　　　　　　　　　行く予定の国　　　　　　　私は今年の春, 中国を訪れる予定です。

China is famous for <u>the Great Wall</u>**.**
　　　　　　　　　　　そこで有名なもの・場所　　　　中国は万里の長城で有名です。

I'll <u>visit</u> **there and** <u>take</u> **its picture.**
　　　　そこでするつもりのこと　　　　　私はそこを訪れ, その写真をとるつもりです。

要点
- 自分が行く予定の国を紹介するときは I am going to visit 〜. 「私は〜を訪れる予定です」と表す。文の最後に this summer, next month など, いつ訪れるかを示す。
- そこで有名なものや場所を紹介するときは〜 is famous for .... 「〜は…で有名です」と表す。
- そこでするつもりのことを紹介するときは I'll[I will] 〜. 「私は〜するつもりです」と表す。

Words チェック　次の英語は日本語に, 日本語は英語になおしなさい。
- □(1) visit　　（　　　　　　　）　　□(2) hold　　（　　　　　　　）
- □(3) オーストラリア　＿＿＿＿＿＿＿　□(4) 有名な　＿＿＿＿＿＿＿

1 絵を見て例にならい, 「…は〜で有名です」という文を書きなさい。

| 例 | (1) Hong Kong / the night view | (2) Okinawa / the beautiful sea | (3) New Zealand / Maori |

Australia / koalas　　Hong Kong / the night view　Okinawa / the beautiful sea　New Zealand / Maori

例　Australia is famous for koalas.

(1) Hong Kong is ＿＿＿＿＿＿＿＿＿＿＿＿＿＿＿.

(2) Okinawa ＿＿＿＿＿＿＿＿＿＿＿＿＿＿＿＿＿.

(3) ＿＿＿＿＿＿＿＿＿＿＿＿＿＿＿＿＿＿＿＿.

まるごと暗記
海外旅行ですることを表す表現
- see a festival
「祭りを見る」
- visit a museum
「博物館を訪れる」
- climb a mountain
「山に登る」

2 次の英文を日本語になおしなさい。

(1) I am going to visit Singapore next month.
　（　　　　　　　　　　　　　　　　　　　　）

(2) I'll see a festival there.
　（　　　　　　　　　　　　　　　　　　　　）

🍎 famous は[féɪməs]と発音する。ous を[əs]と発音することに注意しよう。

確認のワーク ステージ **1** **Let's Talk 2** 旅行の準備

読 聞 書 話

Express Yourself ~ Let's Talk 2

教科書の **要点** have to ～, don't have to ～の文 a12

We　　　**have to**　<u>prepare for</u> the trip.

〔動詞は原形〕

私たちは旅行の準備をしなければなりません。

You **don't have to**　<u>take</u> towels.

〔動詞は原形〕

あなたはタオルを持っていく必要はありません。

要点

● 「～しなければならない」と客観的に判断して言うときには〈have[has] to＋動詞の原形〉で表す。

● 3 人称単数の主語(he, she, it など)のときは has to ～となる。

● 「～する必要がない」と言うときには〈don't[doesn't] have to＋動詞の原形〉で表す。

Words チェック 次の英語は日本語に，日本語は英語になおしなさい。

□(1)　prepare　　　（　　　　　　　）　　□(2)　pack　　　（　　　　　　　）

□(3)　～に備える　_____　　□(4)　スーツケース　_____

1 絵を見て例にならい，「…は～しなければなりません」という文になるよう　　　に適する語を書きなさい。

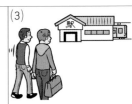

| 例 | (1) | (2) | (3) |
| 6 時に起きる | その歌を練習する | 宿題をする | 10 時に駅に行く |

例　I have to get up at six tomorrow.

(1)　We _____ practice the song.

(2)　Aoi _____ do her homework.

(3)　Chen and his mother _____ go to the station at ten.

ここが ポイント

「～しなければならない」の文

主語が 3 人称単数のときは have to ～ではなく has to ～を使う。

2 次の日本文に合うように，　　　に適する語を書きなさい。

(1)　あなたは働かなければなりません。

You _____ .

(2)　彼は待つ必要はありません。

He _____ wait.

ここが ポイント

「～する必要がない」の文

主語が 3 人称単数のときは doesn't have to ～を使う。

suitcase は[súːtkèis]と発音する。t を日本語の「ツ」のようには発音しないことに注意しよう。

解答 ▶ p.6

定着のワーク ステージ **2** **Unit 2** 〜 **Let's Talk 2** 読聞書話

🎧 **1** LISTENING 英語を聞いて，内容に合う絵を選び，記号で答えなさい。 ♪ 103

(1)( ) (2)( )

2 次の( )内から適する語句を選び，○で囲みなさい。

(1) Chen and Aoi (are, is) going to make spaghetti tomorrow.

(2) (Is, Are) your sister going to visit America next summer?

(3) I'm going to (is, be) fifteen next week.

(4) He (is, will) fight against monsters.

3 次の文を( )内の指示にしたがって書きかえなさい。

(1) He goes fishing with his friends.
（文末に next Sunday を加えて 11 語で予定を表す文に）

_____

(2) She's going to meet him at the station.
（疑問文にして Yes で答える）

_____

— _____

(3) It will be sunny in Kyoto tonight. （疑問文に）

_____

4 次の日本文に合うように，＿＿＿に適する語を書きなさい。

(1) 私は最善をつくすつもりです。
I'll _____ _____ _____.

(2) 北海道は美しい景色で有名です。
Hokkaido is _____ _____ the beautiful view.

(3) 私はいつも次の授業の準備をしています。
I always _____ _____ next class.

重要ポイント

1 must, must not のあとの動詞に注目する。

2 (1) 主語は Chen and Aoi で複数。

(2) 主語は your sister で単数。

(3) to のあとは動詞の原形。

(4)( )のあとの動詞が原形であることに注意。

テストに◎出る！

(1) **be going to の文**
●〈主語＋be 動詞(am, is, are)＋going to ＋動詞の原形 〜.〉

(2)**疑問文**
〈be動詞＋主語＋going to＋動詞の原形 〜?〉

4 (1)「最善をつくす」do my best。

(2)「〜で有名」be 動詞＋famous for 〜。

(3)「〜の準備をする，〜に備える」prepare for 〜。

5 次の対話文を読んで，あとの問いに答えなさい。

Kelly : Let's go and see the night view tonight.

　Aoi : (　①　)

Kelly : Don't worry.　②〔 clear / be / soon / it'll 〕.
In Hong Kong, rain ③lasts for only a short time in summer.

(1) 本文の内容に合うように，①の(　)に適する文を選び，記号で答えなさい。

　　ア　But it will be rainy tomorrow.

　　イ　But we had a lot of rain last year.

　　ウ　But it's still raining.　　　　　　　　　　(　　　)

(2) 下線部②の〔　〕内の語句を並べかえて，意味の通る英文にしなさい。

　　_____ .

(3) 下線部③の lasts の意味として適するものを選び，記号で答えなさい。

　　ア　最後になる　　イ　続く　　ウ　とまる　　(　　　)

(4) 次の文が本文の内容と合っていれば○を，異なっていれば×を書きなさい。

　　1．香港では夏に長い時間雨が降っている。　　(　　　)

　　2．アオイとケリーが話しているとき，すでに雨はやんでいた。

　　　　　　　　　　　　　　　　　　　　　　(　　　)

　　3．ケリーとアオイは今夜香港の夜景を見る予定だ。

　　　　　　　　　　　　　　　　　　　　　　(　　　)

重要ポイント

5 (1)すぐあとに，ケリーが「心配しないで。すぐに晴れるでしょう。」と言っているので，今はまだ雨が降っているのだと考える。

(2)「～でしょう」という未来を will＋動詞の原形で表す。

(3)ここでの last は動詞だということに注意。

6 次の日本文を英語になおしなさい。

(1) 私はすぐに彼女に電話をするつもりです。（5 語で）

　　_____

(2) チェンは次の土曜日にサイクリングに行く予定です。（8 語で）

　　_____

(3) 彼らは懸命にサッカーを練習しなければなりません。（6 語で）

　　_____

(4) アオイは夕食前にそのケーキを食べてはいけません。

　　_____

(5) 私の家族は 5 人家族です。（7 語で）

　　_____

6 (2)「サイクリングに行く」は go cycling。

(3)「懸命に」hard。

(4)「～の前に」before ～。

得点力をUP

(5)同じ内容を My family has ～. で書くこともできるので，語数の指示に注意。

ちょっとBREAK　マオリの民族舞踊 Haka の ha は「息」を表します。では ka は何を表すでしょう？　➡答えは次のページ

実力判定テスト　ステージ3　Unit 2 〜 Let's Talk 2

30分　/100　読聞書話

1 LISTENING　エミリーが自分の予定について話します。その内容に合うように，表の(1)〜(4)に入るべき適切な言葉を日本語で書きなさい。　♪ 104　3点×4(12点)

日時	行うこと
今夜	(1)
明日	(2)
来週末	東京に行く
来週の土曜日	(3)
(4)	遊園地に行く

2 〔　〕内の語を並べかえて，日本文に合う英文を書きなさい。ただし1語補うこと。

(1) 私は明日ハトにえさをやるつもりです。　6点×2(12点)

〔 tomorrow / pigeons / feed / I 〕.

_____.

(2) 彼は今夜早く寝る必要はありません。

〔 early / to / to / go / he / bed / have 〕 tonight.

_____ tonight.

3 次の英文を日本語になおしなさい。　6点×2(12点)

(1) You must not litter in the park.

(　　　　　　　　　　　　　　　　　　　　　　　　　　)

(2) New Zealand is famous for rugby.

(　　　　　　　　　　　　　　　　　　　　　　　　　　)

4 次の対話が成り立つように，＿＿に適する語を書きなさい。　4点×4(16点)

(1) A: Are you going to go to a movie next Saturday?

B: _____, _____ _____.　I'm going to go shopping.

(2) A: I have a cold.

B: That's too bad.　You _____ _____ take care of yourself.

(3) A: Your family is very big.

B: Yes.　_____ _____ seven people and two dogs in my family.

(4) A: We have a lot of rain this month in Japan.

B: You're right.　It _____ _____ _____ tomorrow, too.

ちょっとBREAKの答え　「炎」を表します。ハカは，団結して勇気を奮い立たせるためのものです。

目標 ● 予定や予測, 意志を述べたりたずねたりでき, しなくてはならないことやしてはいけないことについて表せるようにしましょう。

自分の得点まで色をぬろう！

😣がんばろう	😤もう一歩	😊合格！

0 　　　　　　　　　　　　　　60　　80　　100点

5 次の対話文を読んで, あとの問いに答えなさい。　　　　　　　(計36点)

Ms.Bell : The Maori are ①(ア　native　イ　public) people of New Zealand.　The Maori villages show their culture and way of life.　You can see their famous dance "Haka" there.

Sora : ②(　　　　)(　　　　) many Maori people in New Zealand?

Ms.Bell : Well, ③about 15 percent of the population are Maori.　People respect the Maori language and culture.

Sora : Do you know any Maori words?

Ms.Bell : Yes.　For example, "Kia ora" means "Hello."

Sora : "Kia ora."　I'll use ④it when I visit New Zealand.

Ms.Bell : Oh, Sora.　⑤You must take winter clothes with you.　It is winter in New Zealand in August.

(1)　①の(　)内から適する語を選び, 記号で答えなさい。　　　　　　(4点)
　　　(　　　　)

(2)　下線部②が「ニュージーランドにはたくさんのマオリの人々がいますか」という意味になるように　　　に適する語を書きなさい。　　　　　　(5点)
　　　_____ _____ many Maori people in New Zealand?

(3)　下線部③の英語を日本語になおしなさい。　　　　　　(6点)
　　　(　　　　　　　　　　　　　　　　　　　　　　　　　　　　　)

(4)　下線部④が指すものをア～エから選び, 記号で答えなさい。　　　　　　(5点)
　　　ア　Maori dance　　　イ　Maori culture　　　ウ　Hello　　　エ　Kia ora
　　　(　　　　)

UP (5)　下線部⑤のように言った理由を日本語で説明しなさい。　　　　　　(6点)
　　　(　　　　　　　　　　　　　　　　　　　　　　　　　　　　　)

(6)　本文の内容に合うように, 次の文の(　)に適する語を書きなさい。　　5点×2(10点)
　　1.　マオリの村ではマオリの文化や(　　　　　　　　　), またハカという踊りを見ることができる。
　　2.　ニュージーランドの人々はマオリの言語や文化を(　　　　　　　　　)している。

UP **6** 夏休みに海外旅行に行くと仮定し, 次の質問に, あなた自身の答えを英語で書きなさい。

(1)　Where are you going to visit during summer vacation?　　　　6点×2(12点)
　　　_____

(2)　What will you do there?
　　　_____

Unit 3 In Case of Emergency ①

読 聞
書 話

教科書の 要点 「もし〜ならば」の文 ♪a13

If I'm cooking, I'll turn off the stove.

〈if＋主語＋動詞〉 カンマ

＝I'll turn off the stove **if** I'm cooking.

〈if＋主語＋動詞〉

もし私が料理をしていたら，コンロの火を消します。

要点

● if は「もし〜ならば」の意味の接続詞で，「条件・仮定」を表す。

● 文のはじめに使うときは If〜，のように，文の区切りにカンマ（ , ）をつける。

プラス If に続く文では，未来のことであっても現在形を使う。

例 If it is sunny tomorrow, let's go fishing. もし明日晴れたら，つりに行きましょう。

Wordsチェック 次の英語は日本語に，日本語は英語になおしなさい。

□(1) furniture （ ） □(2) fall （ ）

□(3) off （ ） □(4) 〜から離れる _____

□(5) 〜の中ごろに _____ □(6) we will の短縮形 _____

1 例にならい，次の2つの文を if を使って1文にしなさい。

例 You are tired. Go to bed early.

→ If you are tired, go to bed early.

(1) You are hungry. Eat these sandwiches.

_____

(2) I am free. I will watch a movie on TV.

_____

(3) It rains. I will read a book in my room.

_____

ここが ポイント

「もし〜ならば」の文

● if は2つの〈主語＋動詞〜〉の文をつなぐ接続詞。

● if は，文のはじめ，文の途中，どちらにも置ける。

● 〈if＋主語＋動詞〜〉を文のはじめに置くときは，区切りにカンマ（ , ）をつける。

2 次の日本文に合うように， ___ に適する語を書きなさい。

(1) もしその家具が倒れたら，私はそれから離れます。

_____ the furniture _____ down, I will get away from it.

(2) もし真夜中におなかがすいたら，あなたは何をしますか。

What will you do _____ you are hungry in the _____ _____ the night?

ミス注意

〈if＋主語＋動詞〜〉では，未来のことでも現在形で表すことに注意。主語が3人称単数なら，動詞は -(e)s などのついた形になる。

We will の短縮形の we'll は[wíːl]と発音するよ。

 **Unit 3** In Case of Emergency ②

解答 p.8

読聞
書話

Unit 3

教科書の 要点　「なぜなら〜，〜なので」の文　♪ a14

Because we may have a blackout, I need a flashlight.

〈because＋主語＋動詞〉　　　　カンマ

＝I need a flashlight **because** we may have a blackout.

〈because＋主語＋動詞〉　停電するかもしれないので，私は懐中電灯が必要です。

要点

● because は「なぜなら〜，〜なので」の意味の接続詞で，「理由」を表す。
● 文のはじめに使うときは Because〜, のように，文の区切りにカンマ(,)をつける。

Wordsチェック　次の英語は日本語に，日本語は英語になおしなさい。

□(1) flashlight 　　(　　　　　) 　　□(2) blackout 　　(　　　　　)

□(3) experiment 　(　　　　　) 　　□(4) 〜なしに 　　_____

□(5) 光 　　_____ 　　□(6) 熱 　　_____

1 例にならい，次の2つの文を because を使って1文にしなさい。

例　I got up early this morning.　I was sleepy.

→ Because I got up early this morning, I was sleepy.

(1) I was tired.　I went home early.

　_____

(2) She had a fever.　She didn't study last night.

　_____

(3) Ken can ski.　He likes winter.

　_____

ここが ポイント

「なぜなら〜，〜なので」
の文

● because は2つの〈主語＋動詞 〜〉の文をつなぐ接続詞。
● because は，文のはじめ，文の途中，どちらにも置ける。
● 〈because＋主語＋動詞 〜〉を文のはじめに置くときは，区切りにカンマ(,)をつける。

2 次の日本文に合うように，　　に適する語を書きなさい。

(1) 私の好きな教科は音楽です。なぜなら歌を歌うのが好きだからです。

　_____ I like singing songs, my favorite subject is music.

(2) 懐中電灯なしでは動けなかったので，彼はそこに立っていました。

　He stood there _____ he couldn't move _____ a flashlight.

ミス注意

(1)日本語での「なぜなら〜だからです」を英文では，はじめに示すことができる。

 singing：歌うこと，singing songs：歌を歌うこと

 ステージ**1** **Unit 3** In Case of Emergency ③ 解答 p.8 読 聞 書 話

教科書の **要点** 「〜と思う」の文，助動詞(復習) ♪ a15

I **think** (that) the fire drill is important.　　　　私は火災訓練は大切だと思います。
　「〜と思う」　　　　　　　〈that＋主語＋動詞〉

要点 1
● 〈think［know など］＋that 〜〉の形で「〜と思う［〜を知っている］」を表す。
● that は「〜ということ」の意味の接続詞で，I think とあとに続く〈主語＋動詞 〜〉をつなぐ。

We'll **go** out of the school building when the fire alarm goes off.
　　〈助動詞＋動詞の原形〉　　　　　　火災警報が鳴るとき，私たちは学校の建物の外へ行きます。

要点 2
● 助動詞 can, will, must, may は，動詞の前に置いて，動詞に意味をつけ加える。

Words チェック 次の英語は日本語に，日本語は英語になおしなさい。
□(1) drill 　　(　　　　　) 　□(2) disaster 　　(　　　　　)
□(3) 〜から外へ 　_____ 　□(4) 重要な，大切な 　_____

1 絵を見て例にならい，「…は〜と思います」という文を書きなさい。

例 the movie / interesting

(1) this steak / delicious

(2) these flowers / beautiful

(3) water / important

例　I think that the movie is interesting.
(1)　I think _____ this steak is delicious.
(2)　Emily _____ .
(3)　He _____ .

ここが ポイント
「〜と思う」の文
〈think that 〜〉の形。

よく出る 2 次の文を（ ）内の語句で始まる文に書きかえなさい。
(1)　The fast food is good. （ I think ）
　_____
(2)　He can play the piano well. （ She knows ）
　_____
(3)　He studies English very hard. （ He says ）
　_____

まるごと 暗記
接続詞 that の前にくる
動詞
● think that 〜
　「〜と思う，考える」
● know that 〜
　「〜だと知っている」
● say that 〜
　「〜と言う」

3 次の文を（　）内の指示にしたがって書きかえなさい。

(1) She can swim fast. （否定文に）

_____

(2) May I go home now? （ほぼ同じ内容を表す文に）

_____

(3) Bell must go to the library tomorrow. （8語でほぼ同じ内容
を表す文に）

_____

4 〔　〕内の語を並べかえて，日本文に合う英文を書きなさい。

(1) 彼らは野球を練習する予定です。　（1語不要）
〔 going / they / baseball / are / practice / to / will 〕.

(2) 私たちは一生懸命勉強しなければなりません。　（1語補う）
〔 study / we / hard 〕.

(3) ここで泳いではいけません。　（1語不要）
〔 not / swim / must / to / here / you 〕.

(4) 放課後，私の手伝いをしてもらえませんか。　（1語不要）
〔 after / help / school / me / you / may / can 〕?

_____

5 次の英文を，下線部に注意して日本語になおしなさい。

(1) You don't have to do this work today.
(　　　　　　　　　　　　　　　　　　　　　)

(2) She will arrive at the station at three.
(　　　　　　　　　　　　　　　　　　　　　)

(3) We can eat delicious cakes in the restaurant.
(　　　　　　　　　　　　　　　　　　　　　)

6 次のようなとき，英語でどのように言うか書きなさい。

(1) この部屋を使ってもいいかと許可を求めるとき。　（5語で）

_____

(2) 自分に英語を教えてほしいと依頼するとき。　（5語で）

_____

(3) 相手にこのクラスでは英語を話さないといけないと言うとき。
（5語入れて）

_____ in this class.

disaster は[dizǽstər]と発音する。sa には sad[sæd]，saw[sɔː]などいろいろな発音があるので注意しよう。

解答 p.9

ステージ **1**　**Unit 3**　**Read & Think**　Emergency Parks

読聞書話

教科書の **要点**　接続詞 if を使った文（復習）　♪ a16

If you want to use a toilet, you have to open the manhole first.

〈if＋主語＋動詞〉　　　　　　　　カンマ

もしあなたがトイレを使いたいなら，最初にマンホールを開けなければなりません。

要点
- if は「もし〜ならば」の意味の接続詞で，「条件・仮定」を表す。
- 文のはじめに使うときは If〜, のように，文の区切りにカンマ(,)をつける。

Words チェック　次の英語は日本語に，日本語は英語になおしなさい。

- □(1)　special　（　　　　　）
- □(2)　join　（　　　　　）
- □(3)　useful　（　　　　　）
- □(4)　information　（　　　　　）
- □(5)　上部　＿＿＿＿＿
- □(6)　〜のように　＿＿＿＿＿
- □(7)　下部　＿＿＿＿＿
- □(8)　〜として　＿＿＿＿＿
- □(9)　座席，シート　＿＿＿＿＿
- □(10)　起こる，発生する　＿＿＿＿＿

1 次の日本文に合うように，＿＿に適する語を書きなさい。

(1)　私はその試合に勝ったので，とてもうれしかったです。
　I was very happy ＿＿＿＿＿ I won the game.

(2)　もし彼にたずねたら，あなたはもっと情報を得ることができると思います。
　I ＿＿＿＿＿ you can get more information ＿＿＿＿＿ you ask him.

(3)　彼らは道路から雪を取り除きました。
　They ＿＿＿＿＿ snow from the road.

(4)　私たちはいっしょにテントを張りました。
　We ＿＿＿＿＿ the tent together.

表現メモ
up を含む連語
- set up「（テントを）張る」
- wake 〜 up「〜を起こす」
- look up at 〜「〜を見上げる」

2 次の英文を日本語になおしなさい。

(1)　If a big earthquake occurs, we can use emergency parks.
　（　　　　　）

(2)　You have to get more information about special facilities for emergency.
　（　　　　　）

ここがポイント
「もし〜ならば」の文
- if は2つの〈主語＋動詞〜〉の文をつなぐ接続詞。
- if は，文のはじめ，文の途中，どちらにも置ける。
- 〈if＋主語＋動詞〜〉を文のはじめに置くときは，区切りにカンマ(,)をつける。

win の過去形 won[wʌ́n]は，one と同じ発音だよ。

ステージ **1** ▶**Express Yourself**　非常用持出袋に入れたい
防災用品を発表しよう。

解答 p.9

読　聞
書　話

教科書の 要点　First, Next を使った文 ♪a17

First, I'll put <u>water</u> in my bag **because** <u>I cannot live without it.</u>
　　　　　　　入れたいもの　　　　　　　理由の説明

　　最初に私はかばんに水を入れます。なぜなら水なしでは生きることができないからです。

Next, I'll put <u>a portable radio</u> in my bag **because** <u>I need to get information.</u>
　　　　　　　入れたいもの　　　　　　　　　　理由の説明

　　次に私はかばんに携帯用ラジオを入れます。なぜなら私は情報を得る必要があるからです。

要点
● 「最初に」「次に」と，順番にものを説明するときには，first, next を文の最初につける。
● because は「なぜなら～」の意味の接続詞で，理由を加える文を続けることができる。

プラス 2 番目以降は second「2 番目に」，third「3 番目に」といった表現で表すこともできる。

Wordsチェック　次の英語は日本語に，日本語は英語になおしなさい。
□(1)　food　　　　　　（　　　　　　　　　）　　□(2)　put ～ in my bag　（　　　　　　　　　）
□(3)　最初に　　　_____　　　　　□(4)　次に

1 絵を見て例にならい，「…番目［次］に，かばんに～を入れます」という文を書きなさい。

例	(1)	(2)	(3)

First / baby milk	First / water	Next / toilet paper	Third / cash

例　First, I'll put baby milk in my bag.
(1)　_____ , I'll put _____ in my bag.
(2)　_____ .
(3)　_____ .

思い出そう
順番を表す表現
first「1 番目の［に］」
second「2 番目の［に］」
third「3 番目の［に］」
fourth「4 番目の［に］」
fifth「5 番目の［に］」

2 次の英文を日本語になおしなさい。
(1)　First, I went to the sea because it was sunny.
　　（　　　　　　　　　　　　　　　　　　　　　　　　　）
(2)　Next, I met my grandparents because I wanted to give a
　　present to them.
　　（　　　　　　　　　　　　　　　　　　　　　　　　　）

cannot は[kǽnɑt]と発音するよ。can't は[kǽnt]と発音するよ。

助動詞

まとめ

① さまざまな助動詞

●助動詞は，動詞の前に置いて動詞に意味をつけ加える働きをする。

can	～することができる	（能力）	Yuki can play the piano.
can	～することができる	（可能）	I can see Mt.Fuji today.
will	～するだろう	（未来）	It will rain soon.
	～するつもりである	（意志）	I will go to the park today.
must	～しなければならない	（義務）	You must practice hard.
must not	～してはいけない	（禁止）	You must not litter here.
may	～かもしれない	（推量）	Ken may come early.

●助動詞と似た働きをする表現

be going to～「～するつもり[予定]である」　　He is going to come to Tokyo.
have[has] to～「～しなければならない」　　I have to leave home early.
don't[doesn't] have to～「～する必要はない」　You don't have to run fast.

●相手に依頼したり許可を求めたりするときは，助動詞の疑問文を使う。

Can I ～?「～してもいいですか」（許可）　　Can [May] I use the computer?
May I ～?「～してもいいですか」（許可・Can I ～? よりていねい）
Can you ～?「～してもらえませんか」（依頼）　Can you open the door?
Will you ～?「～してくれませんか」（依頼）　　Will you wash the dishes?

② 助動詞を使った文の作り方

肯定文　He　　　　can speak English.
　　　　　　　　　　└ 動詞の原形

疑問文　Can he ┈┈ speak English? — Yes, he can.　　No, he can't.
　　　　　　　　└ 主語の前へ　　　　　　　　　　　　　　　　[cannot]

否定文　He　　　　can't speak English.
　　　　　　　　　[cannot]　└ あとに not を置く

練習

1 次の日本文に合うように，　　に適する語を書きなさい。

(1) 彼はピアノが上手に弾けます。　　He ＿＿＿＿＿＿＿ play the piano well.

(2) それは本当かもしれない。　　That ＿＿＿＿＿＿＿＿＿＿ true.

(3) 今週末は雨が降るだろう。　　It ＿＿＿＿＿＿＿＿＿ this weekend.

(4) 彼女は午前中に出発する必要はありません。

She ＿＿＿＿＿＿＿ ＿＿＿＿＿＿ to leave in the morning.

have to は[hǽftə, hǽftu]と発音するよ。has to は[hǽstə, hǽstu]と発音するようにしよう。

文法のまとめ② 接続詞

解答 p.9

読 聞
書 話

文法のまとめ1〜2

まとめ

① 語，句，文を対等の関係でつなぐ接続詞(and, or, but)

● 2 つの語や句，文(主語＋動詞)をつなぐ働きをする語を接続詞という。

● and は「〜と…，〜そして…」を，or は「〜か[または]…」を，but は「〜だが[しかし]…」を表す。

I have a dog and a cat.　＜単語 and 単語　　　　　　　　(私はイヌとネコを飼っています。)

I want to play tennis or watch TV.　＜句 or 句

(私はテニスをするか，テレビを見るかどちらかしたいです。)

I looked for your book, but I couldn't find it.　＜文 but 文

(私はあなたの本を探しましたが，見つけられませんでした。)

② 時，条件，理由を表す接続詞(when, because, if)

● when は「〜するとき，〜したとき」と「とき」を，because は「なぜなら，〜なので」と「理由」を，if は「もし〜ならば」と「条件」を表す。

● 文頭に置くときは，文の区切りにカンマ(,)をつける。

I listen to music when I'm free.

＝ When I'm free, I listen to music.　　　　　(私はひまなとき，音楽を聞きます。)

カンマ

I went to bed early because I was tired.

＝ Because I was tired, I went to bed early.　　(私は疲れていたので，早く寝ました。)

カンマ

● if に続く文では，未来のことでも現在形で表す。

If he comes here, I'll tell him the news.

現在形　　　　　　　　(もし彼がここに来るなら，彼にそのニュースを伝えます。)

③ 「〜ということ」を表す接続詞 that

● that は「〜ということ」を表す接続詞で，when などと同じように 2 つの文をつなぐ。

I think (that) this book is interesting.　　　　(私はこの本はおもしろいと思います。)

省略されることも多い

練習

1 次の文の(　)内から適する語を選び，〇で囲みなさい。

(1) I was watching TV (that / when / if) Ken visited me.

(2) Aoi helped me (that / because / or) I was busy.

(3) Which do you want to eat, pizza (but / or / that) sandwiches?

(4) I think (that / or / because) this robot is wonderful.

(5) Ken came home (if / because / and) washed his hands.

(6) The man was old (that / because / but) very strong.

解答　p.9

教科書の 要点 「〜するべきである」の文，「〜があります」の文 ♪ a18

You should go to the nurse's office.　あなたは保健室に行くべきです。
（動詞は原形）

要点 1

● 〈should＋動詞の原形〉は「〜すべきである」「〜したほうがよい」と忠告や助言を表す。
● 〈should not＋動詞の原形〉は「〜しないほうがよい」という意味を表す。
　例　She should not go there.　　彼女はそこに行かないほうがいいです。

We have a lot of school events.　たくさんの学校行事があります。

要点 2

●「〜があります」と言うときは，we have 〜で表す。
● この場合の have は「持っている」とは訳さない。
● 学校紹介でよく使う表現
　□　Welcome to 〜.「〜へようこそ。」
　□　Our school is in 〜.「私たちの学校は〜にあります。」
　□　There are 〜 students in our school.「私たちの学校には〜人の生徒がいます。」
　□　We are going to 動詞の原形〜.「私たちは〜する予定です。」

プラス　学校の規則などを紹介するときは，We must 動詞の原形 〜.「私たちは〜しなければならない。」
や We must not 動詞の原形 〜.「私たちは〜してはいけない。」を使う。
　例　We must arrive at school before eight.　私たちは 8 時前に学校に到着しなければなりません。

Wordsチェック　次の英語は日本語に，日本語は英語になおしなさい。

□(1)　What's wrong?　（　　　　　　　）　□(2)　with a high of 〜　（　　　　　　　）
□(3)　most of the time　（　　　　　　　）　□(4)　Welcome to 〜.　（　　　　　　　）
□(5)　天気　＿＿＿＿＿＿　□(6)　（温度が）高い　＿＿＿＿＿＿
□(7)　制服　＿＿＿＿＿＿　□(8)　携帯電話　＿＿＿＿＿＿

1 次の対話が成り立つように，＿＿に適する語を書きなさい。

(1)　A : What's ＿＿＿＿＿＿？
　　B : I lost my key.

(2)　A : I'm tired and very sleepy.
　　B : That's too ＿＿＿＿＿. Did you sleep well last
　　　 night?
　　A : No, I didn't.

まるごと暗記
● Welcome to 〜.
　「〜にようこそ。」
● That's too bad.
　「それはお気の毒に。」
● Please come to 〜.
　「〜にいらしてください。」

wrong は[rɔːŋ]と発音するよ。long[lɔːŋ]との発音の違いに注意しよう。

② 絵を見て例にならい，「…は〜すべきです」という文になるよう　　　に適する語を書きなさい。

早く寝る

(1) やさしいな / お年寄りに親切にする　(2) 数学を熱心に勉強する　(3) 皿を洗う

例　You should go to bed early.

(1)　We ＿＿＿＿＿＿＿ ＿＿＿＿＿＿＿ kind to old people.

(2)　Ken ＿＿＿＿＿＿＿ ＿＿＿＿＿＿＿ math hard.

(3)　Emily ＿＿＿＿＿＿＿ ＿＿＿＿＿＿＿ the dishes.

ここがポイント
「〜すべきである」の文
● 主語が何であっても形は変わらない。
● should のあとの動詞は原形。

③ 次の日本文に合うように，　　　に適する語を書きなさい。

よく出る (1)　あなたは怒るべきではありません。

You ＿＿＿＿＿＿＿ ＿＿＿＿＿＿＿ get angry.

(2)　私たちの学校へようこそ。

＿＿＿＿＿＿＿ ＿＿＿＿＿＿＿ our school.

(3)　私たちの学校は東京にあります。

Our school ＿＿＿＿＿＿＿ ＿＿＿＿＿＿＿ Tokyo.

(4)　私たちはいっしょに歌を歌う予定です。

We are ＿＿＿＿＿＿＿ ＿＿＿＿＿＿＿ sing together.

(5)　私たちの学校には 500 人の生徒がいます。

There ＿＿＿＿＿＿＿ five hundred ＿＿＿＿＿＿＿ in our

school.

ミス注意
(5) be 動詞の形
「500 人の生徒」は複数なので，be 動詞は複数を表す形にする。

④ 次の英文を日本語になおしなさい。

(1)　We have a sports festival in May.

(　　　　　　　　　　　　　　　　　　　　　　　　　　　)

(2)　You must be careful when you swim in the sea.

(　　　　　　　　　　　　　　　　　　　　　　　　　　　)

思い出そう
学校行事
● sports festival
「運動会」
● career day
「職業体験日」
● chorus contest
「合唱コンクール」
● volunteer day
「ボランティア活動日」

WRITING Plus ✏️

次の語句に続けて，あなた自身の学校について紹介する文を完成させなさい。

(1)　We have ＿＿＿＿＿＿＿＿＿＿＿＿＿＿＿＿＿＿＿＿＿＿＿＿＿ .

(2)　We must ＿＿＿＿＿＿＿＿＿＿＿＿＿＿＿＿＿＿＿＿＿＿＿＿＿ .

(3)　We must not ＿＿＿＿＿＿＿＿＿＿＿＿＿＿＿＿＿＿＿＿＿＿＿ .

解答 p.10

定着のワーク　ステージ 2　Unit 3 〜 Project 1

読聞書話

🎧 **1 LISTENING** 対話を聞いて，内容に合う絵を選び，記号で答えなさい。　♪ 105

ア　イ　ウ　エ

(　　　)

2 次の( )内から適する語句を選び，◯で囲みなさい。

(1) The girl was dancing (when, if) I saw her in the park.

(2) I'll make something to eat (if, and) you are hungry.

(3) Would you like tea (or, but) coffee?

(4) They practiced very hard (but, and) they got the first prize.

3 次の文を( )内の指示にしたがって書きかえなさい。

(1) Don't eat lunch in the library. （ほぼ同じ意味を表す文に）
You _____.

(2) We don't have to follow the club rule.
（下線部を He にかえて）
_____

(3) She wrote a book many years ago.
（「あなたは〜を知っていますか」の意味を加えて）
_____

(4) Aoi is studying math hard. She will have a test tomorrow.
（because を加えて「〜なので…」という文に）
_____

4 次の日本文に合うように，____に適する語を書きなさい。

(1) それは熱いかもしれません。
It _____ _____ hot.

(2) 最初に，私たちはテントを張らなくてはなりません。
_____, we _____ _____ to set up a tent.

(3) あなたは英語でその手紙を書かなければなりません。
You _____ write the letter in English.

重要ポイント

1 答えの文の動詞に注意する。

2 (2) 「もしおなかがすいているなら」という条件を表す。
(3) 「〜か…」を表す語を選ぶ。

3 (1)禁止を表す。
(2)主語を3人称単数にかえる。

テストに出る!

接続詞の意味
● if 「もし〜なら」
● because「〜なので」
● that「〜ということ」
● when 「〜とき」

4 (1) 「〜かもしれない」という助動詞の後ろは動詞の原形になることに注意する。
(3)「〜しなければならない」という義務を表す。

5 次の対話文を読んで，あとの問いに答えなさい。

Ms.Bell : What do you need ①in (　　　)(　　　) an emergency?　And why?

Aoi : I need a (　②　) because we may have a blackout.
③〔 light / I / move / can't / a / without 〕.

(1) 下線部①の(　)に適する語を書きなさい。

in ＿＿＿＿＿＿　＿＿＿＿＿＿

(2) ②の(　)内に適する語を選び，記号を○で囲みなさい。

ア newspaper　イ stove　ウ tent　エ flashlight

(3) 下線部③の〔　〕内の語句を並べかえて，意味の通る英文にしなさい。

＿＿＿＿＿＿＿＿＿＿＿＿＿＿＿ .

(4) 本文の内容に合うように，＿＿に適する語を書きなさい。

Does Aoi think she needs a light when a blackout happens?

＿＿＿＿＿＿ , she ＿＿＿＿＿＿ .

重要ポイント

5 (1)「〜の場合には」

(2) blackout は「停電」という意味。停電の際に必要なものを考える。

(3) can't 〜 without ...「…なしで〜できない」

6 次の対話が成り立つように，＿＿に適する語を書きなさい。

(1) *A :* ＿＿＿＿＿＿ to our party.　Please enjoy yourself.

B : Thank you.　I will eat a lot of food.

(2) *A :* Let's go shopping if it ＿＿＿＿＿ sunny tomorrow.

B : I want to buy a bag for a trip.　I'm ＿＿＿＿＿ ＿＿＿＿＿ visit my grandmother next week.

(3) *A :* Are you all right?

B : I have a cold.

A : That's too ＿＿＿＿＿ .　You ＿＿＿＿＿ go to hospital.

6 (1)「〜へようこそ」という文。

(2)「〜する予定です」は be going to 〜で表す。

得点力をUP

(2)未来を表す if 節
〈if＋主語＋動詞〜〉では未来のことでも現在形で表すことに注意。

(3)「〜すべき」という助言を表す。

7 次の日本文を英語になおしなさい。

(1) 私たちは，彼はよいサッカー選手だと知っています。

(2) もしひまなら，私の家に来てください。

(3) 熱があったのでソラは学校に行きませんでした。

7 (1)「〜だと知っている」は know を使う。

(2)「〜してください」は please を使う。

(3)「〜なので」と理由を表す文。

解答 p.10

実力判定テスト ステージ **3** Unit 3 〜 Project 1 **30**分 /100 読 聞 書 話

① **LISTENING** 対話と質問を聞いて，その答えとして適するものを１つ選び，記号で答えなさい。

♪ 106 2点×3(6点)

(1) ア Because he has a big game.　イ Because he had a good time.
　　ウ Because he will go to the stadium.　エ Because he helped his brother.

(　)

(2) ア She joined an event at school.　イ She cooked curry and rice.
　　ウ She watched a great movie.　エ She learned about a cooking stove.

(　)

(3) ア She went to the aquarium.　イ She went to the restaurant.
　　ウ She went to the art museum.　エ She went to the park.

(　)

② 次の日本文に合うように，＿＿＿＿に適する語を書きなさい。 3点×4(12点)

(1) どうしましたか。

What's ＿＿＿＿＿＿＿＿＿?

(2) 私はテニス部かバスケットボール部のどちらかに所属したいです。

I want to join a tennis club ＿＿＿＿＿＿＿ a basketball club.

(3) 次にごみを取り除いてください。

＿＿＿＿＿＿＿, ＿＿＿＿＿＿＿ the garbage.

(4) 私たちの学校には，いくつかの行事があります。

＿＿＿＿＿＿＿ ＿＿＿＿＿＿＿ some events in our school.

③ 文の＿＿＿＿に適する語を□から選び，書きなさい。 3点×3(9点)

(1) We should get ＿＿＿＿＿＿＿ from tall buildings.

(2) You have to turn ＿＿＿＿＿＿＿ the stove.

(3) He can set ＿＿＿＿＿＿＿ a tent.

off
away
up

④ 次の文を( )内の指示にしたがって書きかえなさい。 4点×4(16点)

(1) I have a lot of homework, so I won't play baseball. (because を使って，ほぼ同じ内容を表す文に)

＿＿＿＿＿＿＿＿＿＿＿＿＿＿＿＿＿＿＿＿＿＿＿＿＿＿＿＿＿＿＿＿＿＿＿＿＿

(2) I'll make dinner. (「もしあなたが疲れているなら」と，条件を示す文を文頭に加えて)

＿＿＿＿＿＿＿＿＿＿＿＿＿＿＿＿＿＿＿＿＿＿＿＿＿＿＿＿＿＿＿＿＿＿＿＿＿

(3) Please tell me about the news. (助動詞を使ってほぼ同じ内容を表す文に)

＿＿＿＿＿＿＿＿＿＿＿＿＿＿＿＿＿＿＿＿＿＿＿＿＿＿＿＿＿＿＿＿＿＿＿＿＿

(4) It will rain tomorrow. (「私は〜と思う」の意味を加えて)

＿＿＿＿＿＿＿＿＿＿＿＿＿＿＿＿＿＿＿＿＿＿＿＿＿＿＿＿＿＿＿＿＿＿＿＿＿

●「条件・仮定」「理由」「〜ということ」などを表す接続詞の用法を理解し，つながりのある文を書けるようにしましょう。

自分の得点まで色をぬろう！

0	60	80	100点

5 次の対話文を読んで，あとの問いに答えなさい。　　　　　　　　　　　（計27点）

Sora : ①〔 do / that / have / you / we'll / know / a fire drill 〕 tomorrow?

Emily : Yes, but what will we do?

Sora : We'll go out of the school building （　②　） the fire alarm ③goes off.

Emily : Oh, I see.

(1) 下線部①の〔 〕内の語句を並べかえて，意味の通る英文にしなさい。　（6点）

　　　　　　　　　　　　　　　　　　　　　　　　　　　　　tomorrow?

(2) ②の（ ）内に適する語をア〜エから選び，記号で答えなさい。　（5点）

　　ア　that　　　イ　when　　　ウ　or　　　エ　but

(3) 下線部③の英語の意味を書きなさい。　（6点）

　　（　　　　　　　　　）

(4) 次の文が本文の内容と合っていれば〇，異なっていれば×を書きなさい。　5点×2（10点）

　　１．火災訓練では建物の中で待機する。　　　　　　　　　　　　（　　　）

　　２．エミリーは明日火災訓練があることを知らない。　　　　　　（　　　）

レベルUP 6 次の質問に対する，あなた自身の答えを英語で書きなさい。　5点×2（10点）

(1) What is useful when natural disasters occur?

(2) What do you put in your bag when you go abroad?

よく出る 7 次のようなとき，英語でどのように言うか書きなさい。　5点×4（20点）

(1) 自分はここで写真をとってもいいか許可を求めるとき。　（5語で）

(2) 彼は自分がよい歌手になると思っている，と言うとき。　（9語で）

(3) 自分は，今日は母に電話する必要はない，と言うとき。　（8語で）

(4) 自分たちは地震に備えなければならない，と言うとき。　（7語で）

確認のワーク　ステージ 1　Unit 4　My Future Dream ①　読 聞 書 話

教科書の 要点　動詞の ing 形「〜すること」の文　♪ a19

I like **playing** the sax.　　　　　　　　　私はサックスを演奏するのが好きです。
動詞の目的語「〜することを」

Playing the sax is difficult.　　　　　　サックスを演奏するのは難しいです。
主語「〜することは」

要点
- ●動詞の ing 形は「〜すること」という意味を表して，名詞としての働きをする。
- ●動詞の目的語となったり，主語となったりする。

プラス ing 形を目的語にとる動詞には，like のほかに次のようなものがある。
enjoy 〜ing「〜することを楽しむ」　　start 〜ing「〜し始める」
例 I enjoy riding a bike.　　　　　　　　　私は自転車に乗ることを楽しみます。

Words チェック 次の英語は日本語に，日本語は英語になおしなさい。
- □(1) saxophone 　（　　　　　　　）
- □(2) in the future 　（　　　　　　　）
- □(3) 難しい 　＿＿＿＿＿＿＿
- □(4) 楽しみ，おもしろいこと 　＿＿＿＿＿＿＿

1 絵を見て例にならい，「私は〜するのが好きです」という文を書きなさい。

例
料理をする

(1)
テニスをする

(2)
写真を撮る

(3)
コンピューターを使う

例　I like cooking.
(1) I ＿＿＿＿＿＿＿ ＿＿＿＿＿＿＿ tennis.
(2) I ＿＿＿＿＿＿＿＿＿＿＿＿＿＿＿＿＿＿ .
(3) I ＿＿＿＿＿＿＿＿＿＿＿＿＿＿＿＿＿＿ .

ここが ポイント
動詞のあとにくる動詞を
ing 形にする。
(2)(3) e で終わる動詞は，
e をとって ing をつける。

よく出る 2 次の日本文に合うように，＿＿＿に適する語を書きなさい。
(1) 鳥を観察するのはとてもおもしろいです。
＿＿＿＿＿＿＿ ＿＿＿＿＿＿＿ is a lot of fun.
(2) 英語を話すことは簡単ではありません。
＿＿＿＿＿＿＿ ＿＿＿＿＿＿＿ isn't easy.

future は[fjúːtʃər]と発音するよ。tu が child[tʃáild]や chair[tʃéər]の ch と同じ音になることに注意しよう。

③ 次の文の＿＿＿に（　）内の語を適する形にかえて書きなさい。

(1) Aoi enjoys ＿＿＿＿＿＿ with her friends. （ talk ）

(2) Chen will start ＿＿＿＿＿＿ Japanese soon. （ study ）

(3) Do you like ＿＿＿＿＿＿? （ swim ）

(4) ＿＿＿＿＿＿ English is my mother's work. （ teach ）

(5) ＿＿＿＿＿＿ food and water in your bag is important.

（ put ）

まるごと暗記

ing 形を目的語にとる動詞
enjoy「～を楽しむ」
like「～を好む，～することが好き」
start「～を始める」

④ 次の英文を日本語になおしなさい。

(1) Did you enjoy skiing last winter?

(　　　　　　　　　　　　　　　　　）

(2) I started playing the piano when I was six years old.

(　　　　　　　　　　　　　　　　　）

(3) Going abroad is a lot of fun.

(　　　　　　　　　　　　　　　　　）

ここがポイント

(1) enjoy～ing は「～して楽しむ，～を楽しむ」のように訳すと自然。
(2) start ～ing「～し始める，～を始める」
(3) ing 形が主語になる文は「～することは，～するのは」のように訳す。

⑤ 〔　〕内の語を並べかえて，日本文に合う英文を書きなさい。ただし，下線部の語を適切な形にかえること。

(1) 私は父といっしょに走るのを楽しみました。

〔 with / enjoyed / I / run / my father 〕.

＿＿＿＿＿＿＿＿＿＿＿＿＿＿＿＿＿.

(2) 彼は読書が好きです。

〔 books / likes / he / read 〕.

＿＿＿＿＿＿＿＿＿＿＿＿＿＿＿＿＿.

(3) さあ，その歌の練習を始めましょう。

Now, 〔 the song / start / practice / let's 〕.

Now, ＿＿＿＿＿＿＿＿＿＿＿＿＿＿.

(4) ケーキを作ることはとてもおもしろいです。

〔 is / a cake / make / fun / lot / a / of 〕.

＿＿＿＿＿＿＿＿＿＿＿＿＿＿＿＿＿.

ことばメモ

名詞 fun
(4) fun は名詞だが，be fun で「おもしろい」と形容詞のような意味を表す。「とても，たいへん」というときは，a lot of などをつけることに注意する。

WRITING Plus ✏

例にならい，自分のお気に入りの娯楽について書きなさい。

例　My favorite pastime is playing TV games.

(1) ＿＿＿＿＿＿＿＿＿＿＿＿＿＿＿＿＿＿

(2) ＿＿＿＿＿＿＿＿＿＿＿＿＿＿＿＿＿＿

Unit 4

Unit 4 My Future Dream ②

教科書の 要点　to＋動詞の原形「〜すること」の文　♪ a20

My dream is **to be** a doctor.　　　　　　私の夢は医者になることです。
　　　　補語「〜すること」

I want **to help** people.　　　　　　　　私は人々を助けたいです。
　　　　動詞の目的語「〜すること」

要点
● 〈to＋動詞の原形〉は「〜すること」という意味を表して，名詞としての働きをする。
● 動詞の目的語となったり，補語となったりする。

プラス to＋動詞の原形を目的語にとる動詞には，want のほかに次のようなものがある。
need to 〜「〜する必要がある」　like to 〜「〜することが好き」　start to 〜「〜し始める」
例　I like to ride a bike.　　　　　　　　私は自転車に乗ることが好きです。

Words チェック 次の英語は日本語に，日本語は英語になおしなさい。
□(1) thanks to 〜　(　　　　)　□(2) get well　(　　　　)
□(3) ice hockey　(　　　　)　□(4) 医者　＿＿＿＿
□(5) 患者　＿＿＿＿　□(6) 外国の　＿＿＿＿

1 絵を見て例にならい，「私は〜になりたいです」という文を書きなさい。

 doctor
 musician
 singer
 police officer

例　I want to be a doctor.
(1) I want ＿＿＿＿ ＿＿＿＿ a musician.
(2) I ＿＿＿＿＿＿＿＿＿ a singer.
(3) I ＿＿＿＿＿＿＿＿＿＿.

ここがポイント
want to 〜「〜したい」
to のあとは必ず動詞の
原形になる。

2 次の英文に to を入れるとき，適する位置の記号を○で囲みなさい。
(1) I like read books .
　ア イ　ウ　エ　　オ
(2) My dream is be a pianist .
　ア イ　　ウ エ オ カ　キ

ここがポイント
(2)〈to＋動詞の原形〉が
文の補語になることもあ
る。

アメリカでは口語で want to を wanna(ワナ)，going to を gonna(ゴナ)のように発音する。

3 次の文の ＿＿＿＿ に（ ）内の語を必要があれば適する形にかえて書きなさい。ただし，2語になることもある。

(1) Does Aoi want to ＿＿＿＿＿＿ a singer? （be）

(2) He needs ＿＿＿＿＿＿ home soon. （go）

(3) We want ＿＿＿＿＿＿ TV. （watch）

(4) My mother's work is ＿＿＿＿＿＿ Japanese. （teach）

まるごと 暗記

〈to＋動詞の原形〉を目的語にとる動詞
want「〜したい」
need「〜する必要がある」
like「〜することが好き」
start「〜し始める」

4 〔 〕内の語を並べかえて，日本文に合う英文を書きなさい。

(1) 私は海で泳ぐのが好きです。
I 〔 swim / to / in / like 〕 the sea.
I ＿＿＿＿＿＿＿＿＿＿＿ the sea.

(2) 父の娯楽は庭の手入れをすることです。
〔 of / to / care / my father's / take / is / pastime 〕 the garden.
＿＿＿＿＿＿＿＿＿＿＿ the garden.

(3) あなたは今この本を買う必要はありません。
〔 book / buy / don't / you / need / to / this 〕 now.
＿＿＿＿＿＿＿＿＿＿＿ now.

(4) あなたはどこに住みたいですか。
〔 do / live / to / want / where / you 〕?
＿＿＿＿＿＿＿＿＿＿＿ ?

(5) 彼は放課後，図書館へ行きたがっていません。
〔 want / go / he / the library / to / to / doesn't 〕 after school.
＿＿＿＿＿＿＿＿＿＿＿ after school.

ここが ポイント

(1)「〜することが好き」は like to 〜，(3)「〜する必要がある」は need to 〜，(4)(5)「〜したい」は want to 〜で表す。(2)は「〜すること」を表す to＋動詞の原形が補語になっている形。

5 次の日本文に合うように，＿＿＿ に適する語を書きなさい。

(1) 彼は将来，数学の教師になるでしょう。
He will be a math teacher ＿＿＿＿＿ ＿＿＿＿＿
＿＿＿＿＿ .

(2) あなたのおかげで楽しい時間を過ごすことができました。
＿＿＿＿＿ ＿＿＿＿＿ you, I could have a good time.

(3) その患者はよくなりました。
The patient ＿＿＿＿＿ ＿＿＿＿＿ .

まるごと 暗記

(1) in the future「将来」
(2) thanks to 〜「〜のおかげで」
(3) get well「よくなる」

6 （ ）内の日本語を参考に，＿＿＿ に適する語を書きなさい。

(1) Sora wants to try ＿＿＿＿＿ ＿＿＿＿＿ . （アイスホッケー）

(2) I want to be a ＿＿＿＿＿ . （超人）

Unit 4

 ステージ **1** Unit 4 My Future Dream ③

解答 p.12

教科書の **要点** 「〜するのは…です」を表す文　a21

It is important **for me to practice** writing.　私が書く練習をすることは大切です。

形式上の主語　　　　　　to＋動詞の原形「〜すること」

要点
- 〈It is＋形容詞＋to＋動詞の原形 〜.〉は「〜するの[すること]は…です。」という意味を表す。
- 〈to＋動詞の原形〉の前に〈for＋人〉を置くと，〈It is＋形容詞＋for＋人＋to＋動詞の原形 〜.〉で「(人)が〜するの[すること]は…です。」という意味を表す。
- It は to 以下の内容を指す。

プラス to＋動詞の原形を文の頭に置くと次のようになる。
To play tennis is easy for me.
＝It is easy for me to play tennis.　　　　　　私がテニスをするのは簡単です。

Words チェック 次の英語は日本語に，日本語は英語になおしなさい。
- □(1) novelist （　　　）
- □(2) think of 〜 （　　　）
- □(3) money （　　　）
- □(4) necessary （　　　）
- □(5) 〜につき ＿＿＿
- □(6) 興味深い ＿＿＿
- □(7) 簡単な，楽な ＿＿＿
- □(8) 〜をたくわえる ＿＿＿

1 絵を見て例にならい，「私が〜するのは…です」という文を書きなさい。

 例 important / practice the piano
 (1) easy / cook
 (2) good / play sports
 (3) difficult / get up early

例 It is important for me to practice the piano.
(1) It is ＿＿＿ for me ＿＿＿ ＿＿＿.
(2) It ＿＿＿ sports.
(3) It ＿＿＿.

ここがポイント to のあとは必ず動詞の原形になる。

2 次の英文を日本語になおしなさい。
(1) It is easy for me to find her house.
（　　　）
(2) It isn't difficult for him to talk to foreign people.
（　　　）

 (2)isn't を使った否定文なので「〜ではない」という意味になる。

It is は t と i がつながって発音され(イトゥイズ)のようになる。(イットイズ)とは発音しないので注意しよう。

3 次の文を It で始まる文に書きかえなさい。

(1) To help each other is important.

It _____ .

(2) To read many books is good for us.

It _____ .

4 次の日本文に合うように，_____ に適する語を書きなさい。

(1) 私がケーキを作ることはとても楽しいです。

_____ is a lot of _____ for

_____ to make a cake.

(2) 映画を見ることはおもしろいです。

It is _____ _____ _____ movies.

(3) 彼が携帯電話を学校に持ってくることは必要ではありません。

It is _____ _____ for _____

to bring his cell phone to school.

(4) 私は１日につき，２つ玉子を食べる。

I eat two eggs _____ _____ .

ミス注意
(1) for の後ろの代名詞は me という目的格の形になる。
(3)否定文なので is の後ろに not を置く。
(4)「〜につき」a 〜

5 〔 〕内の語を並べかえて，日本文に合う英文を書きなさい。

(1) ケンタが早起きすることはすばらしい。

〔 Kenta / early / great / get / is / to / up / it 〕。（１語補う）

_____ .

(2) 私たちが水をたくわえることは簡単ではありません。

〔 it / water / to / easy / us / save / for / is 〕。（１語補う）

_____ .

(3) 私にはテレビなしの生活を考えるのは難しい。

〔 for / think of / hard / is / it / life / me / to / without 〕 TV.

_____ TV.

思い出そう
〈It is＋形容詞＋to＋動詞の原形 〜.〉で用いられる形容詞
● difficult「難しい」
● hard「難しい」
● easy「簡単な」
● important「大切な」
● necessary「必要な」
● interesting「興味深い」
● fantastic「すばらしい」
● great「すばらしい」
● good「よい」

WRITING Plus

例にならい，It is ... for me to 〜 . を使って，自分のことについて書きなさい。

例1 It is important for me to practice writing.

例2 It is not good for me to watch TV for a long time.

(1) _____

(2) _____

Unit 4

解答 p.13

 ステージ **1** **Unit 4** (Read & Think) Sign Language Robot 読 聞 書 話

📖 教科書の **要点** ing 形を使った文，「〜するのは…でした」を表す文 🎵 a22

I'm interested in **making** robots. 私はロボットをつくることに興味があります。
前置詞の目的語「〜することに」

要点1
● 動詞の ing 形は「〜すること」という意味を表して，名詞としての働きをする。
● 前置詞の目的語となったりする。

プラス ing 形を目的語にとる連語には，次のようなものがある。
be interested in 〜ing「〜することに興味がある」
be good at 〜ing「〜するのが得意」
How about 〜ing?「〜するのはどうですか。」
Thank you for 〜ing.「〜してくれてありがとう。」

It was difficult **for** them **to program** the robot.
形式上の主語 to＋動詞の原形「〜すること」

彼らがロボットをプログラムするのは難しかったです。

要点2
● 〈It was＋形容詞＋to＋動詞の原形 〜.〉は「〜するの[すること]は…でした。」という意味を表す。
● 〈to＋動詞の原形〉の前に〈for＋人〉を置くと，〈It was＋形容詞＋for＋人＋to＋動詞の原形 〜.〉で「(人)が〜するの[すること]は…でした。」という意味を表す。
● It は to 以下の内容を指す。

プラス to＋動詞の原形を文の頭に置くと次のようになる。
To play tennis was easy for me.
＝It was easy for me to play tennis. 私がテニスをするのは簡単でした。

Words チェック 次の英語は日本語に，日本語は英語になおしなさい。

□(1) sign language （ ） □(2) translate A into B（ ）
□(3) product （ ） □(4) believe （ ）
□(5) 〜を開発する ＿＿＿＿＿＿ □(6) 〜に所属する ＿＿＿＿＿＿
□(7) 〜に取り組む ＿＿＿＿＿＿ □(8) 〜に感銘を与える ＿＿＿＿＿＿
□(9) 〜をはげます ＿＿＿＿＿＿ □(10) win の過去形 ＿＿＿＿＿＿

1 次の文の（ ）内から適する語を選び，○で囲みなさい。

(1) Brush your teeth before （ go / going ）to bed.

(2) She left the room without （ saying / to say ）anything.

(3) I'm interested in （ learn / learning ）science.

ここがポイント
(1) before 〜ing
「〜する前に」
(2) without 〜ing
「〜しないで」

🐛 interested は[íntərəstɪd]と発音する。es の部分の発音に注意しよう。

2 絵を見て例にならい，「私が〜するのは…でした」という文を書きなさい。

例
important / practice reading

(1) good / go to bed early
(2) fantastic / win the prize

(3) hard / make a robot

例　It was important for me to practice reading.

(1)　It _____ early.

(2)　It _____ .

(3)　It _____ .

> **ここが ポイント**
> 過去時制の文でも **to** の
> あとは必ず動詞の原形に
> なる。

3 次の文を（　）内の指示にしたがって書きかえなさい。

(1)　It is necessary for us to use computers. （過去を表す文に）

_____ .

(2)　To play basketball was not easy for her. （It で始まる文に）

It _____ .

4 次の日本文に合うように，＿＿＿に適する語を書きなさい。

(1)　私はサンドイッチを作るのがとても得意です。

I am very good _____ _____ sandwiches.

(2)　手伝ってくれてありがとう。

_____ you for _____ me.

(3)　放課後テニスをするのはどうですか。

_____ _____ _____ tennis after school?

(4)　彼女は英語を日本語に翻訳することができます。

She can _____ English _____ Japanese.

> **表現メモ**
> **ing** 形を目的語にとる連語
> ●be interested in ～ing
> 「～することに興味が ある」
> ●be good at ～ing
> 「～するのが得意」
> ●How about ～ing?
> 「～するのはどうです か。」
> ●Thank you for ～ ing.
> 「～してくれてありが とう。」

5 次の英文を日本語になおしなさい。

(1)　It was important for him to teach math.

（　　　　　　　　　　　　　　　　）

(2)　She is interested in traveling abroad.

（　　　　　　　　　　　　　　　　）

> **ミス注意**
> (1) was が過去だという ことに注意。
> (2) travel「旅行する」 の ing 形。

6 （　）内の語を参考に，＿＿＿に適する語を書きなさい。

(1)　Beautiful songs can _____ many people. （感銘を与える）

(2)　I always _____ my sons and daughters. （はげます）

 ステージ **1** Express Yourself 将来の夢を発表しよう。

解答 p.13

読 聞 書 話

 教科書の **要点** 「〜すること」を表す文（復習） ♪ a23

I like **studying** English.

動詞の目的語「〜することを」　　　　　私は英語を勉強するのが好きです。

要点 1
● 動詞の ing 形は「〜すること」という意味を表して，名詞としての働きをする。
● 動詞の目的語となったり，主語となったりする。

My dream is **to be** an interpreter.

補語「〜すること」　　　　　私の夢は通訳になることです。

I want **to work** abroad.

動詞の目的語「〜すること」　　　　　私は外国で仕事をしたいです。

要点 2
● 〈to＋動詞の原形〉は「〜すること」という意味を表して，名詞としての働きをする。
● 動詞の目的語となったり，補語となったりする。

Words チェック 次の英語は日本語に，日本語は英語になおしなさい。

□(1) sax player （　　　　　　） □(2) sound （　　　　　　）

□(3) プロの ＿＿＿＿＿＿＿＿ □(4) 〜の前に ＿＿＿＿＿＿＿＿

1 絵を見て例にならい，「私の夢は〜になることです」という文を書きなさい。

be a musician

be a doctor

be a soccer player

be a police officer

例　My dream is to be a musician.

(1)　My dream is ＿＿＿＿＿＿ ＿＿＿＿＿＿ a doctor.

(2)　＿＿＿＿＿＿＿＿＿＿＿＿＿＿＿＿＿ a soccer player.

(3)　＿＿＿＿＿＿＿＿＿＿＿＿＿＿＿＿＿＿＿．

ここがポイント
My dream is to 〜「私の夢は〜することです」の to のあとは必ず動詞の原形になる。

2 次の日本文に合うように，＿＿に適する語を書きなさい。

(1)　彼は貯金を楽しみます。He enjoys ＿＿＿＿＿＿ money.

(2)　私は平和を維持したい。

　　I ＿＿＿＿＿＿ ＿＿＿＿＿＿ keep the peace.

(1)「貯金をする」は，save money と表す。

 astronaut：宇宙飛行士　comedian：コメディアン　game creator：ゲームクリエイター

解答 p.13

確認のワーク ステージ1 Let's Talk 4 レストラン

読 聞 書 話

教科書の要点 would like ～, What would you like to ～? の文 a24

I would like Lunch A.　Aランチをください。

What would you like to drink?　飲み物は何がよろしいですか。

要点

- 「私は～がほしいです。」と言うときには〈I would like＋食べ物・飲み物.〉で表す。
- want ～よりもていねいな表現。
- I would を省略して I'd like ～. と言うこともある。
- 「何を～したいですか。」とたずねるときには〈What would you like to＋動詞の原形 ～?〉で表す。

プラス 「～をお願いします。」と簡単に言うときには,〈食べ物・飲み物＋, please.〉と表すこともできる。

例 Orange juice, please.　オレンジジュースをお願いします。

Wordsチェック 次の英語は日本語に，日本語は英語になおしなさい。

□(1) coffee (　　　)　□(2) tea (　　　)

□(3) ジュース ＿＿＿＿　□(4) ミルク ＿＿＿＿

1 〔 〕内の語を並べかえて，日本文に合う英文を書きなさい。

(1) 私はミルク入りのコーヒーがほしいです。

〔 with / would / I / like / milk / coffee 〕.

＿＿＿＿＿＿＿＿＿＿＿＿＿＿＿＿.

(2) 何を召し上がりますか。

〔 to / would / like / what / you / eat 〕?

＿＿＿＿＿＿＿＿＿＿＿＿＿＿＿＿?

ここがポイント

(1) would like ～ 「～がほしい」

(2) What would you like to ～? 「何を～したいですか。」

2 次の対話文の＿＿に適する語を書きなさい。

(1) *A*: What would you like in your sandwich?

B: Egg, cheese, and bacon, please.

A: How about vegetables?

Oh, I ＿＿＿＿ ＿＿＿＿ lettuce and onion.

(2) *A*: What would you like ＿＿＿＿ ＿＿＿＿?

B: I want Cola.　Can I have chips with it?

A: Sure.

ミス注意

(2) to の後ろには動詞の原形を置く。

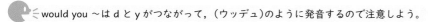

would you ～は d と y がつながって，(ウッデュ)のように発音するので注意しよう。

解答　p.14

ステージ 2　Unit 4 〜 Let's Talk 4

読聞書話

1 LISTENING 対話を聞いて，内容に合う絵を選び，記号で答えなさい。 ♪107

(1)(　　　)

(2)(　　　)

2 〔　〕内の語を並べかえて，日本文に合う英文を書きなさい。ただし，必要がある場合，下線の語を適切な形にかえること。

(1) 図書館に行く前にあなたの宿題をしなさい。

〔 before / homework / your / to / <u>go</u> / do 〕 the library.

_____ the library.

(2) ソラは看護師になりたいです。

〔 wants / <u>be</u> / a nurse / Sora / to 〕.

_____ .

(3) ギターをひくのは難しいですか。

〔 guitar / is / the / <u>play</u> / difficult 〕?

_____ ?

(4) 私は中国語を学ぶことに興味があります。

〔 Chinese / interested / am / <u>learn</u> / I / in 〕.

_____ .

3 次の文を（　）内の指示にしたがって書きかえなさい。

(1) I played tennis and I had a good time.
（enjoy を使ってほぼ同じ内容を表す文を 4 語で）

_____

(2) To watch TV every day is not necessary for me.
（It で始まるほぼ同じ内容を表す文に）

_____

重要ポイント

1 (2) to be の後ろに注目する。

2 (1)名詞の働きをする ing 形は，前置詞のあとに続けることもできる。

(2)「〜になりたい」は〈to ＋動詞の原形〉を使って表す。

(3)主語が動詞の ing 形になる疑問文。

(4)「〜することに興味がある」は be interested in 〜ing で表す。

得点力を UP

名詞の働きをする ing 形
①動詞の目的語になる。
②文の主語になる。
③前置詞の目的語になる。

4 次の対話文を読んで，あとの問いに答えなさい。

Chen : Hi, Aoi.　What's in the case?

Aoi : ①It's a saxophone.

Chen : Oh, do you play the sax?

Aoi : Yes, I play it in the brass band.

②〔 the / playing / like / I / sax 〕.

(1)　下線部①の指すものを日本語で書きなさい。

（　　　　　　　　　　　　　　　　　　　　　）

(2)　下線部②の〔　〕内の語句を並べかえて，意味の通る英文にしなさい。

_____ .

UP (3)　次の質問に英語で答えなさい。

1.　Does Chen have a saxophone?

_____

2.　Does Chen like playing the sax?

_____

3.　Where does Aoi play the sax?

_____

5 次の日本文に合うように，＿＿＿に適する語を書きなさい。

(1)　毎日歩くことはあなたにとってよいことです。

_____ every day is good _____ you.

(2)　コンピューターのおかげで，私たちはたくさんのことができます。

_____ _____ computers, we can do a lot of things.

(3)　そのロボットは外国語を日本語に翻訳できます。

The robot can _____ foreign languages _____ Japanese.

6 次の日本文を英語になおしなさい。

(1)　私は，パーティーで踊るのが好きです。

_____

(2)　アオイはたくさんの国を訪れたいと思っています。

_____

(3)　ケンタはひと月に２冊，本を読みます。

_____

重要ポイント

4 (1) it は前に出てきた単数のものを指す。

(2)「～することが好き」という意味にする。

5 (2)「～のおかげで」thanks to ～

(3)「A を B に翻訳する」translate A into B

6 (1)「パーティーで踊ること」→動詞の ing 形

(2)「国」country は複数になる。

(3)「～につき」は a ～と表す。

Unit 4 ～ Let's Talk 4

ちょっとBREAK　現在は AI を利用したロボットがありますが AI とは何の略でしょう？　→答えは次のページ

解答 p.14

実力判定テスト ステージ3 Unit 4 〜 Let's Talk 4

30分 /100 読 聞 書 話

1 LISTENING 対話を聞いて，男性が注文したものとして適するものを１つ選び，記号で答えなさい。 108 2点×2(4点)

(1) ア A hamburger. イ A hamburger and a tea.
　 ウ Two hamburgers and a coffee. エ Two hamburgers.

(　)

(2) ア A pizza. イ A pizza and a salad.
　 ウ An orange juice and a salad. エ A pizza and an orange juice.

(　)

2 次の文の＿＿に，（ ）内の語を適する形にかえて書きなさい。ただし２語になることもある。 3点×4(12点)

(1) Did you enjoy ＿＿＿＿＿＿ in the sea yesterday? （swim）

(2) I left the shop without ＿＿＿＿＿＿ anything. （buy）

(3) What would you like ＿＿＿＿＿＿ ? （drink）

(4) How about ＿＿＿＿＿＿ English together? （study）

3 次の各組の文がほぼ同じ内容を表すように，＿＿に適する語を書きなさい。 3点×5(15点)

よく出る (1) I am studying math. I started it one hour ago.
　 I ＿＿＿＿＿＿ ＿＿＿＿＿＿ math one hour ago.

(2) We get up early. It is good.
　 ＿＿＿＿＿＿ up early ＿＿＿＿＿＿ good for us.

(3) I am a member of the basketball team.
　 I ＿＿＿＿＿＿ ＿＿＿＿＿＿ the basketball team.

(4) I need to study foreign languages.
　 ＿＿＿＿＿＿ is ＿＿＿＿＿＿ for me ＿＿＿＿＿＿ study foreign languages.

(5) Many patients got well because doctors and nurses worked hard.
　 ＿＿＿＿＿＿ ＿＿＿＿＿＿ doctors and nurses, many patients got well.

よく出る **4** 次のようなとき，英語でどのように言うか書きなさい。 5点×3(15点)

(1) 花を育てることはとても楽しい，と言うとき。 （７語で）

(2) 自分はこれらの本を読むことが好き，と言うとき。 （６語で）

(3) レストランでオレンジジュースがほしい，と注文するとき。 （５語で）

ちょっとBREAKの答え Artificial「人工」Intelligence「知能」の略です。

目標　●動詞の ing 形や〈to＋動詞の原形〉で「〜すること」を表す文を正しく理解し，使うことができるようにしましょう。

自分の得点まで色をぬろう!

😢かんばろう　　😐もう一歩　　😊合格!

0　　　　　　　　　　60　　80　　100点

5 次のサクラの発表を読んで，あとの問いに答えなさい。 (計21点)

① 〔 or / my / a / doctor / dream / a / to / is / be 〕 nurse.

I visited my grandmother in the hospital last month.

The doctors and nurses （ ② ） very hard for the

patients.

(1) 下線部①の〔 　〕内の語を並べかえて，意味の通る英文にしなさい。 (6点)

_____ nurse.

(2) ②の（ ）内に適する語をア〜ウから選び，記号で答えなさい。 (3点)

ア　are working　　　イ　were working　　　ウ　will work　　　(　　)

(3) 本文の内容に合うように，次の文の（ ）内に適する語を日本語で書きなさい。

4点×3(12点)

サクラの夢は（ 　　1.　　 ）です。サクラが先月，入院している

（ 　　2.　　 ）を訪ねたとき，医師と看護師は（ 　　3.　　 ）

のために，一生懸命働いていました。

6 次の質問に，あなた自身の答えを英語で書きなさい。 6点×2(12点)

(1) あなたの夢は何ですか。

My dream is _____ .

(2) あなたは何をすることが得意ですか。

I am _____ .

7 文の　　に適する語を　　から選び，書きなさい。 3点×5(15点)

(1) We should _____ of our future.

(2) I have to _____ Japanese on this page into English.

(3) To _____ time and money is important for us.

(4) I think some of those junior high school students will

_____ a great robot.

(5) That story can _____ many people.

think
inspire
save
translate
develop

8 次の英文を日本語になおしなさい。 (6点)

It was difficult for them to program the robot.

(　　　　　　　　　　　　　　　　　　　　　　　　)

Unit 4 〜 Let's Talk 4

ステージ **1** **Unit 5** Festivals Have Meanings ①

解答　p.15

教科書の **要点**　「〜するために」を表す文　♪ a25

People <u>hold</u> the festival　**to pray** for a good harvest.
〈to＋動詞の原形〉「〜するために」

人々は豊作を祈願するためにその祭りを開催します。

要点
● 〈to＋動詞の原形〉は「〜するために」という意味で，動詞の動作の目的を表す。
● 副詞としての働きをして，動詞や文全体などを修飾する。

プラス　Why 〜?（なぜ）の疑問文に対して，Because〜.（〜だから。）のほかに，To〜.（〜するために。）と〈to＋動詞の原形〉を使って答えることもできる。
例　Why did you stay up so late?　　あなたはなぜそんなに遅くまで起きていたのですか。
　— To do my homework.　　宿題をするためです。

Words チェック　次の英語は日本語に，日本語は英語になおしなさい。

□(1)　pray for 〜　　（　　　　　　）　　□(2)　raise　　（　　　　　　）
□(3)　look like 〜　　（　　　　　　）　　□(4)　stay up late　（　　　　　　）
□(5)　重い　　＿＿＿＿＿＿　　□(6)　耳　　＿＿＿＿＿＿
□(7)　聞く，耳にする　＿＿＿＿＿＿　　□(8)　遅く　　＿＿＿＿＿＿

1　絵を見て例にならい，「〜するために…」という文を書きなさい。

例　つりに行く

(1) walk in the park

(2) practice soccer

(3) study science　NaCl　Ca(OH)₂

例　I got up early to go fishing.
(1)　I got up early ＿＿＿＿＿ ＿＿＿＿＿ in the park.
(2)　I got up early ＿＿＿＿＿＿＿＿＿＿＿＿ .
(3)　I got up early ＿＿＿＿＿＿＿＿＿＿＿＿ .

ここがポイント

「〜するために」の〈to＋動詞の原形〉
● 動詞のあとに置いて，動詞を修飾する。
● 動詞の目的を表す。
● 主語が何でも〈to＋動詞の原形〉の形は変わらない。

2　次の英文に to を入れるとき，適する位置の記号を〇で囲みなさい。またできた英文を日本語になおしなさい。

I　went to the station　meet　my sister　.
　ア　　　　　　イ　　　ウ　　　エ

私は（　　　　　　　　　　　　　　　　）行きました。

pray[préɪ]，raise[réɪz]，stay[stéɪ]はどれも（エイ）という発音になることに注意しよう。

3 次の対話が成り立つように，〔　〕内の語を並べかえなさい。

(1) A : Why did you come to Japan?

B : 〔 came / I / to / to / Japan / Japanese / study 〕.

_____

(2) A : Why did you go to the museum last Sunday?

B : 〔 the / see / famous / to / pictures 〕.

_____ .

ミス注意
(2) Why ～? の疑問文に
対して，〈To＋動詞の原
形 ～.〉と答えることも
できる。

4 〔　〕内の語句を並べかえて，日本文に合う英文を書きなさい。

(1) 私の兄は走るためにその公園に行きます。

My brother 〔 run / the park / to / goes / to 〕.

My brother _____ .

(2) 彼女は医者になるために一生懸命勉強しています。

〔 hard / she / studies / a doctor / be / to 〕.

_____ .

(3) 私は花の写真をとるためにこのカメラを使います。

〔 camera / I / pictures / take / this / to / use 〕 of flowers.

_____ of flowers.

(4) あなたはなぜアメリカを訪れるのですか。

— おじに会うためです。

Why do you visit America? — 〔 see / to / my / uncle 〕.

Why do you visit America? — _____ .

ミス注意
(1)(2) 2つの動詞のうち，
to のあとにくるのはど
ちらか考える。to のあ
とにくる動詞は原形。

5 次の日本文に合うように　　　に適する語を書きなさい。

(1) 彼はしばしば夜ふかしをします。

He often _____ _____ _____ .

(2) 親は子どもの幸せなくらしを祈ります。

Parents _____ _____ their children's

happy life.

(3) 彼女は大人のように見えます。

She _____ _____ an adult.

まるごと暗記
(1) stay up late
「夜ふかしをする」
(2) pray for ～
「～を祈る」
(3) look like ～
「～のように見える」

6 Word Box　（　）内の日本語を参考に，　　　に適する語を書きなさい。

(1) Ken went to the city to _____ a _____ . （映画を見る）

(2) Saki _____ every day. （ジョギングをする）

(3) My grandmother _____ _____ on weekends.

（ショッピングを楽しむ）

(4) My brother _____ _____ twice a week. （野球の練習をする）

Unit 5

解答 p.15

確認のワーク ステージ 1 **Unit 5** Festivals Have Meanings ② 読聞書話

教科書の 要点 「〜して」を表す文 ♪a26

I was <u>excited</u> **to see** the festival. 私は祭りを見てわくわくしました。

〈to＋動詞の原形〉「〜して」

要点

● 〈to＋動詞の原形〉は「〜して」という意味で，感情の原因を表す。

● 副詞としての働きをして，形容詞など感情を表す言葉を修飾する。

プラス 〈to＋動詞の原形〉と用いられる感情を表す言葉には次のようなものがある。

be excited to 〜「〜してわくわくする」 be surprised to 〜「〜して驚く」

be disappointed to 〜「〜してがっかりする」 be happy to 〜「〜してうれしい」

be glad to 〜「〜してうれしい」 be sad to 〜「〜して悲しい」

be sorry to 〜「〜して申し訳ない，残念だ」

Words チェック 次の英語は日本語に，日本語は英語になおしなさい。

- □(1) amazing （　　　　　　　） □(2) result （　　　　　　　）
- □(3) glad （　　　　　　　） □(4) お互い ＿＿＿＿＿＿＿＿
- □(5) わくわくした ＿＿＿＿＿＿＿ □(6) 驚いた ＿＿＿＿＿＿＿＿
- □(7) がっかりした ＿＿＿＿＿＿＿

1 絵を見て例にならい，「〜してわくわくした」という文を書きなさい。

see a famous picture

(1) watch a movie　(2) swim in a river　(3) play soccer

例 I was excited to see a famous picture.

(1) I was excited ＿＿＿＿＿＿＿＿＿＿＿＿ a movie.

(2) I was excited ＿＿＿＿＿＿＿＿＿＿＿＿＿＿＿＿ .

(3) I was excited ＿＿＿＿＿＿＿＿＿＿＿＿＿＿＿＿ .

ここが ポイント

「〜して」の〈to＋動詞の原形〉

● 感情を表す言葉のあとに置いて，感情の原因を説明する。

● 主語が何でも〈to＋動詞の原形〉の形は変わらない。

2 次の英文に to を入れるとき，適する位置の記号を〇で囲みなさい。

I am very happy see you.
　ア　イ　　　ウ　エ

excited[ɪksáɪtɪd]，disappointed[dìsəpɔ́ɪntɪd]，surprised[səpráɪzd]の ed の発音に注意しよう。

3 下線部と同じ用法の〈to＋動詞の原形〉を含む文をア～ウから選び，記号で答えなさい。

He was glad <u>to get</u> the present.

ア　It is easy for me to help my friend.

イ　My dream is to be a musician.

ウ　I am sad to hear the news.

（　　　）

4 〔　〕内の語句を並べかえて，日本文に合う英文を書きなさい。

(1) 私はあなたからの手紙を受け取ってとてもうれしかったです。

〔 very / I / glad / was / to / your letter / get 〕.

_____.

(2) 彼女はその話を聞いて悲しくなりました。

〔 sad / hear / she / was / to / the story 〕.

_____.

(3) 私は遅れてしまって申し訳ないと思っています。

〔 be / sorry / late / am / to / I 〕.

_____.

(4) あなたはおいしい昼食を食べて，今，幸せですか。

〔 are / to / lunch / you / happy / delicious / eat 〕 now?

_____ now?

5 次の日本文に合うように＿＿に適する語を書きなさい。

(1) 彼はその試合を見てわくわくしました。

He ＿＿＿＿＿ ＿＿＿＿＿ ＿＿＿＿＿ see the game.

(2) 私は1位をとって驚いています。

I ＿＿＿＿＿ ＿＿＿＿＿ ＿＿＿＿＿ win the first prize.

(3) 私の両親はその知らせを知ってがっかりしました。

My parents ＿＿＿＿＿ ＿＿＿＿＿ ＿＿＿＿＿ know the news.

WRITING Plus

例にならい，自分の気持ちとその理由を表す文を書きなさい。

例　I was happy to play TV games.

_____

Unit 5

確認のワーク ステージ**1** **Unit 5** Festivals Have Meanings ③ 読聞書話

教科書の 要点 「〜するための，〜すべき」を表す文 ♪ a27

Songkran is a <u>festival</u> **to celebrate** Thai New Year's Day.

〈to＋動詞の原形〉「〜するための」

ソンクラーンはタイの元日を祝う祭りです。

要点

● 〈to＋動詞の原形〉は「〜するための，〜すべき」という意味で，形容詞のような働きをする。
● 名詞の後ろに置き，名詞を修飾する。

Wordsチェック 次の英語は日本語に，日本語は英語になおしなさい。

□(1) Thai （　　　　　） □(2) splash （　　　　　）
□(3) gun （　　　　　） □(4) even （　　　　　）
□(5) 〜 and so on （　　　　　） □(6) 祝う ＿＿＿＿＿
□(7) バケツ ＿＿＿＿＿ □(8) トラック ＿＿＿＿＿
□(9) 熱い ＿＿＿＿＿ □(10) 寺 ＿＿＿＿＿

1 絵を見て例にならい，「〜するための…」という文を書きなさい。

例 friends / help me

(1) something / drink

(2) homework / do today

(3) some books / read

例 I have friends to help me.

(1) I have ＿＿＿＿ ＿＿＿＿ ＿＿＿＿ ．

(2) I have ＿＿＿＿＿＿＿＿＿＿＿＿ ．

(3) I have ＿＿＿＿＿＿＿＿＿＿＿＿ ．

ここが ポイント

「〜するための」の〈to＋動詞の原形〉

(代)名詞のあとに置いて，後ろから(代)名詞を修飾する。

2 次の英文に to を入れるとき，適する位置の記号を〇で囲みなさい。またできた英文を日本語になおしなさい。

There are　a lot of　programs　watch　on TV.
　　　　　ア　　　イ　　　　　ウ　　　エ

（　　　　　　　　　　　　　　　　　　　　　）

ミス注意

名詞のあとに動詞の原形が続く場所に注目する。

 Halloween：ハロウィン　Christmas：クリスマス　New Year's Eve：大みそか

③ 下線部と同じ用法の〈to＋動詞の原形〉を含む文をア〜エから選び, 記号で答えなさい。

(1) I bought something to eat on the train.
ア He went to the supermarket to buy vegetables.
イ I want to eat Thai food.
ウ They have some rooms to clean in the house.
エ She was excited to join the festival. (   )

ミス注意

(1)(2)〈to＋動詞の原形〉が「〜すること」の意味か,「〜するために」の意味か,「〜して」の意味か,「〜するための」の意味かを考える。

(2) She drew many pictures to show her students.
ア He has many things to do today.
イ Is it difficult for you to speak English?
ウ I was disappointed to hear the news.
エ She studied hard to get a good result. (   )

④ 〔 〕内の語句を並べかえて, 日本文に合う英文を書きなさい。

(1) 何か食べるものを私にください。
〔 something / me / eat / give / to 〕.

_____ .

(2) 私は着るための暖かい服がほしいです。
〔 I / to / want / warm clothes / wear 〕.

_____ .

(3) スペインには見るべき祭りがたくさんあります。
〔 Spain / many / to / in / there / see / are / festivals 〕.

_____ .

ミス注意

(1)「〜してください」という命令文は動詞の原形で文を始める。
(2)動詞 wear「着る」を使って,「着るための暖かい服」という意味にする。
(3)「〜がある」は, There is[are] 〜. で表す。

Unit 5

⑤ 次の日本文に合うように＿＿＿に適する語を書きなさい。

(1) 寝る時間です。
It's time ＿＿＿＿＿ ＿＿＿＿＿ to bed.

(2) あなたに会う十分な時間がほしいです。
I want enough ＿＿＿＿＿ ＿＿＿＿＿
＿＿＿＿＿ you.

(3) 日本には訪れるべき場所がたくさんあります。
Japan has many ＿＿＿＿＿ ＿＿＿＿＿
＿＿＿＿＿ .

ここが ポイント

(1)名詞 time を後ろから修飾し「寝るべき時間」という意味にする。
(2)「会うための時間」という意味にする。

⑥ 次の英文を日本語になおしなさい。

You should take some things to Thailand. A camera, a dictionary, a swimsuit, and so on.

(   )

ことばメモ

〜 and so on「〜など」

解答　p.16

確認のワーク　ステージ1　Unit 5　Read & Think　Nagaoka Fireworks　読聞書話

教科書の 要点　〈to＋動詞の原形〉の文（復習）　♪a28

They <u>shoot</u> them　**to pray** for war victims in Nagaoka.

〈to＋動詞の原形〉「〜するために」

長岡での戦争の犠牲者を祈るためにそれらを打ち上げます。

要点 1

● 〈to＋動詞の原形〉は「〜するために」という意味で目的を表す。
● 副詞としての働きをして，動詞や文全体などを修飾する。

People are <u>excited</u>　**to see** fireworks in summer.

〈to＋動詞の原形〉「〜して」

人々は夏に花火を見て，わくわくします。

要点 2

● 〈to＋動詞の原形〉は「〜して」という意味で感情の原因を表す。
● 副詞としての働きをして，形容詞など感情を表す言葉を修飾する。

Wordsチェック　次の英語は日本語に，日本語は英語になおしなさい。

☐(1) from A to B　(　　　　　) ☐(2) shoot　(　　　　　)

☐(3) victim　(　　　　　) ☐(4) hope　(　　　　　)

☐(5) recovery　(　　　　　) ☐(6) しかし　_____

☐(7) 100万　_____ ☐(8) 戦争　_____

☐(9) 平和　_____ ☐(10) 〜を願う　_____

1 絵を見て例にならい，「〜しに来る」，「〜しに行く」という文を書きなさい。

例	(1)	(2)	(3)
come / see famous pictures	come / see strange fish	go / have lunch with friends	go / buy some cakes

例　People come to see famous pictures.

(1) People come _____ strange fish.

(2) I'll _____ with friends.

(3) I'll _____ .

ここが ポイント

「〜しに来る」「〜しに行く」の文
come や go の直後に〈to＋動詞の原形〉を置く。

Doll's festival：ひな祭り　　Children's day：子どもの日　　Star Festival：たなばた

2 次の数字を英語になおしなさい。

(1) 3000000 _____

(2) 20000 _____

(3) 5000 _____

ミス注意
(1)「100万」one million
の one を three にする。
(2)「1万」ten thousand
の ten を twenty にする。
(3)「千」one thousand
の one を five にする。

3 次の日本文に合うように____に適する語を書きなさい。

(1) 私たちはたくさんの建物を見に来ました。

We _____ _____ _____ many

buildings.

ミス注意
(1)「見に来ました」は過去のことなので「来る」を過去形 came にする。

(2) 私たちはテニスをするためにその公園へ行った。

We went to the park _____ _____ tennis.

(3) エミリーはそのニュースを聞いてうれしかった。

Emily was glad _____ _____ the news.

(4) 彼は駅から学校まで歩きました。

He walked _____ the station _____ the

school.

4 次の英文を日本語になおしなさい。

(1) I was sad to read the story.

( )

(2) Forty thousand people were excited to watch the soccer

game.

( )

ミス注意
(2) forty thousand
「4万」
(3)〈What＋名詞〉で始まる疑問文なので「何の[どんな]…を～しますか」という意味になる。

(3) What future do you hope for?

( )

5 次の〔 〕内の語を並べかえて，日本文に合う英文を書きなさい。

(1) 彼女はピザを作ろうと試みました。

〔 cook / pizza / tried / to / she 〕

_____.

(2) エミリーは公園で走るために早起きします。

Emily 〔 early / run / gets / to / up 〕 in the park

Emily _____ in the park.

(3) 何かわくわくする読み物を持っていますか。

Do you have 〔 exciting / read / anything / to 〕?

Do you have _____?

(4) 彼らは泳ぐために砂浜へ出かけました。

〔 beach / went / the / to / they / swim / to 〕

_____.

確認のワーク ステージ **1** Express Yourself 学校行事を説明しよう。 読 聞 書 話

解答 p.17

教科書の 要点 学校行事を説明する文 ♪ a29

Our school has the school festival in November.
自分の学校の行事
私たちの学校では11月に文化祭があります。

We enjoy various events.
その行事の内容や特徴
私たちはいろいろなイベントを楽しみます。

I want to take part in the speech contest.
その行事についての自分の意見 〈want to＋動詞の原形〉「～したい」
私はスピーチコンテストに出場したいです。

要点

● 自分の学校の行事を紹介するときは Our school has ～. 「私たちの学校では～があります。」と表す。文の最後に in October, in summer など，行われる時期や季節を加えることができる。
● その行事の内容や特徴を紹介するときは enjoy ～ing「～することを楽しみます」などの文で表す。
● その行事についての自分の意見を紹介するときは I want to ＋動詞の原形～. 「私は～したいです。」などの文で表す。

Words チェック 次の英語は日本語に，日本語は英語になおしなさい。

□(1) interclass （ 　　　　　 ） □(2) relay （ 　　　　　 ）

□(3) ～に参加する ＿＿＿＿＿ □(4) いろいろな ＿＿＿＿＿

よく出る ① 次の日本文に合うように，＿＿に適する語を書きなさい。

(1) 私たちの学校では夏に修学旅行があります。
Our ＿＿＿＿＿＿＿＿ a school trip in summer.

(2) 生徒たちは海で泳ぐことを楽しみます。
Students ＿＿＿＿＿ ＿＿＿＿＿ in the sea.

(3) 私はたくさん写真をとりたいです。
I ＿＿＿＿ ＿＿＿＿ ＿＿＿＿ a lot of
pictures.

② 次の英文を日本語になおしなさい。

(1) Our school has a school festival in September.
(　　　　　　　　　　　　　　　　　　　　)

(2) Students enjoy cooking hot dogs, *Takoyaki*, and so on.
(　　　　　　　　　　　　　　　　　　　　)

まるごと暗記
学校行事
● sports festival
[day]
「体育祭」
● school festival
「文化祭」
● music festival
「音楽会」
● school trip
「修学旅行」
● ball game
competition
「球技大会」
● speech contest
「スピーチコンテスト」

relay は [ríːleɪ] と発音する。日本語の「リレー」との違いに注意しよう。

確認のワーク　ステージ1　Let's Talk 5　機内　　読聞書話

教科書の 要点　Could you ～, please?, Could I ～, please? の文　🎵 a30

Could you <u>bring</u> me some water, **please**?　　私に水を持ってきていただけませんか。

[動詞は原形]

要点 1

●「～していただけますか。」とていねいに相手に依頼をするときは〈Could you＋動詞の原形 ～, please?〉で表す。Can you＋動詞の原形 ～? よりもていねいな表現。

●「いいですよ。」「もちろん。」と答えるときは Sure., Certainly., Of course. などで答える。

Could I <u>have</u> another blanket, **please**?　　もう一枚毛布をいただいてもよろしいですか。

[動詞は原形]

要点 2

●「～してもよろしいですか」とていねいに相手の許可を求めるときは〈Could I＋動詞の原形 ～, please?〉で表す。Can I＋動詞の原形 ～? よりもていねいな表現。

●「いいですよ。」「もちろん。」と答えるときは Sure., Certainly., Of course. などで答える。

Words チェック　次の英語は日本語に，日本語は英語になおしなさい。

- □(1) Anything else?　（　　　　　　　）
- □(2) certainly　（　　　　　　　）
- □(3) 毛布　　　　　　　　　
- □(4) すぐに　　　　　　　　　

 1 絵を見て例にならい，「～していただけますでしょうか」という文を書きなさい。

例 open　(1) call　(2) bring　(3) help　返却

例　Could you open the window, please?

(1) ＿＿＿＿＿＿＿＿＿＿＿＿＿＿ me tonight, please?

(2) ＿＿＿＿＿＿＿＿＿＿＿＿＿＿ me a newspaper, please?

(3) ＿＿＿＿＿＿＿＿＿＿＿＿＿＿ me, please?

ここが ポイント

「～していただけますか」「～してもよろしいですか」の文
could を使った文では動詞は原形になる。

2 次の日本文に合うように，＿＿＿に適する語を書きなさい。

このペンを使ってもよろしいでしょうか。

＿＿＿＿＿＿＿＿＿＿ use this pen, please?

could you は（クッデゥ），could I は（クッダイ）のように発音するので注意しよう。

解答 p.17

定着のワーク ステージ **2** Unit 5 〜 Let's Talk 5

読 聞 書 話

1 LISTENING 英語を聞いて，内容に合う絵を選び，記号で答えなさい。 ♪ 109

ア　イ　ウ　エ

(　　　)

2 次の数字を英語で書きなさい。

(1)　400万 ＿＿＿＿＿＿＿＿　(2)　8万 ＿＿＿＿＿＿＿＿

3 次の各組の文がほぼ同じ内容を表すように，＿＿＿に適する語を書きなさい。

(1)　Because I wanted to ski, I went to Canada.

I went to Canada ＿＿＿＿＿＿＿ ＿＿＿＿＿＿＿.

(2)　I must do a lot of homework.

I have a lot of homework ＿＿＿＿＿＿＿ ＿＿＿＿＿＿＿.

4 〔　〕内の語句を並べかえて，日本文に合う英文を書きなさい。

(1)　私の弟は新しい映画を見るために映画館へ行きました。

My brother 〔 the movie theater / a new movie / to / went / to / see 〕.

My brother ＿＿＿＿＿＿＿＿＿＿＿＿＿＿＿＿＿＿＿.

(2)　彼女にプレゼントをあげる時間がありませんでした。

〔 give / time / a present / have / I / her / didn't / to 〕.

＿＿＿＿＿＿＿＿＿＿＿＿＿＿＿＿＿＿＿.

(3)　その魚を見に行こう。

〔 to / let's / the fish / go / see 〕.

＿＿＿＿＿＿＿＿＿＿＿＿＿＿＿＿＿＿＿.

(4)　私にその写真を見せていただけますか。

〔 the picture / show / could / me / you 〕, please?

＿＿＿＿＿＿＿＿＿＿＿＿＿＿＿, please?

(5)　私はその結果を見てがっかりしました。

〔 disappointed / see / was / I / the result / to 〕.

＿＿＿＿＿＿＿＿＿＿＿＿＿＿＿＿＿＿＿.

重要ポイント

1 どんな行事を行っているかを聞きとる。

2 (1)「100万」one million をもとにして考える。

(2)「1万」ten thousand をもとにして考える。

3 (1)「〜するために」を表す不定詞を使う。

(2)「〜するための，〜すべき」を表す不定詞を使う。

テストに◎出る！

3つの不定詞の用法

①「〜すること」
動詞の目的語や主語，補語になる。

②「〜するために」
目的を表す。

③「〜するための，〜すべき」
名詞を後ろから修飾する。

4 (2)「〜する（ための）時間」と考え，〈to＋動詞の原形〉を使う。

(3)「〜しに行く」は〈go to＋動詞の原形〉で表す。

(5)がっかりした，という感情の理由を〈to＋動詞の原形〉で表す。

⑤ 秋田竿燈祭りの説明文を読んで，あとの問いに答えなさい。

Akita Kanto Festival

　People hold the festival to pray for a good harvest.
The performers raise *kanto*, long poles （　①　） many lanterns.
②It 〔 they / raise / are / long / very difficult / because / is /
them / to 〕 and heavy.

⑴　①の（　）内に適する語を選び，記号を○で囲みなさい。
　　　ア　on　　イ　with　　ウ　at　　エ　to
⑵　下線部②の〔　〕内の語句を並べかえて，意味の通る英文にしな
　さい。
　　　It ＿＿＿＿＿＿＿＿＿＿＿＿＿＿＿＿＿＿＿ and heavy.
⑶　人々が竿燈祭りを行う目的は何ですか。日本語で答えなさい。
　　　（　　　　　　　　　　　　　　　　　　　　　　　　　　　）

⑥ 次の対話が成り立つように，＿＿＿に適する語を書きなさい。
⑴　A : Could you help me, please?
　　B : Of ＿＿＿＿＿＿＿.
⑵　A : ＿＿＿＿＿＿＿＿＿ ＿＿＿＿＿＿＿ use this room, please?
　　B : Certainly.　No one will use it today.
⑶　A : Why did you go to America?
　　B : ＿＿＿＿＿＿＿＿ study English.
⑷　A : Look at that building.　It's interesting.
　　B : Yes.　It ＿＿＿＿＿＿＿ like a robot.

⑦ 次の日本文を英語になおしなさい。
⑴　私は母を手伝うために家に帰りました。
＿＿＿＿＿＿＿＿＿＿＿＿＿＿＿＿＿＿＿＿＿＿＿＿＿＿＿＿＿＿
⑵　私はテレビを見る時間がありません。
＿＿＿＿＿＿＿＿＿＿＿＿＿＿＿＿＿＿＿＿＿＿＿＿＿＿＿＿＿＿
⑶　私たちの学校では９月に文化祭があります。（8語で）
＿＿＿＿＿＿＿＿＿＿＿＿＿＿＿＿＿＿＿＿＿＿＿＿＿＿＿＿＿＿
⑷　生徒たちは互いに話をすることを楽しみます。（6語で）
＿＿＿＿＿＿＿＿＿＿＿＿＿＿＿＿＿＿＿＿＿＿＿＿＿＿＿＿＿＿

重要ポイント

⑤⑴「たくさんのちょう
　ちんがついた」という意
　味にする。
⑵〈It is 形容詞＋to＋動詞
　の原形〉に理由を表す
　because～が続く。
⑶〈to＋動詞の原形〉で，祭
　りの目的を説明している
　文を探す。
⑥⑵「～してもよろしい
　でしょうか」とていねい
　にたずねる表現。
⑶Why ～？の疑問文に
　〈To＋動詞の原形 ～.〉
　「～するためです。」と答
　えることができる。

得点力をUP

依頼に答える表現
「もちろん」
●Of course.
●Certainly.
●Sure.

⑦⑴「家に帰る」は go
　を使って表す。
⑵「見る時間」は〈名詞＋
　to＋動詞の原形〉で表す。
⑶「9月に」in September
⑷「互いに」each other

Unit 5 ～ Let's Talk 5

解答 p.18

実力判定テスト　ステージ3　Unit 5 〜 Let's Talk 5

30分

/100

読聞書話

1 LISTENING 英語の音声とその内容に関する質問を聞いて，その答えとして適するものを1つ選び，記号で答えなさい。 ♪ l10　3点×3(9点)

(1) ア　She went to Hawaii with her mother.

　　イ　She went shopping with her classmate.

　　ウ　She bought a swimsuit.　　　　　　　　　　（　　　）

(2) ア　Because she found a good swimsuit.

　　イ　To go to Hawaii.

　　ウ　Because she saw her classmate.　　　　　　（　　　）

(3) ア　Next year.

　　イ　Next month.

　　ウ　Next week.　　　　　　　　　　　　　　　（　　　）

2 次の日本文に合うように，＿＿に適する語を書きなさい。　3点×4(12点)

(1) 私たちは世界の平和を願っています。

　　We ＿＿＿＿＿＿ ＿＿＿＿＿ world peace.

(2) 私は次の授業に参加します。

　　I will ＿＿＿＿＿＿ ＿＿＿＿＿ ＿＿＿＿＿ the next class.

(3) 彼はすぐに怒ります。

　　He gets angry ＿＿＿＿＿＿ ＿＿＿＿＿.

(4) 私たちは互いに助け合うべきです。

　　We should help ＿＿＿＿＿＿ ＿＿＿＿＿.

3 次の各組の文がほぼ同じ内容を表すように，＿＿に適する語を書きなさい。　3点×3(9点)

(1) We have to clean the room first.

　　The first thing ＿＿＿＿＿＿ ＿＿＿＿＿ is to clean the room.

(2) My sister went to the supermarket and bought some eggs.

　　My sister went to the supermarket ＿＿＿＿＿＿ ＿＿＿＿＿ some eggs.

(3) I was sad when I heard the news.

　　I was sad ＿＿＿＿＿＿ ＿＿＿＿＿ the news.

4 次の文を（　）内の指示にしたがって書きかえなさい。　5点×2(10点)

(1) Why do you practice so hard? （「次の試合に勝つために」と答える文に）

　　I ＿＿＿＿＿＿＿＿＿＿＿＿＿＿＿＿＿＿＿＿＿＿＿＿＿.

(2) Please tell me about the news. （「〜していただけますか」とていねいに依頼する文に）

　　＿＿＿＿＿＿＿＿＿＿＿＿＿＿＿＿＿＿＿＿＿＿＿＿＿

ちょっとBREAKの答え　Independence Day と言います。7月4日です。花火を上げてお祝いするお祭りが有名です。

目標 ●〈to＋動詞の原形〉の文を正しく使うことができるようにしましょう。●依頼や許可を求めたりできるようにしましょう。

自分の得点まで色をぬろう！
⓪がんばろう　❷もうし　ーし　❸合格！
0　　　　　　　　　　60　　80　　100点

5 次の英文を読んで，あとの問いに答えなさい。　　　　　　　　　　（計24点）

Songkran is a festival ①(celebrate) Thai New Year's Day in April.　People splash water on each other with buckets, water guns, and even water trucks.

(1)　①の（　）内の語を適する形にかえなさい。ただし１語とは限らない。　　（3点）

(2)　ソンクラーンで人々が使うものを，英語で３つあげなさい。　　　3点×3（9点）

(3)　次の文が本文の内容と合っていれば〇を，異なっていれば×を書きなさい。4点×3（12点）
　　１．ソンクラーンはタイで毎年，１月に行われます。　　　　　　　　（　　　）
　　２．ソンクラーンはタイの新年をお祝いする祭りです。　　　　　　　（　　　）
　　３．ソンクラーンでは道具を使って人々が水を集めます。　　　　　　（　　　）

レベル
UP **6** あなたの学校の行事について，次の質問に英語で書きなさい。　　6点×2（12点）
(1)　What kind of school event does your school have?

(2)　What do students enjoy?　（(1)の行事について）

よく
出る **7** 次のようなとき，英語でどのように言うか書きなさい。　　　6点×4（24点）
(1)　このペンを使ってもよいかとていねいに相手の許可を求めるとき。

(2)　自分はおばに会う目的でカナダを訪れたと言うとき。

(3)　自分はいくつかの花火を買いに行ったと言うとき。

(4)　100万人の人々がその有名な花火大会を見に来るだろうと言うとき。

Unit 5 〜 Let's Talk 5

確認 のワーク ステージ **1** Unit 6 Unique Animals ①

解答 p.19

 読聞書話

📖 教科書の 要点 「〜に見える」の文 ♪a31

Sea otters **look** shy.　　　　　　　　　　　ラッコははずかしがっているように見えます。

「〜に見える」〈look＋形容詞〉

要点

● 「〜に見える」は〈look＋形容詞〉で表す。

● look のような動詞は，be 動詞のように，あとに主語の状態を表す形容詞が続く。
この形をとる動詞には look のほか，〈feel＋形容詞〉「〜と感じる」，〈taste＋形容詞〉「〜の味がする」などがある。

例 I feel happy.　　　　　　私は幸せだと感じます。
This hamburger tastes good.　このハンバーガーはおいしいです。

Words チェック 次の英語は日本語に，日本語は英語になおしなさい。

□(1) sea otter　（　　　　　）　□(2) hold hands　（　　　　　）

□(3) actually　（　　　　　）　□(4) drift apart　（　　　　　）

□(5) 緊張した　＿＿＿＿＿＿　□(6) サル　＿＿＿＿＿＿

□(7) 問題　＿＿＿＿＿＿　□(8) 〜の味がする　＿＿＿＿＿＿

1 絵を見て例にならい，「…は〜に見えます」という文を書きなさい。

例	(1)	(2)	(3)
he / sleepy	he / tired	he / nervous	he / hungry

例 He looks sleepy.

(1) He ＿＿＿＿＿＿ ＿＿＿＿＿＿ .

(2) He ＿＿＿＿＿＿＿＿＿＿＿＿ .

(3) He ＿＿＿＿＿＿＿＿＿＿＿＿ .

📝 **表現メモ**
見た目や様子を表す形容詞
● shy「はずかしがりの」
● surprised「驚いた」
● sleepy「眠そうな」
● nervous「緊張した」
● angry「怒った」
● hungry「おなかのすいた」
● sad「悲しい」
● disappointed「がっかりした」

2 次の日本文に合うように，＿＿に適する語を書きなさい。

(1) 私はとても悲しく感じます。

I ＿＿＿＿＿＿ very ＿＿＿＿＿＿ .

(2) 彼はがっかりしているように見えた。

He ＿＿＿＿＿＿ ＿＿＿＿＿＿ .

🐾 paw は[pɔː]と発音するよ。aw の発音が see の過去形 saw[sɔː]と同じく（オー）となることに注意しよう。

③ 次の日本文に合うように，＿＿に適する語を書きなさい。

(1) 私はとても幸せに感じます。

I ＿＿＿＿＿＿＿ very ＿＿＿＿＿＿＿．

(2) 彼は眠そうに見えます。

He ＿＿＿＿＿＿＿ ＿＿＿＿＿＿＿．

(3) 彼女は緊張しているように見えた。

She ＿＿＿＿＿＿＿ ＿＿＿＿＿＿＿．

(4) 私は悲しかった。

I felt ＿＿＿＿＿＿＿．

ミス注意
(2)主語が3人称単数で現在の文の場合，動詞にはsやesがつくことに注意する。

④ 〔　　〕内の語を並べかえて，日本文に合う英文を書きなさい。

(1) あなたは空腹を感じていますか。

〔 hungry / feel / you / do 〕?

＿＿＿＿＿＿＿＿＿＿＿＿＿＿＿＿＿ ?

(2) そのリンゴはとてもおいしかった。

〔 very / tasted / apple / the / good 〕.

＿＿＿＿＿＿＿＿＿＿＿＿＿＿＿＿＿ ．

(3) 彼はとても疲れているように見えました。

〔 looked / very / he / tired 〕.

＿＿＿＿＿＿＿＿＿＿＿＿＿＿＿＿＿ ．

まるごと暗記
look「～に見える」
feel「～と感じる」
taste「～の味がする」

⑤ 次の日本文を英語になおしなさい。

(1) あなたはサッカー選手のように見えます。

(2) 彼らは強そうでしたか。

(3) あなたのお父さんはとても若く見えます。

ミス注意
(2)「～強そうでしたか」なので，動詞は過去形。

⑥ 次の英文を，下線部に注意して日本語になおしなさい。

(1) Ken's bike <u>looked</u> new.

ケンの自転車は（　　　　　　　　　　　）。

(2) You <u>look</u> tired.

あなたは（　　　　　　　　　　　）。

(3) It <u>looks</u> delicious.

それは（　　　　　　　　　　　）。

(4) They <u>looked</u> like one big stone.

それらは（　　　　　　　　　　　）。

ここがポイント
〈look＋形容詞〉
〈look＋形容詞〉で「～のように見える」という意味になる。過去形lookedになると「～のように見えた」となる

Unit 6

 ステージ **1** **Unit 6** Unique Animals ②

解答 p.19

読 聞
書 話

教科書の **要点** 動詞のあとに目的語が2つ続く文 a32

Bees **give** **us** **honey**.
動詞 〔人〕 〔もの〕

ミツバチは私たちにハチミツを与えてくれます。

要点

● 「人にものを与える，あげる」は〈give＋人＋もの〉の語順で表す。

● 動詞のあとに置かれた「(人)に」「(もの，ものごと)を」を目的語といい，目的語が2つ続く
文は「(人)に(もの，ものごと)を〜する」ことを表す。

● この形をとる動詞には give のほか，tell，make，teach，buy，send，show などがある。

プラス 「人にものを与える」は〈give＋もの＋to＋人〉の語順で表すこともできる。

例 He gave a map to me. 彼は私に地図をくれました。

Words チェック 次の英語は日本語に，日本語は英語になおしなさい。

□(1) hive （ ） □(2) figure （ ）

□(3) direction （ ） □(4) distance （ ）

□(5) ミツバチ _____ □(6) オスの _____

□(7) 鼻 _____ □(8) 魚 _____

□(9) 言う _____ □(10) おもちゃ _____

1 ( )内の語句を使って，日本文に合う英文を書きなさい。

(1) 私は妹にペンをあげました。(my sister / a pen)

_____

(2) あなたは彼にその知らせを話しましたか。(the news / him)

_____

ここがポイント

give(人にものをあげる)tell(人にものごとを話す)の文
give のあとは〈人＋もの〉tell のあとは〈人＋ものごと〉の語順になる。

2 〔 〕内の語句を並べかえて，日本文に合う英文を書きなさい。

(1) ソラは彼らにサンドイッチをあげませんでした。
〔 them / didn't / sandwiches / give / Sora 〕.

_____ .

(2) 母が私にこのおもちゃを買ってくれました。
〔 this / bought / toy / me / my mother 〕.

_____ .

(3) あなたの誕生日を教えてください。
〔 your / tell / me / please / birthday 〕.

_____ .

ミス注意

(1)否定文でも〈give＋人＋もの〉の語順は変わらない。

bee は [biː] と発音するよ。bee や cheese[tʃiːz] の ee は (イー) と発音することに注意しましょう。

 解答 p.19

ステージ 1　**Unit 6　Unique Animals ③**　読 聞 書 話

教科書の **要 点**　動詞のあとに目的語と補語が続く文　♪ a33

We **call**　it　a sea angel.　　　　私たちはそれを海の天使と呼びます。
　　　動詞　Ⓐ　　Ⓑ

要点

● 「A を B と呼ぶ」は〈call＋A（人，もの）＋B（名前，呼び方）〉の語順で表す。

● 動詞のあとに置かれた「(A)を」は目的語，「(B)と」を補語といい，A＝B の関係が成り立つ。
　 We call it a sea angel. の場合，it（それ）＝a sea angel（海の天使）の関係。

● この形をとる動詞には call のほか，〈name＋A＋B〉「A に B と名前をつける」などがある。
　 例　They **named** the dog Taro.　　　彼らはそのイヌにタロウと名前をつけた。

Words**チェック**　次の英語は日本語に，日本語は英語になおしなさい。

☐(1) scary　　　　　（　　　　　）　　☐(2) demon　　　（　　　　　）

☐(3) beautifully　（　　　　　）　　☐(4) octopus　　（　　　　　）

☐(5) air conditioner（　　　　　）　☐(6) 天使　　　＿＿＿＿＿＿

☐(7) 羽　　　＿＿＿＿＿＿　　　　　☐(8) 〜に変わる　＿＿＿＿＿＿

☐(9) 頭　　　＿＿＿＿＿＿　　　　　☐(10) スマートフォン　＿＿＿＿＿＿

1 絵を見て例にならい，「…を〜と呼びます」という文を書きなさい。

例	(1)	(2)	(3)

him / Alex	her / Yoko	him / Taro	her / Saki

例　We call him Alex.

(1)　I call ＿＿＿＿＿＿＿＿＿＿＿＿＿＿＿＿＿ .

(2)　We ＿＿＿＿＿＿＿＿＿＿＿＿＿＿＿＿＿＿ .

(3)　I ＿＿＿＿＿＿＿＿＿＿＿＿＿＿＿＿＿＿＿ .

ここが ポイント

call（A を B と呼ぶ）
call のあとは〈A（人，もの）＋B（名前，呼び方）〉の語順になる。

2 〔　〕内の語句を並べかえて，日本文に合う英文を書きなさい。

彼らはそのネコをモナと呼びました。

〔 Mona / they / the cat / called 〕.

＿＿＿＿＿＿＿＿＿＿＿＿＿＿＿＿＿＿＿＿＿＿＿ .

demon は[díːmən]と発音する。e を（エ）ではなく（イー）と発音するよ。

Unit 6

解答 ▶ p.19

確認のワーク ステージ**1** Unit 6 Read & Think Sloths

読 聞
書 話

📖 教科書の 要点 「〜に見える」の文(復習) ♪ a34

Their life **looks** so slow. 彼らの生活はとてもゆっくりに見えます。

「〜に見える」〈look＋形容詞〉

要点
●「〜に見える」は〈look＋形容詞〉で表す。
●look のような動詞は，be 動詞のように，あとに主語の状態を表す形容詞が続く。

Words チェック 次の英語は日本語に，日本語は英語になおしなさい。

☐(1) welcome （   ） ☐(2) envy （   ）
☐(3) laziness （   ） ☐(4) by the way （   ）
☐(5) 正しい ＿＿＿＿＿＿ ☐(6) 怠惰な ＿＿＿＿＿＿
☐(7) 人 ＿＿＿＿＿＿ ☐(8) 速く，すばやく ＿＿＿＿＿＿
☐(9) 判断する ＿＿＿＿＿＿ ☐(10) leaf の複数形 ＿＿＿＿＿＿

1 次の文の（　）内から適する語を選び，◯で囲みなさい。

(1) Please (feel / call / teach) me English.

(2) Does he (call / look / show) hungry now?

(3) What did they (call / sound / taste) their baby?

(4) The bad result came from his (laziness / predator / digest).

ここが ポイント
●〈teach＋人＋もの〉
「人にものを教える」
●〈look＋形容詞〉
「〜に見える」
●〈call＋A＋B〉
「A を B と呼ぶ」

2 〔　〕内の語を並べかえて，日本文に合う英文を書きなさい。

(1) 彼女は私に誕生日ケーキを作ってくれました。
〔 cake / me / she / made / a / birthday 〕.
＿＿＿＿＿＿＿＿＿＿＿＿＿＿＿＿＿＿＿＿＿.

(2) 私たちはこの食べ物を日本語でトウフと呼びます。
〔 food / call / tofu / we / Japanese / this / in 〕.
＿＿＿＿＿＿＿＿＿＿＿＿＿＿＿＿＿＿＿＿＿.

3 次の日本文に合うように，＿＿＿に適する語を書きなさい。

(1) もう歩けません。
I can't walk ＿＿＿＿＿＿.

(2) ところで，今何時ですか。
＿＿＿＿＿＿ the ＿＿＿＿＿＿, what time is it now?

ミス注意
(1)〈否定文＋anymore.〉
で「今はもう〜ない。」
という意味。

🐾 sloths' は sloth[slɔ́ːθ]に s' がつきますが[slɔ́ːts](スローツ)のように発音するよ。

解答 p.20

 ステージ **1** **Express Yourself** 動物の生態を紹介しよう。読聞書話

教科書の 要点　動物の生態を紹介する文　 a35

I'll talk about the sleeping hours of animals.	私は動物の睡眠時間について話します。
Koalas sleep 22 hours a day.	コアラは一日22時間眠ります。
Giraffes sleep only 20 minutes a day.	キリンは一日20分しか眠りません。

要点
- 好きな動物などを紹介するときは I'll talk about ～. 「私は～について話します。」と表す。
- 動物の行動や習性を現在形で表す。
- 動物の能力を〈can＋動詞の原形〉「～することができる」で表す。
  - 例　Hippos **can run** 40km an hour.　カバは時速40キロで走ることができます。

Words チェック　次の英語は日本語に, 日本語は英語になおしなさい。

□(1)　talk about ～　(　　　　　　　　)　□(2)　fan　(　　　　　　　　)

□(3)　ゾウ　＿＿＿＿＿＿＿＿＿　□(4)　体　＿＿＿＿＿＿＿＿＿

1 絵を見て例にならい, 「私は～について話します」という文を書きなさい。

| 例  gorillas | (1)  giraffes | (2) 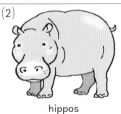 hippos | (3)  koalas |

例　I'll talk about gorillas.

(1)　I'll ＿＿＿＿＿＿＿＿＿＿＿＿＿＿＿＿＿ .

(2)　I'll ＿＿＿＿＿＿＿＿＿＿＿＿＿＿＿＿＿ .

(3)　＿＿＿＿＿＿＿＿＿＿＿＿＿＿＿＿＿＿＿ .

ことばメモ
- gorilla「ゴリラ」
- giraffe「キリン」
- hippo「カバ」
- koala「コアラ」
- rabbit「ウサギ」
- cow「ウシ」
- horse「ウマ」
- dolphin「イルカ」

2 次の英文を日本語になおしなさい。

Gorillas use eye-contact to communicate with each other.

(　　　　　　　　　　　　　　　　　　　　　　　　　　　)

elephant[éləfənt]や dolphin[dάlfin]の ph の音に注意しよう。（フ）と発音するよ。

Unit 6 ～ Express Yourself

解答 p.20

文法のまとめ③ 動名詞(〜ing)・不定詞(to＋動詞の原形)

読聞書話

まとめ

① 動名詞

●名詞の役割「〜すること」

I enjoy watching baseball.　　　　　　　　　私は野球を見ることを楽しみます。
　動詞　　目的語

My pastime is watching baseball.　　　　　　私の娯楽は野球を見ることです。
　　　動詞　　　補語

Watching baseball is exciting.　　　　　　　野球を見ることはわくわくします。
　主語

② 不定詞

●名詞の役割「〜すること」

I want to be a musician.　　　　　　　　　　私は音楽家になりたいです。
　動詞　　目的語

My dream is to become a musician.　　　　　私の夢は音楽家になることです。
　　　動詞　　補語

To become a musician is difficult. = It is difficult to become a musician.
　主語　　　　　　　　　　　〈It is 形容詞＋to＋動詞の原形〉音楽家になることは難しいです。

●副詞の役割「〜するために」「〜して」

I went home to watch the tennis game.
　動詞　　　　動詞の目的　　　　　　　　　私はそのテニスの試合を見るために家に帰りました。

I was surprised to watch the game.　　　　私はその試合を見て驚きました。
　　感情　　　　感情の原因

●形容詞の役割「〜するための」「〜すべき」

I bought juice to drink at home.　　　　　私は家で飲むためのジュースを買いました。
　　　名詞　名詞を修飾

練習

1 次の日本文に合うように，＿＿＿に適する語を書きなさい。

(1) 私は英語を学ぶために毎週，エミリーさんに会います。

I meet Ms. Emily ＿＿＿＿＿＿＿ ＿＿＿＿＿＿＿ English every week.

(2) 彼らはバスケットボールの練習を始めました。

They ＿＿＿＿＿＿＿ ＿＿＿＿＿＿＿ basketball.

(3) ハナはたくさん食べる必要があります。

Hana ＿＿＿＿＿＿＿ ＿＿＿＿＿＿＿ ＿＿＿＿＿＿＿ a lot.

(4) あなたは次の日曜日に何をしたいですか。

What do you ＿＿＿＿＿＿＿ ＿＿＿＿＿＿＿ ＿＿＿＿＿＿＿ next Sunday?

(5) サッカーの試合を見る時間です。

It's ＿＿＿＿＿＿＿ ＿＿＿＿＿＿＿ ＿＿＿＿＿＿＿ the soccer game.

2 次の対話が成り立つように，____に適する語を書きなさい。

(1) A : Why did you go to the zoo?

B : ＿＿＿＿＿＿ take photos.

(2) A : What is your favorite pastime?

B : My favorite pastime is ＿＿＿＿＿＿ books.

A : Oh, I like reading books, too.

3 〔 〕内の語を並べかえて，日本文に合う英文を書きなさい。ただし，1語補うこと。

(1) 彼女は英語の先生になりたいのですか。

〔 an / she / does / to / English / want / teacher 〕?

(2) 私には公園を散歩する時間がありません。

〔 to / park / I / walk / in / don't / the / time 〕.

(3) 彼は新車を買うために懸命に働いています。

〔 working / new / buy / is / car / he / a / hard 〕.

(4) 何か飲み物を持っていますか。

〔 something / have / drink / do / you 〕?

4 次の英文を日本語になおしなさい。

(1) She needs to look for some famous novels.

(　　　　　　　　　　　　　　　　　　　　　　　　　　)

(2) To get up early is very good for children.

(　　　　　　　　　　　　　　　　　　　　　　　　　　)

(3) We stayed up late to see the movie last night.

(　　　　　　　　　　　　　　　　　　　　　　　　　　)

(4) Why do you study English so hard? — To visit New Zealand.

(　　　　　　　　　　　　　　　　　　　　　　　　　　)

5 次の日本文を英語になおしなさい。

(1) 私は今日することがたくさんあります。

(2) 母は山に登ることが好きです。（5語で）

(3) ユウタは外国の人々と話すために英語を勉強しています。

文法のまとめ3

文法 のまとめ④　英語の語順

解答 ▶ p.20

読 聞
書 話

まとめ

① 「〜する」の文
- 主語と動詞でできている。

  She　came.　　　　　　　　　　　　　　　　　　　彼女はやって来ました。
  主語　動詞

② 「□□を[に]〜する」の文
- 「□□を」にあたる語句（目的語）を動詞のあとに置く。

  I　played　the piano.　　　　　　　　　　　　　　私はピアノをひきました。
  主語　動詞　　目的語

③ 「△△である」「△△なように〜する」の文
- 「△△」にあたる語句（補語）を動詞のあとに置く。
- 補語は主語を補足説明する言葉。
- この文では，be動詞，look，sound，feel，taste などの動詞を使う。

  He　is　a pianist.　　　　　　　　　　　　　　　彼はピアニストです。
  He　looks　angry.　　　　　　　　　　　　　　　彼は怒っているようです。
  主語　動詞　　補語

④ 「○○に□□を〜する」の文
- 動詞のあとに「○○（人）に」「□□（もの，ものごと）を」と 2 つの目的語を置く。
- この文では，give，tell，make，teach，buy，send，show などの動詞を使う。

  My father　teaches　me　　　math.　　　　　　父は私に数学を教えてくれます。
  　　主語　　　動詞　　目的語（人に）目的語（ものを）

- 動詞のあとに「□□（もの，ものごと）を」を置き，〈to＋人〉などを使って書きかえも可能。

  My father　teaches　math　　to me.　　　　　父は私に数学を教えてくれます。
  　　主語　　　動詞　　目的語（ものを）（人に）

⑤ 「□□を△△と〜する」の文
- 動詞のあとに「□□（人，もの）を」という目的語と「△△と」という補語を置く。
- 補語は目的語を補足説明する言葉。
- この文では，call，name などの動詞を使う。

  We　call　her　　　Emily.　　　　　　　　　　私たちは彼女をエミリーと呼びます。
  主語　動詞　目的語（人を）補語（〜と）

練習

1 次の日本文に合うように，（　）内から適する語を選び，○で囲みなさい。

(1) Did you show (his / him) your watch?　　　（彼にあなたの時計を見せましたか。）

(2) That coffee (tastes / feels) good.　　　　（あのコーヒーはおいしいです。）

(3) The man bought a cap (to / for) his son.　（その男性は息子に帽子を買いました。）

(4) I visited (Tokyo / to Tokyo).　　　　　　　（私は東京を訪れました。）

(5) She gave it (him / to him).　　　　　　　　（彼女はそれを彼にあげました。）

(6) He looked (surprising / surprised).　　　（彼は驚いたように見えました。）

2 次の日本文に合うように，＿＿＿に適する語を書きなさい。

(1) マユはそのとき，教室にいました。

Mayu ＿＿＿＿＿＿＿ in the classroom then.

(2) あなたはこの前の日曜日に何をしましたか。

＿＿＿＿＿＿＿ did ＿＿＿＿＿＿＿ ＿＿＿＿＿＿＿ last Sunday?

(3) 私たちはその犬をクロと呼んでいました。

We ＿＿＿＿＿＿＿ that ＿＿＿＿＿＿＿ ＿＿＿＿＿＿＿.

(4) あなたはとても幸せそうに見えますね。

You look ＿＿＿＿＿＿＿ ＿＿＿＿＿＿＿.

3 次の文に（ ）内の語を入れるとき，適する位置の記号を〇で囲みなさい。

(1) Saki　made　pizza　for　lunch.　(me)
　　　　ア　　イ　　ウ　エ

(2) When did　your grandmother　teach　him　?　(Chinese)
　　　　　　ア　　　　　　　　イ　　ウ　エ

(3) They called　this animal　because　their life　is　so slow.　(Namakemono)
　　　　　ア　　　　イ　　　　ウ　　　　エ　オ

4 〔 〕内の語句を並べかえて，日本文に合う英文を書きなさい。

(1) この手話はこんにちはを意味しています。

〔 hand / this / hello / sign / means 〕.

＿＿＿＿＿＿＿＿＿＿＿＿＿＿＿＿＿＿＿＿＿.

(2) テニスの試合は 5 分前に始まった。

〔 five / the / ago / started / minutes / tennis game 〕.

＿＿＿＿＿＿＿＿＿＿＿＿＿＿＿＿＿＿＿＿＿.

(3) 祖母は母に英語を教えませんでした。

〔 my grandmother / English / didn't / my mother / teach 〕.

＿＿＿＿＿＿＿＿＿＿＿＿＿＿＿＿＿＿＿＿＿.

(4) 彼らはハナの誕生日に何をあげましたか。

〔 did / what / they / Hana / give 〕 on her birthday?

＿＿＿＿＿＿＿＿＿＿＿＿＿＿＿＿＿＿ on her birthday?

5 次の日本文を英語になおしなさい。

(1) 彼女は緊張しているように見えた。

＿＿＿＿＿＿＿＿＿＿＿＿＿＿＿＿＿＿＿＿＿

(2) 私たちは彼をスーパーマンと呼びます。

＿＿＿＿＿＿＿＿＿＿＿＿＿＿＿＿＿＿＿＿＿

(3) ソラは自分の弟にケーキを作ってあげました。（6 語で）

＿＿＿＿＿＿＿＿＿＿＿＿＿＿＿＿＿＿＿＿＿

文法のまとめ 4

解答 ▶ p.21

確認のワーク　ステージ 1　　Let's Talk 6　道案内〜 　Let's Listen 2　搭乗案内　読聞書話

教科書の 要点　バスでの行き方などをたずねる文　♪ a36

Which bus **goes** to Sakura Zoo?

〈Which＋乗り物＋goes to …?〉

どのバスがサクラ動物園に行きますか。

要点 1

● 「どの〜が…に行きますか」と言うときは，〈Which＋乗り物＋goes to 〜 ?〉で表す。
● Which の後ろに，bus，train などの乗り物を置き，to の後ろに行き先を置く。

How often does the bus come?

〈How often 〜?〉

バスはどれくらいの頻度で来ますか。

要点 2

● 乗り物が来る頻度をたずねるときは，〈How often 〜?〉で表す。

プラス　「〜分ごとに来ます。」と答えるときは〈It comes every 〜minute(s).〉と表す。「〜ごと」は〈every＋数字＋分[時間]〉で表す。「I 時間ごと」は every hour，「I0 分ごと」は every ten minutes.。

Wordsチェック　次の英語は日本語に，日本語は英語になおしなさい。

□(1)　high school　（　　　　　　）　□(2)　shrine　（　　　　　　）
□(3)　停留所　　　　　　　　　　　　□(4)　分

1 次の対話文の（　）内から適する語を選び，〇で囲みなさい。

(1)　A : Excuse me.　（ Where / Which ）bus goes to Sakura shrine?
　　　B : Well, you can take No.2.　Sakura shrine is the fourth stop.

(2)　A : How（ often / usually ）does the bus come?
　　　B : You can take it every hour.　You have to wait for 45 minutes.

ここがポイント

(1)「どのバスが〜に行きますか」は Which bus goes to 〜?と表す。
(2)「どれくらいの頻度で〜しますか」は How often 〜?と表す。

2 次の日本文に合うように，　　に適する語を書きなさい。

(1)　どの電車が東京に行きますか。

　　Which train 　　　　　　 to Tokyo?

(2)　電車は I0 分ごとに，I 時間に 6 回来ます。

　　Trains 　　　　　　 　　　　　　 ten minutes, six 　　　　　　 an hour.

often は[ɔ́ːf(ə)n]と発音するよ。[ɔ́ːftən](オフトゥン)と発音することも多いので注意しよう。

ステージ 1 ｜Project 2｜ あこがれの職業を発表しよう

解答 p.21

読 聞
書 話

教科書の 要点 あこがれの職業を発表する文　♪ a37

I want to be a weather forecaster.

〈want to＋動詞の原形〉　あこがれの職業　　　　　　　私は気象予報士になりたいです。

My dream is to be a pilot.

〈My dream is to be 〜〉　あこがれの職業　　　　　　私の夢はパイロットになることです。

要点 1

● 自分のあこがれの職業を発表するときは〈I want to be 〜.〉「私は〜になりたいです。」や〈My dream is to be 〜.〉「私の夢は〜になることです。」と表す。

I have three reasons.　　　　　　　　　理由は 3 つあります。

要点 2

● その理由を説明するときは〈I have 〜reasons.〉「理由は〜あります。」と表す。
● First, 〜.「まず, 1 つ目に〜。」, Second, 〜.「次に, 2 つ目に〜。」, Third「3 つ目に〜。」など順序を表す表現を使って理由を説明していく。

Words チェック 次の英語は日本語に, 日本語は英語になおしなさい。

□(1) *rakugo* performer （　　　　　　　）　□(2) speaking skill （　　　　　　　）

□(3) 理由 （　　　　　　　）　　　　　　　□(4) 〜を広める （　　　　　　　）

1 次の日本文に合うように, ＿＿ に適する語を書きなさい。

(1) 私の夢について語ります。

I'm ＿＿＿＿＿＿＿＿＿＿ talk about my dream.

(2) 私は芸術家になりたいです。

I ＿＿＿＿＿＿＿＿＿＿＿＿＿ an artist.

(3) 理由が 2 つあります。

I ＿＿＿＿＿ two ＿＿＿＿＿.

(4) 第一に, 絵を描くことがとても好きです。

First, I like ＿＿＿＿＿ very much.

(5) 第二に, 美術館で絵を見るのが大好きです。

Second, I like ＿＿＿＿＿ pictures in art museum very much.

(6) 私は一生懸命美術を勉強する必要があります。

It is ＿＿＿＿＿ for me to ＿＿＿＿＿ art hard.

ミス注意

(3) reason が複数形になることに注意。
(6) to の後ろには動詞の原形を置く。

 architect：建築家　illustrator：イラストレーター　nursery school teacher：保育士

Let's Talk 6 〜 Let's Listen 2 〜 Project 2

解答　p.21

定着のワーク　ステージ2　Unit 6 〜 Project 2　読 聞 書 話

1 LISTENING　対話と質問を聞いて，その答えとして適するものを
1つ選び，記号で答えなさい。　♪ l11

(1)　ア　juice　　　　　　　イ　a hamburger
　　　ウ　an apple　　　　　エ　water
　　　　　　　　　　　　　　　　　　　　（　　　）

(2)　ア　a pharmacist　　　イ　a pastry chef
　　　ウ　an architect　　　エ　a public officer
　　　　　　　　　　　　　　　　　　　　（　　　）

(3)　ア　melon　　　　　　イ　*suika*
　　　ウ　watermelon　　　エ　sweet
　　　　　　　　　　　　　　　　　　　　（　　　）

2 〔　〕内の語句を並べかえて，日本文に合う英文を書きなさい。

(1)　彼女はこの町の物語を彼らに話してくれました。
　　〔 of / them / she / the story / told / this town 〕.

　　_____.

(2)　そのミルクはまずかったです。
　　〔 milk / the / tasted / bad 〕.

　　_____.

(3)　私たちはその動物を海の天使と呼びます。
　　〔 we / sea angel / the animal / call / a 〕.

　　_____.

3 次の各組の文がほぼ同じ内容を表すように，＿＿に適する語を書
きなさい。

(1)　He needs to practice soccer every day.
　　_____ is _____ for _____ to
　　practice soccer every day.

(2)　There are two buses an hour.
　　The buses come _____ thirty _____.

(3)　Mr. Yamada gives us homework.
　　Mr. Yamada gives homework _____ _____.

重要ポイント

1 (1)「make＋人＋もの」
で「(人)に(もの)を〜作
る」という意味

(2) want to be 〜 で「〜に
なりたい」という意味。

(3) call＋A＋B で「A を B
と呼ぶ」という意味。

テストに出る!

(1)目的語が2つ続く
文の語順
tell, give など「(人)
に(もの)を〜する」と
いう意味を持つ動詞は，
〈主語＋動詞＋人＋も
の〉の語順になる。

3 (1)「彼が〜することが
必要です」という文にす
る。

(2)「〜ごとに来ます」とい
う文にする。

得点力をUP

(3)〈主語＋give＋人＋
もの〉の語順→〈主語＋
give＋もの＋to＋人〉
の語順に書きかえるこ
とができる。

4 次の英文を読んで，あとの問いに答えなさい。

Sea otters

　They sometimes cover their eyes with their paws.　①彼らは はずかしがりに見えます, but ②actually, they ③do that to warm their paws.

(1) 下線部①を３語の英語になおしなさい。

_____

(2) 下線部②の意味を選び，記号で答えなさい。
　　ア　簡単に　　イ　すばやく　　ウ　実際には

（　　　）

(3) 下線部③の具体的な内容を日本語で書きなさい。
（　　　　　　　　　　　　　　　　　　　　　　　）

5 次の日本文を英語になおしなさい。

(1) 母は私に帽子(a hat)を買ってくれました。（６語で）

_____

(2) 彼女は幸せそうに見える。

_____

(3) 私の夢は漫画家になることです。

_____

6 次の日本文に合うように，　　　に適する語を書きなさい。

(1) その電車はどれくらいの頻度で来ますか。
　　_____ _____ does the train come?

(2) 昨夜，雨は雪に変わった。
　　Rain _____ _____ snow last night.

(3) ところで，あなたは音楽は好きですか。
　　_____ _____ _____, do you like music?

(4) その家族は離ればなれになりたくなかった。
　　The family didn't want to _____ _____.

(5) 手をつなごう。
　　Let's _____ _____.

重要ポイント

4 (1)「～に見える」は〈look＋形容詞〉。
(3)前の文の動作を表す語句に注目する。

5 (1)指定の語数にするために目的語が２つ続く形にする。
(3)「～になること」を〈to＋動詞の原形〉で表す。

6 (2)「～に変わる」は change を使って表す。

Unit 6～ Project 2

ちょっと **BREAK**　英語で hippo は「カバ」のことです。ではサイは？　　➡答えは次のページ

実力判定テスト　ステージ3　Unit 6 〜 Project 2

30分　/100　読聞書話

解答 p.22

1 LISTENING 対話を聞いて，その内容に適するものを1つ選び，記号で答えなさい。

♪ l12　3点×2（6点）

(1)　ア　Rabbits have long ears.

　　イ　Rabbits have a small nose.

　　ウ　Rabbits can hear small sounds.

（　　　）

(2)　ア　The girl has to practice everyday.

　　イ　The girl wants to be a pianist.

　　ウ　The girl has to paint the piano.

（　　　）

2 次の（　）内から適する語を選び，〇で囲みなさい。

2点×2（4点）

(1)　Which bus (go / goes) to Kita Hospital?

(2)　I have two reasons.　(First / Second), *rakugo* performers are good at speaking.

3 次の文を（　）内の指示にしたがって書きかえなさい。

5点×2（10点）

(1)　Ken's brother taught a song to us.　（ほぼ同じ内容を6語で）

(2)　They call this animal <u>Clione</u> in English.　（下線部をたずねる文に）

4 次の英文を日本語になおしなさい。

5点×3（15点）

(1)　Penguins give their babies a lot of food to prepare for winter.

（　　　　　　　　　　　　　　　　　　　　　　　）

(2)　If you take No.3 bus, you will go in the wrong direction.

（　　　　　　　　　　　　　　　　　　　　　　　）

(3)　She was excited to see a great performance of sea lions.

（　　　　　　　　　　　　　　　　　　　　　　　）

5 文の＿＿に適する語を□から選び，書きなさい。

2点×3（6点）

(1)　Sloth means ＿＿＿＿＿.

(2)　He thinks 10km is a long ＿＿＿＿＿.

(3)　A lion is a very strong ＿＿＿＿＿.

laziness
predator
distance

ちょっとBREAKの答え　rhino と言います。hippo は hippopotamus，rhino は rhinoceros の略です。

Unit 6〜 Project 2

目標 ●動詞の後ろに補語が続く文，目的語が2つ続く文，目的語＋補語が続く文を正しく使うことができるようにしましょう。

自分の得点まで色をぬろう！

	⑱がんばろう	⑭もう一歩	⑮合格！
0		60	80 100点

6 次の英文を読んで，あとの問いに答えなさい。 (計25点)

Clione lives under the sea. ①[call / we / a / it / sea / angel] because ②it looks like an angel with two wings. However, it changes (③) a scary ④figure when it eats food.

(1) 下線部①の[ ]内の語を並べかえて，意味の通る英文にしなさい。 (5点)

(2) 下線部②を，it の内容を明らかにして日本語になおしなさい。 (6点)

( )

(3) ③の( )に適する語を選び，記号を○で囲みなさい。 (3点)

ア for　イ into　ウ by　エ on

(4) 下線部④の意味を日本語で書きなさい。 (3点)

( )

(5) 本文の内容に合うように，( )に適切な日本語を書きなさい。 4点×2(8点)

クリオネの見た目が理由で，私たちは(①)。

しかし，クリオネは食べ物を食べるとき，(②)。

7 次の日本文を英語になおしなさい。 6点×4(24点)

(1) なぜあなたはあなたのイヌをクロと呼ぶのですか。

(2) 私はあなたにミツバチの生活様式をお見せします。

(3) 彼の生活はとても忙しそうに見えます。

(4) どれくらいの頻度でそのバスは来ますか。

8 次の質問に対する，あなた自身の答えを英語で書きなさい。 5点×2 (10点)

(1) What do you want to be in the future?

(2) [(1)の答えに対して] What is it necessary for you to do?

解答 p.23

確認のワーク ステージ **1** Unit 7 Let's Compare ①　読聞書話

教科書の 要点　「～よりも…だ」「～の中でいちばん…だ」の文　♪ a38

The USA is large.　　　　　　　　　　　　　アメリカは大きいです。

er をつける ↓

Canada is **larger than** the USA.　　　　　カナダはアメリカより大きいです。

est をつける ↓　　「～よりも」

Russia is **the largest in** the world.　　　ロシアは世界でいちばん大きいです。

　　　　　　　　　　「～の中で」

要点

● 2つのものや人を比べて「～よりも…だ」と言うときは〈形容詞［副詞］＋er〉（比較級）を使い，〈比較級＋than ～〉で表す。

● 3つ以上のものや人を比べて「～の中でいちばん…だ」と言うときは〈形容詞［副詞］＋est〉（最上級）を使い，〈the＋最上級＋in［of］ ～〉で表す。

プラス 副詞も～er，～est の形を使って「～よりも…」「いちばん…」ということができる。

例 I can run faster than Yuta.　私はユウタより速く走れます。
　　I can run (the) fastest in my class.　私はクラスでいちばん速く走れます。

Wordsチェック 次の英語を日本語になおしなさい。

□(1) list　　　　　(　　　　　)　　□(2) area　　　　　(　　　　　)

□(3) Russia　　　 (　　　　　)　　□(4) Canada　　　 (　　　　　)

□(5) slightly　　　(　　　　　)　　□(6) than　　　　 (　　　　　)

よく出る 1 次の日本文に合うように，　　に適する語を書きなさい。

(1) あなたのコンピューターは私のものより新しいです。

Your computer is ＿＿＿＿＿＿ ＿＿＿＿＿＿ mine.

(2) この質問はあの質問よりやさしいです。

This question is ＿＿＿＿＿＿ ＿＿＿＿＿＿ that one.

(3) この帽子は3つの中でいちばん安いです。

This cap is ＿＿＿＿＿＿ ＿＿＿＿＿＿ of the three.

(4) 今日はこの夏でいちばん暑いです。

It's ＿＿＿＿＿＿ ＿＿＿＿＿＿ today in this summer.

(5) ケンはユウタよりも速く泳ぎます。

Ken swims ＿＿＿＿＿＿ ＿＿＿＿＿＿ Yuta.

(6) 私は今日，昨日より気分がよいです。

I feel ＿＿＿＿＿＿ today ＿＿＿＿＿＿ yesterday.

ここがポイント

(3) **in と of の使い分け**
● in＋範囲を表す語句
● of＋複数を表す語句
of のあとには all が続く場合もある。

Russia は［rΛ́ʃə］，Canada は［kǽnədə］と発音するよ。

2 絵を見て**例**にならい，各文の____に適する語を書きなさい。

例 ① Aya is younger than Mei.

② Mei is the oldest of the three.

(1) ① Ken is _____ _____ Tom.

② Bob is _____ of the three.

(2) ① My cat is _____ of the three.

② Ken's cat is _____ Mayu's.

(3) ① Shiro swims _____ _____ Kuro.

② Koro swims _____ of the tree.

3 次の文を（ ）内の語句を加えて書きかえなさい。

(1) This is a long pencil. （ of all ）

(2) My brother sleeps late at night. （ than I ）

4 〔 〕内の語を並べかえて，日本文に合う英文を書きなさい。ただし，下線部の語を適切な形にかえること。

(1) このペンとあのペンではどちらが長いですか。

〔 is / which / or / long / , / this pen / that pen 〕?

_____?

(2) 私の母は家族でいちばん早く起きます。

〔 family / early / mother / my / up / gets / of / my / the 〕.

_____.

5  次の各語の比較級と最上級を書きなさい。

(1) sad 比較級 _____ 最上級 _____

(2) happy 比較級 _____ 最上級 _____

(3) large 比較級 _____ 最上級 _____

(4) cold 比較級 _____ 最上級 _____

　ステージ 1　**Unit 7** Let's Compare ②　読 聞 書 話

解答 p.23

教科書の **要点**　more, most を使った比較の文　♪ a39

| Japan | is | popular. | 日本は人気があります。 |

more を置く ↓

Asian countries are **more** popular <u>than</u> European countries.

「〜よりも」

アジアの国々はヨーロッパの国々より人気があります。

most を置く ↓

The USA **is the most** popular place to visit.

「〜の中で」アメリカは訪れるのにいちばん人気のある場所です。

要点

● 「〜よりも…だ」と比較的つづりの長い形容詞[副詞]で言うときは〈more＋形容詞[副詞]＋than 〜〉で表す。

● 「〜の中でいちばん…だ」と比較的つづりの長い形容詞[副詞]で言うときは〈most＋形容詞[副詞]＋in[of] 〜〉で表す。

● more, most をつけて比較級，最上級をつくる語
　2音節の語の大部分　例　famous(有名な)，useful(役に立つ)，careful(注意深い)
　3音節以上の語　例　beautiful(美しい)，difficult(難しい)，important(重要な)，
　　　　　　　　　　　popular(人気のある)，interesting(おもしろい)

● 「AとBではどちらがより〜ですか。」とたずねるときは which is more 〜, A or B?
　「…の中で，どれがいちばん〜ですか。」とたずねるときは Which is the most 〜 in[of] …?
　と表す。
　例　Which is more famous, Tokyo or Osaka?　(東京と大阪ではどちらが有名ですか。)

Words チェック　次の英語は日本語に，日本語は英語になおしなさい。

☐(1)　include　　(　　　　　　　)　　☐(2)　Asian　　(　　　　　　　)

☐(3)　European　(　　　　　　　)　　☐(4)　Germany　(　　　　　　　)

☐(5)　調査　　　＿＿＿＿＿＿＿　　☐(6)　〜の間で　＿＿＿＿＿＿＿

☐(7)　クラス，学級　＿＿＿＿＿　　☐(8)　バラ　　　＿＿＿＿＿＿＿

1　次の＿＿に( )内の語を適する形にかえて書きなさい。

(1)　Yuta is ＿＿＿＿＿ ＿＿＿＿＿ than Ken. (careful)

(2)　Curry is the ＿＿＿＿＿＿＿＿ of all dishes
　　for me.　　　　　　　　　　　　(delicious)

(3)　This movie is ＿＿＿＿＿＿＿ than that one.
　　　　　　　　　　　　　　　　　(exciting)

(4)　My sister is the ＿＿＿＿＿＿＿ of my
　　family.　　　　　　　　　　　　(careful)

まるごと暗記

音節数以外での見分け方
more, most をつける語
は，語尾にも規則性があ
る。
● ing で終わる語
● ful で終わる語
● ous で終わる語
● ly で終わる語
　(early は例外)

Vietnam は[vìːetnáːm]，Indonesia は[ìndəníːʒə]と発音する。日本語との違いやアクセントに注意しよう。

2 次の文を（　）内の語句を加えて比較級の文に書きかえなさい。

(1) This camera is expensive.　(than that one)

＿＿＿＿＿＿＿＿＿＿＿＿＿＿＿＿＿＿＿＿＿＿

(2) This question is difficult.　(of all)

＿＿＿＿＿＿＿＿＿＿＿＿＿＿＿＿＿＿＿＿＿＿

ここが ポイント

● 〈more＋形容詞［副詞］＋than 〜〉「〜よりも…だ」
● 〈the most＋形容詞［副詞］＋in［of］〜〉「〜の中でいちばん…だ」

3 〔　〕内の語を並べかえて，日本文に合う英文を書きなさい。

(1) この写真は 3 枚の中でいちばん美しいです。

This photo 〔 is / the / beautiful / of / most / the / three 〕.

This photo ＿＿＿＿＿＿＿＿＿＿＿＿＿＿＿＿ .

(2) このレポートはあのレポートよりも重要です。

This report 〔 important / is / than / more / one / that 〕.

This report ＿＿＿＿＿＿＿＿＿＿＿＿＿＿＿＿ .

4 次の表を見て，対話文の ＿＿ に適する語を書きなさい。

名前	年齢	身長	好きなこと	所属するクラスで人気のあるスポーツ上位 3 位
Chen	14 歳	164 cm	読書	①野球　②サッカー　③バスケットボール
Ken	13 歳	159 cm	ゲーム	①サッカー　②野球　③テニス
Yuta	12 歳	175 cm	サッカー	①ラグビー　②バレーボール　③サッカー

(1) A : ＿＿＿＿＿＿＿ the ＿＿＿＿＿＿＿ ＿＿＿＿＿＿＿ the three?

B : Chen is.　He is fourteen years old.

(2) A : Is Yuta taller than Ken?

B : ＿＿＿＿＿＿＿ , he is.　Yuta is the ＿＿＿＿＿＿＿ .

(3) A : Does Yuta like soccer?

B : Yes.　But rugby is the ＿＿＿＿＿＿＿ popular sport

＿＿＿＿＿＿＿ his class.

ミス 注意

(1)(3)「〜の中で」を表す語句
〈in＋範囲を表す語句〉
〈of＋all や数を表す語句〉

Unit 7

5 次の日本文に合うように，＿＿ に適する語を書きなさい。

(1) あなたは音楽と美術ではどちらがわくわくしますか。

＿＿＿＿＿＿＿ is ＿＿＿＿＿＿＿ exciting for you,

music or art?

(2) ［(1)に答えて］　音楽のほうが美術よりもわくわくします。

Music is ＿＿＿＿＿＿＿ exciting ＿＿＿＿＿＿＿ art.

ここが ポイント

(1)「A と B ではどちらが〜ですか」の文
〈Which＋(be) 動詞＋比較級，A or B?〉
(2)答え方：〈A［B］＋(be) 動詞＋比較級＋than B［A］.〉

解答 ▶ p.23

Unit 7 **Let's Compare** ③　　読 聞 書 話

教科書の 要点 「A は B と同じくらい〜だ」の文 ♪ a40

People in Singapore live **as long as** people in Australia.

原級の副詞

シンガポールの人々はオーストラリアの人々と同じくらい長生きします。

要点

● 「A は B と同じくらい（副詞）〜する」と 2 つのものを比べて言うときは，〈A ＋一般動詞〜＋ as ＋副詞の原級＋as ＋B〉で表す。

● 「A は B と同じくらい（形容詞）〜だ」と言うときは〈A ＋ be 動詞＋ as ＋形容詞の原級＋as ＋B〉で表す。

例　She is as old as you.　　彼女はあなたと同い年です。

Wordsチェック　次の英語は日本語に，日本語は英語になおしなさい。

□(1)　expectancy　（　　　　　　）　　□(2)　Switzerland　（　　　　　　）

□(3)　Norway　（　　　　　　）　　□(4)　jump　（　　　　　　）

□(5)　平均（の）　＿＿＿＿＿＿　　□(6)　食事　＿＿＿＿＿＿

□(7)　〜の秘訣　＿＿＿＿＿＿　　□(8)　高く　＿＿＿＿＿＿

1 絵を見て例にならい，「A は B と同じくらい〜だ」という文を書きなさい。

| 例 my dog / yours | (1) Sora / Taku | (2) I 14才 / Bob 14才 | (3) this bag / that bag |

例　My dog is as small as yours.

(1)　Sora is ＿＿＿＿＿＿ tall ＿＿＿＿＿＿ Taku.

(2)　I am ＿＿＿＿＿＿＿＿＿＿＿＿＿＿＿ Bob.

(3)　This bag is ＿＿＿＿＿＿＿＿＿＿＿＿＿＿＿ .

> **ここが ポイント**
> 「A は B と同じくらい〜だ」の文は，形容詞をそのまま as 〜 as ではさむ。

2 〔　〕内の語を並べかえて，日本文に合う英文を書きなさい。

私は母と同じくらい早く起きます。

〔 up / early / get / as / I / my mother / as 〕.

＿＿＿＿＿＿＿＿＿＿＿＿＿＿＿＿＿＿ .

> **ここが ポイント**
> 「A は B と同じくらい〜する」の文は，副詞を使うので〈as ＋副詞の原級＋as〉を動詞やその目的語のあとに置く。

 the UK：イギリス　　Spain：スペイン　　India：インド　　Kenya：ケニア　　Egypt：エジプト

不規則動詞活用表

⭐ 不規則動詞の変化を覚えよう。

型	原 形	現在形	過去形	過去分詞形	-ing 形
①	be （～になる，～である）	am / are / is	was / were	been	being
	begin （始める）	begin(s)	began	begun	beginning
	do （する，行う）	do / does	did	done[dʌn]	doing
	drink （飲む）	drink(s)	drank	drunk	drinking
	eat （食べる）	eat(s)	ate	eaten	eating
	fly （飛ぶ）	fly / flies	flew[fluː]	flown	flying
	give （与える）	give(s)	gave	given	giving
	go （行く）	go(es)	went	gone	going
	know （知る，知っている）	know(s)	knew	known	knowing
	see （見る）	see(s)	saw	seen	seeing
	speak （話す）	speak(s)	spoke	spoken	speaking
	swim （泳ぐ）	swim(s)	swam	swum	swimming
	take （とる，持っていく）	take(s)	took	taken	taking
	write （書く）	write(s)	wrote	written	writing
②	bring （持ってくる）	bring(s)	brought	brought	bringing
	build （建てる）	build(s)	built	built	building
	buy （買う）	buy(s)	bought	bought	buying
	catch （つかまえる）	catch(es)	caught	caught	catching
	find （見つける）	find(s)	found	found	finding
	get （(状態)になる）	get(s)	got	got, gotten	getting
	have （持っている，食べる）	have, has	had	had	having
	hear （聞く）	hear(s)	heard	heard	hearing
	keep （続ける）	keep(s)	kept	kept	keeping
	leave （出発する）	leave(s)	left	left	leaving
	lose （失う）	lose(s)	lost	lost	losing
	make （作る）	make(s)	made	made	making
	meet （会う）	meet(s)	met	met	meeting
	say （言う）	say(s)	said[sed]	said[sed]	saying
	sell （売る）	sell(s)	sold	sold	selling
	sit （すわる）	sit(s)	sat	sat	sitting
	sleep （眠る）	sleep(s)	slept	slept	sleeping
	teach （教える）	teach(es)	taught	taught	teaching
	tell （教える，言う）	tell(s)	told	told	telling
	think （思う）	think(s)	thought	thought	thinking
	win （勝つ）	win(s)	won[wʌn]	won[wʌn]	winning
③	become （～になる）	become(s)	became	become	becoming
	come （来る）	come(s)	came	come	coming
	run （走る）	run(s)	ran	run	running
④	cut （切る）	cut(s)	cut	cut	cutting
	put （置く）	put(s)	put	put	putting
	read （読む）	read(s)	read[red]	read[red]	reading

◆ 「型」は変化するパターンです。 ①A・B・C型 ②A・B・B型 ③A・B・A型 ④A・A・A型

 ステージ**1** Unit 7 Read & Think

Popular Sports in New Zealand

読聞書話

解答　p.24

教科書の 要点　比較級，最上級の文（復習）　 a41

Soccer　is　　　　　popular.　　　　　　　　サッカーは人気があります。

（more を置く）

Soccer　is　**more popular** than baseball.

「〜よりも」　　　　　サッカーは野球よりも人気があります。

（most を置く）

Soccer　is **the most popular** among boys.

「〜の間で」　　サッカーは男の子の間でいちばん人気があります。

要点

● 比較的つづりの長い形容詞［副詞］を使って「〜よりも…」と言うときは〈more＋形容詞［副詞］＋than 〜〉で表す。

● 比較的つづりの長い形容詞［副詞］を使って「〜の中でいちばん…」と言うときは〈most＋形容詞［副詞］＋in［of］〜〉で表す。

プラス ●「〜よりも…が好き」と言うときは〈like … better than 〜〉で表し，「〜がいちばん好き」と言うときは〈like 〜 (the) best〉で表す。

● 不規則に変化する形容詞，副詞に注意。

good(よい) – better – best　　well(よく) – better – best

Words チェック　次の英語は日本語に，日本語は英語になおしなさい。

□(1)　football　　　　　（　　　　　　　）　　□(2)　dribble　　　　　（　　　　　　　）

□(3)　〜を推測する　＿＿＿＿＿　　□(4)　コート　＿＿＿＿＿

□(5)　A と B の両方とも　＿＿＿＿＿　　□(6)　〜によってちがう　＿＿＿＿＿

1　次の日本文に合うように，　　　に適する語を書きなさい。

(1)　彼は 5 人の生徒の中でいちばん早く起きます。

He gets up ＿＿＿＿＿ ＿＿＿＿＿

the five students.

(2)　京都は外国の人々の間で人気があります。

Kyoto is popular ＿＿＿＿＿ foreign people.

(3)　日本でもっとも有名な場所はどこですか。

Where is the ＿＿＿＿＿ ＿＿＿＿＿ place in Japan?

(4)　私はサッカーよりもテニスが好きです。

I like tennis ＿＿＿＿＿ ＿＿＿＿＿ soccer.

(5)　この本はあの本よりもおもしろいです。

This book is ＿＿＿＿＿ than that one.

 ミス注意

(1) 副詞の最上級を使った文は〈主語＋動詞＋(the) 〜est …〉の形になる。

(2)「〜の間で」は among 〜 と表す。

(4)「〜よりも…が好き」は〈like … better than 〜〉で表す。

 badminton：バドミントン　dodgeball：ドッジボール　surfing：サーフィン　marathon：マラソン

2 〔 〕内の語を並べかえて，日本文に合う英文を書きなさい。

(1) この物語はあの物語よりも短いです。

〔 story / is / this / one / than / shorter / that 〕.

_____

(3)「～によってちがう」は〈differ from ～ to ～〉で表す。from ～ to ～の～に入る名詞に a や the がついていないことに注意する。

(2) これはすべての中でいちばん役に立つ辞書です。

〔 all / dictionary / most / of / is / the / this / useful 〕.

_____

(3) 人気のある食べ物は国によってちがいます。

〔 country / foods / to / popular / from / differ / country 〕.

_____

3 次の表を見て，対話文の＿＿に適する語を書きなさい。

	Chen	Ken	Hana	Saki
1 位	すし	カレー	カレー	カレー
2 位	カレー	オムライス	からあげ	天ぷら
3 位	スパゲッティ	ハンバーグ	スパゲッティ	ステーキ

(1) _A :_ Does Chen like sushi _____ than curry?

_B :_ Yes, he does.　He likes sushi the _____ .

(2) _A :_ I think curry is the _____

of the eight foods.

_B :_ You're right.　Curry is popular among _____

boys and girls.

(2)「A と B の両方」は〈both A and B〉で表す。

Unit 7

WRITING Plus ✏

次の質問に対して，あなた自身の答えを英語で書きなさい。

(1) What sport is the most popular in your class?

_____

(2) Which do you like better, meat or fish?

_____

(3) Do you wake up earlier than your mother in the morning?

_____

(4) Did you study harder today than yesterday?

_____

解答 p.24

確認のワーク ステージ 1　**Express Yourself**　睡眠時間を比較して発表しよう。　読 聞 書 話

📖 教科書の **要点**　比較級，最上級を使った文(復習)　 a42

【比較する情報】
I usually sleep　for eight hours.　　　私はいつもは 8 時間寝ます。
My mother sleeps for six hours.　　　私の母は 6 時間寝ます。
My father sleeps　for five hours.　　　私の父は 5 時間寝ます。

【比較した結果】
My mother sleeps <u>longer</u> <u>than</u> my father.　　私の母は私の父より長く寝ます。
　　　　　　　　　　〈比較級＋than 〜〉

My father sleeps **the shortest** <u>of</u> the three.　私の父は 3 人の中でいちばん短く寝ます。
　　　　　　　　　　〈the＋最上級＋of 〜〉

要点
●〈for 〜hours〉で「〜時間」という意味を表す。

プラス　How long do you 〜? で「どのくらい〜しますか。」と，時間の長さをたずねる。

Words チェック　次の日本語を英語になおしなさい。
□(1)　長く＿＿＿＿＿＿＿＿＿　□(2)　短く＿＿＿＿＿＿＿＿＿

よく出る **1** 次の対話を読んで，その内容を表す英文の＿＿に適する語を書きなさい。

Ms. Bell : Hi, everyone.　How long do you usually study
　　　　　 at home?
　　Aoi : I always study for one hour.
　Emily : I usually study for two hours.
　Sora : Both Aoi and Emily are great.
　　　　　 I usually study for just thirty minutes.
　Chen : I'm surprised to know Emily studies so long.
　　　　　 I study for one hour every day.

(1)　Aoi studies ＿＿＿＿＿＿ ＿＿＿＿＿＿ Sora.
(2)　Emily studies the ＿＿＿＿＿＿ of the four students.
(3)　Chen studies ＿＿＿＿＿ long ＿＿＿＿＿ Aoi.
(4)　Sora studies ＿＿＿＿＿＿ ＿＿＿＿＿＿ Chen.

2 次の問いに対し，あなた自身の答えを英語で書きなさい。
How long do you usually study at home?
＿＿＿＿＿＿＿＿＿＿＿＿＿＿＿＿＿＿＿＿＿＿＿＿＿

ミス注意
(1)「アオイはソラより…」に合う文を作る。
(2)「エミリーは 4 人の生徒の中でいちばん…」に合う文を作る。
(3)「チェンはアオイと同じくらい…」に合う文を作る。
(4)「ソラはチェンより…」に合う文を作る。

🔊 hour は[áuər]と発音する。最初の h を発音しないことに注意しよう。

解答 p.24

確認のワーク ステージ1 Let's talk 7 ショッピング 読 聞 書 話

教科書の 要 点 試着の依頼やサイズについての希望を伝える表現 ♪ a43

Can I **try** it **on**? ＜試着の依頼をする 試着をしてもいいですか。

It's **too** small. ＜試着の感想を伝える それは小さすぎます。

Do you have **a bigger one**? ＜要望を伝える もっと大きいものはありますか。

要 点

● 要望などを伝える表現
□ Do you have anything cheaper? 「もっと安いものはありますか。」
□ Do you have one in a different color? 「別の色はありますか。」
□ How much is this shirt? 「このシャツはいくらですか。」

Words チェック 次の英語は日本語に，日本語は英語になおしなさい。
□(1) May I help you? (   ) □(2) try ～ on (   )
□(3) ジャケット _____ □(4) コート _____

1 次の対話が成り立つように，___ に適する語を書きなさい。
(1) A : _____ I help you?
    B : I'm looking for a T-shirt.
    A : This T-shirt is very popular now.
    B : Can I _____ it _____ ?
    A : Sure.
(2) A : How is this jacket?
    B : The color is good, but it's too big for me. Do you have
       a _____ one?

まるごと 暗記
● May I help you?
「何かご用でしょうか。」
● try ～ on
「～を試着する」
● Do you have ～ ?
「～はありますか。」

2 次の日本文に合うように英語を書きなさい。
(1) もっと安いものはありますか。
    Do you have _____ cheaper?
(2) 見ているだけです。
    I'm just _____ .
(3) これはいくらですか。
    How _____ is this?

ミス注意
(1) cheaper で「より安い」という意味。

big は[bíg]，bigger は[bígər]と発音する。（ビッグ），（ビッガー）とはねないように注意しよう。

Express Yourself ~ Let's talk 7

解答 p.24

定着のワーク ステージ **2** Unit 7 〜 Let's Talk 7

読 聞
書 話

1 LISTENING 英語を聞いて，内容に合う絵を選び，記号で答えなさい。 ♪ 113

(1) (　　　　)

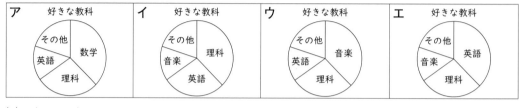

(2) (　　　　)

2 次の日本文に合うように，＿＿＿に適する語を書きなさい。

(1) 彼女の新しい自転車は私のものよりもよいです。

Her new bike is ＿＿＿＿＿＿ ＿＿＿＿＿＿ mine.

(2) ハナはサキと同じくらい背が高いです。

Hana is ＿＿＿＿＿＿ ＿＿＿＿＿＿ as Saki.

(3) この本は3冊の中でいちばん難しいです。

This book is the ＿＿＿＿＿＿

＿＿＿＿＿＿ the three.

(4) 私は家族の中でいちばん早く起きます。

I get up the ＿＿＿＿＿＿ ＿＿＿＿＿＿ my family.

3 〔 〕内の語句を並べかえて，日本文に合う英文を書きなさい。ただし，1語補うこと。

(1) あなたのかばんは私のかばんよりも大きいですか。

〔 mine / your / than / bag / is 〕?

＿＿＿＿＿＿＿＿＿＿＿＿＿＿＿＿＿＿ ?

(2) どの教科がいちばん好きですか。

〔 like / what subject / the / you / do 〕?

＿＿＿＿＿＿＿＿＿＿＿＿＿＿＿＿＿＿ ?

(3) この俳優はあの音楽家と同じくらい有名です。

〔 as / that musician / this actor / is / famous 〕.

＿＿＿＿＿＿＿＿＿＿＿＿＿＿＿＿＿＿ .

重要ポイント

1 (1) both「両方の」

(2) the most popular subject「いちばん人気のある教科」

2 (2)「〜と同じくらい」〈as＋形容詞＋as〉

(3)「難しい」は hard と difficult があるが，空所の数から判断する。

得点力を UP

比較の3つの形

●「〜よりも」
〈比較級＋than 〜〉

●「〜の中でいちばん…」
〈the＋最上級＋in [of] 〜〉

●「〜と同じくらい」
〈as＋形容詞[副詞]＋as 〜〉

④ 次の対話文を読んで，あとの問いに答えなさい。

Sora : Russia is the largest in the world.　Oh, Canada is the second. I didn't know ①that.

Emily : Canada is ②(large) than the USA and China.

Sora : What is ③(　　　　)(　　　　) country?

Emily : Vatican City!

1	Russia	17,098,246 km²
2	Canada	9,984,670 km²
3	USA	9,833,517 km²
4	China	9,601,136 km²
5	Brazil	8,515,767 km²
⋮		
244	Vatican City	0.44 km²

出典：Demographic yearbook 2017

(1) 下線部①の内容として適切なものを選び，記号で答えなさい。

　　ア　カナダはアメリカや中国より広くないこと。

　　イ　世界でロシアがカナダの次に大きいこと。

　　ウ　カナダが世界で2位の大きさであること。

　　　　　　　　　　　　　　　　　　　　　　（　　　）

(2) ②の large を適する形にかえて書きなさい。

　　_____

(3) 下線部③が「いちばん小さい」という意味になるように，（　）に適する語を書きなさい。

　　_____

レベルUP (4) 次の文が本文の内容と合っていれば○，異なっていれば×を書きなさい。

　　ア　Canada is smaller than Russia.　（　　　）

　　イ　The USA is as large as China.　（　　　）

⑤ 文の____に適する語を□から選び，書きなさい。

(1) This song is popular _____ old people.

(2) Lake Biwa is the largest lake _____ this country.

(3) Can I try this jacket _____ ?

　　| in　　among　　on |

よく出る ⑥ 次の日本文を英語になおしなさい。

(1) このガイドブックはあのガイドブックより役に立ちます。

　　_____

(2) 彼女は最高に幸せな女の子です。

　　_____

(3) 彼は5人の中でもっともピアノを上手に弾きます。

　　_____

(4) 私はスポーツの中でサッカーがいちばん好きです。

　　_____

重要ポイント

④ (1) that は前の文の内容を指す。

(2)比較級の形にする。

(3)「小さい」は small。

得点力をUP

among と between のちがい

ふつう3つ以上の人やものの「間で」と言うときは among を使い，2つの人やものの「間で」と言うときには between を使う。

⑥ (2)「最高に」→「もっとも」と考える。

(3)「上手に」well は不規則に変化する。

(4)「…がいちばん好き」は like ...(the) best と表す。

Unit 7 ～ Let's Talk 7

ちょっとBREAK　世界でいちばん小さい国はバチカン市国です。では2番目に小さい国は？　➡答えは次のページ

解答 ▶ p.25

実力判定テスト　ステージ3　Unit 7 〜 Let's Talk 7　30分　/100　読聞書話

🎧 **1** LISTENING　英語を聞いて，その内容と次の文が合っていれば〇，異なっていれば×を書きなさい。　♪ l14　3点×6(18点)

(1)　①　Aoi studies shorter than Emily.　（　　）

　　②　Ken studies longer than Emily.　（　　）

　　③　Aoi studies the longest of the three.　（　　）

(2)　①　Ken is as old as Yuji.　（　　）

　　②　Ken's brother is younger than Ken.　（　　）

　　③　Yuji is sixteen years old.　（　　）

2 次の各組の文がほぼ同じ内容を表すように，＿＿に適する語を書きなさい。　3点×3(9点)

(1)　I'm 14 years old.　Ken is 14 years old.

　　I'm ＿＿＿＿＿＿ ＿＿＿＿＿＿ ＿＿＿＿＿＿ Ken.

(2)　This is my favorite movie.

　　I like this movie ＿＿＿＿＿＿ ＿＿＿＿＿＿.

(3)　My bag is older than Mayu's.

　　Mayu's bag is ＿＿＿＿＿＿ ＿＿＿＿＿＿ mine.

レベルUP **3** 次の日本文に合うように，＿＿に適する語を書きなさい。　3点×4(12点)

(1)　ハナはお母さんがするのと同じくらい上手に料理をします。

　　Hana cooks as ＿＿＿＿＿＿ ＿＿＿＿＿＿ her mother does.

(2)　これはすべての中でいちばん重要です。

　　This is the ＿＿＿＿＿＿ ＿＿＿＿＿＿ ＿＿＿＿＿＿ all.

(3)　何かご用でしょうか。

　　May I ＿＿＿＿＿＿ you?

(4)　それは大きすぎます。

　　It's ＿＿＿＿＿＿ big.

4 〔　〕内の語句を並べかえて，日本文に合う英文を書きなさい。ただし，1語補うこと。

(1)　私の父はサッカーよりも野球のほうが好きです。　4点×2(8点)

　　〔 likes / baseball / my father / than / soccer 〕.

　　＿＿＿＿＿＿＿＿＿＿＿＿＿＿＿＿＿＿＿＿＿＿＿＿＿＿＿.

(2)　別の色のものはありますか。

　　〔 do / one / color / you / a different / in 〕?

　　＿＿＿＿＿＿＿＿＿＿＿＿＿＿＿＿＿＿＿＿＿＿＿＿＿＿＿?

ちょっとBREAKの答え　モナコ公国です。地中海沿岸にあり，高級カジノや豪華なホテルなどが有名です。

目標 ● 2つまたは3つ以上のものを比べたり, どれがいちばんかを説明したり, 程度が同じであることを述べたりしましょう。

自分の得点まで色をぬろう!

0	60 80	100点

5 次の対話文と表を読んで, あとの問いに答えなさい。 (計21点)

Sora : People in Japan live (①) in the world.

Chen : Oh, Singapore is (②). People in Singapore live (③) people in Australia and France.

	Country	Average life expectancy
1	Japan	84.2 (years old)
2	Switzerland	83.3
3	Spain	83.1
4	Australia, Singapore, France	82.9

出典：World Health Statistics 2018(WHO)

⑴ 右の表は何の順位を示したものか, 日本語で書きなさい。 (5点)

( )

⑵ ①③の( )に long を適する形にかえて書きなさい。ただし1語とは限らない。(3×2点)

① _____

③ _____

⑶ ②の( )に適する語を選び, 記号を○で囲みなさい。 (4点)

ア the first イ the second ウ the third エ the fourth

レベルUP ⑷ 本文や表の内容に合うように, ___ に適する語を書きなさい。 (6点)

People in Switzerland live _____ _____ people in Spain.

レベルUP **6** 次のようなとき, 英語でどのように言うか書きなさい。 6点×2(12点)

⑴ 私はふだん, ソラよりも忙しいと言うとき。 （6語で）

_____

⑵ このジャケットを試着してもよいかとたずねるとき。 （6語で）

_____

7 次のアンケートの結果を見て, 対話文の ___ に適する語を書きなさい。 5点×4 (20点)

Ken : Look at this. Sushi is the ⑴ _____ _____ food in my class.

Chen : Oh, I see. Pizza is ⑵ _____ popular as spaghetti, right?

Ken : Yes. And ⑶ _____ students like curry the best. I can say curry is ⑷ _____ _____ than pizza and spaghetti.

Q : What's your favorite food?

sushi 10 人

ramen 9 人

curry 8 人

pizza 6 人

spaghetti 6 人

Unit 7 〜 Let's Talk 7

定期テスト対策 予想問題 第9回 p.146〜147

 ステージ **1** **Unit 8** Working Overseas ①

解答 p.26

読 聞
書 話

教科書の 要点 「〜される[された]」の文（受け身の文） ♪a44

The restaurant **is loved** by local people.
〈be 動詞＋動詞の過去分詞形〉 「〜によって」＋動作主

そのレストランは地元の人々に愛されています。

Portuguese **is spoken** in Brazil.
〈be 動詞＋動詞の過去分詞形〉 「〜によって」の省略

ポルトガル語はブラジルで話されています。

要点

●ものや人が「〜される[された]」ことは〈be 動詞＋動詞の過去分詞形〉で表す。
●〈by＋動作主〉で「〜によって」の意味を表すが，動作主がわからなかったり，述べる必要がない場合は省略されることもある。by のあとに代名詞がくるときは目的格にする。

Words チェック 次の英語は日本語に，日本語は英語になおしなさい。

☐(1) Portuguese （　　　　　　）　☐(2) castle （　　　　　　）

☐(3) tourist （　　　　　　）　☐(4) Spanish （　　　　　　）

☐(5) Mexico （　　　　　　）　☐(6) 〜が大好きである ＿＿＿＿＿

☐(7) ますます多くの〜 ＿＿＿＿＿　☐(8) 写真 ＿＿＿＿＿

☐(9) 建てる ＿＿＿＿＿

① 絵を見て例にならい，「…は〜される」という文を書きなさい。

my dog / wash

this window / open

these dishes / wash

Ken!

this boy / call Ken

例　My dog is washed every week.

(1) This window ＿＿＿＿＿ ＿＿＿＿＿ every morning.

(2) These dishes ＿＿＿＿＿ every day.

(3) This boy is ＿＿＿＿＿．

ここがポイント

受け身の文
〈be 動詞＋過去分詞形〉
の be 動詞は，主語と時制にあわせる。

② 次の英文を受け身の文になおしなさい。

(1) People love the king. ＿＿＿＿＿

(2) He built the house. ＿＿＿＿＿

(3) She made the cake. ＿＿＿＿＿

現在形 read は[ríːd]，過去形，過去分詞形 read は[réd]と発音するので注意しよう。

❸ 次の各語の①過去形，②過去分詞形を＿＿＿に書きなさい。

(1) begin　①＿＿＿＿＿　②＿＿＿＿＿
(2) speak　①＿＿＿＿＿　②＿＿＿＿＿
(3) take　①＿＿＿＿＿　②＿＿＿＿＿
(4) love　①＿＿＿＿＿　②＿＿＿＿＿
(5) study　①＿＿＿＿＿　②＿＿＿＿＿
(6) have　①＿＿＿＿＿　②＿＿＿＿＿
(7) put　①＿＿＿＿＿　②＿＿＿＿＿

ここがポイント

動詞の変化のパターン
規則動詞…過去形と過去分詞形が同じ形。
不規則動詞…4つのパターン。
①過去形と過去分詞形が同じ。
②原形と過去分詞形が同じ。
③原形，過去形，過去分詞形がすべて異なる。
④原形，過去形，過去分詞形がすべて同じ。

❹ 次の英文を下線部に注意して日本語になおしなさい。

(1) This letter was written by his brother.
　(　　　　　　　　　　　　　　　　　　　)

(2) These buildings were built forty years ago.
　(　　　　　　　　　　　　　　　　　　　)

❺ 〔　〕内の語を並べかえて，日本文に合う英文を書きなさい。

(1) 日本語は日本でのみ話されています。
〔 is / Japan / Japanese / only in / spoken 〕.
＿＿＿＿＿＿＿＿＿＿＿＿＿＿＿.

(2) この写真は有名な俳優によってとられました。
〔 a / was / famous / this / taken / actor / photo / by 〕.
＿＿＿＿＿＿＿＿＿＿＿＿＿＿＿.

(3) これらの窓は昨日洗われました。
〔 were / windows / washed / these 〕 yesterday.
＿＿＿＿＿＿＿＿＿＿＿ yesterday.

(4) あれらの野球選手はアメリカで愛されています。
〔 players / loved / are / America / in / baseball / those 〕.
＿＿＿＿＿＿＿＿＿＿＿＿＿.

ここがポイント

●「～される，されている」
〈am[is, are]＋過去分詞形〉
●「～された，されていた」
〈was[were]＋過去分詞形〉

Unit 8

❻ 次の(1)～(3)のような場合，どの単語がふさわしいか，ア～ウから選びなさい。

(1) 私は本を書きます，と言うとき。　（　　）
(2) 私は絵具で絵を描きます，と言うとき。　（　　）
(3) 私は鉛筆やペンなどで絵を描きます，と言うとき。　（　　）

ア draw　イ write　ウ paint

解答 p.26

確認のワーク ステージ **1** **Unit 8** Working Overseas ②

読 聞 書 話

教科書の **要点** 受け身の疑問文と否定文　♪ a45

肯定文 English is spoken in Morocco.　　英語はモロッコで話されています。

└ 主語の前

疑問文 **Is** English **spoken** in Morocco?　　英語はモロッコで話されていますか。

答えの文 —— Yes, it **is**. / No, it **isn't**. — はい, 話されています。/ いいえ, 話されていません。

要点 1
- ●疑問文は〈be 動詞＋主語＋動詞の過去分詞形 〜?〉で表す。
- ●答えるときも be 動詞を使い, Yes, 〜 is[are]. / No, 〜 isn't[aren't]. のように答える。

プラス 疑問詞を使った疑問文は〈疑問詞＋be 動詞＋主語＋動詞の過去分詞形 〜?〉で表す。
例　Where is English spoken?　英語はどこで話されていますか。

否定文 English **is not** spoken in Morocco.
　　　　　　　　　　　　　　　英語はモロッコでは話されていません。

要点 2
- ●否定文は〈主語＋be 動詞＋not＋動詞の過去分詞形 〜.〉で表す。

Words チェック 次の英語は日本語に, 日本語は英語になおしなさい。

□(1) goods 　　(　　　　　　)　　□(2) generally 　(　　　　　　)

□(3) widely 　　(　　　　　　)　　□(4) electric 　 (　　　　　　)

□(5) 〜を配達する ＿＿＿＿＿＿＿　　□(6) 〜に勤めている ＿＿＿＿＿＿＿

□(7) 〜を扱う 　＿＿＿＿＿＿＿　　□(8) 〜のような 　＿＿＿＿＿＿＿

1 次の文を疑問文に書きかえ, ( )内の語を使って答えなさい。

(1) These cars were made in America. (Yes)

＿＿＿＿＿＿ these ＿＿＿＿＿＿ made in America?

— Yes, ＿＿＿＿＿＿ ＿＿＿＿＿＿.

(2) This room is used every day. (No)

＿＿＿＿＿＿＿＿＿＿＿＿＿＿＿＿＿ every day?

— No, ＿＿＿＿＿＿ ＿＿＿＿＿＿.

(3) The stamps are sold at this store. (No)

＿＿＿＿＿＿＿＿＿＿＿＿＿＿＿＿＿?

— No, ＿＿＿＿＿＿ ＿＿＿＿＿＿.

ここが ポイント

受け身の疑問文と答え
〈be 動詞＋主語＋過去分詞形 〜?〉の形でたずね, be 動詞を使って答える。

goods：商品, clothes：服　などは単数形がないので注意しよう。

2 絵を見て例にならい，「…は～されなかった[されていなかった]」という文を書きなさい。

| 例 | (1) | (2) | (3) |
| my father's clock / repair | that book / write | the rice ball / eat | that DVD / sell |

例 My father's clock was not repaired.

(1) That book was ＿＿＿＿＿ ＿＿＿＿＿ by
    Natsume Soseki.

(2) The rice ball ＿＿＿＿＿＿＿＿＿＿＿ by Saki.

(3) ＿＿＿＿＿＿＿＿＿＿＿ at that shop.

ここが ポイント

受け身の否定文
〈主語＋be 動詞＋not＋
過去分詞形 ～.〉の形。

3 次の文を（ ）の指示にしたがって書きかえなさい。

(1) The castle was found fifty years ago. （否定文に）

＿＿＿＿＿＿＿＿＿＿＿＿＿＿＿＿＿＿＿＿

(2) French is spoken in France. （下線部をたずねる文に）

＿＿＿＿＿＿＿＿＿＿＿＿＿＿＿＿＿＿＿＿

(3) This bridge was built in 1998. （下線部をたずねる文に）

＿＿＿＿＿＿＿＿＿＿＿＿＿＿＿＿＿＿＿＿

ここが ポイント

疑問詞を使った受け身の
疑問文
下線部をたずねる文は，
何を問うべきかを見極め，
疑問詞を選んだら，疑問
文の語順を続ける。

4 〔 〕内の語を並べかえて，日本文に合う英文を書きなさい。

(1) そのTシャツは，アメリカ製ではありません。
   〔 is / America / not / in / T-shirt / the / made 〕.

   ＿＿＿＿＿＿＿＿＿＿＿＿＿＿＿＿＿＿＿ .

(2) これらの小説はたくさんの国では読まれていません。
   〔 novels / aren't / in / countries / these / read / many 〕.

   ＿＿＿＿＿＿＿＿＿＿＿＿＿＿＿＿＿＿＿ .

(3) 私は，野球，テニスといったスポーツが大好きです。
   〔 love / I / and tennis / such / sports / as / baseball 〕.

   ＿＿＿＿＿＿＿＿＿＿＿＿＿＿＿＿＿＿＿ .

ミス注意

(1) 「アメリカ製」は「ア
メリカで作られている」
と考える。
(2) read は過去形，過去
分詞形も形が同じ。

5 次の日本文に合うように，＿＿に適する語を書きなさい。

(1) 私の母は銀行に勤めています。
   My mother ＿＿＿＿＿ ＿＿＿＿＿ a bank.

(2) そのお店では多くの切手を取り扱っている。
   The shop ＿＿＿＿＿ ＿＿＿＿＿ many stamps.

まるごと暗記

(1) 「～ に勤めている」
work for ～
(2) 「～を扱う」 deal with
～

Unit 8

確認のワーク　ステージ1　**Unit 8**　Working Overseas ③　読聞書話

教科書の 要点　助動詞を含む受け身の文　♪ a46

Many ruins of ancient Rome **can be seen** here.

〈助動詞＋be＋動詞の過去分詞形〉

古代ローマのたくさんの遺跡がここで見られます。

要点

●助動詞を含む受け身の文は〈助動詞＋be＋動詞の過去分詞形〉で表す。

●〈can be＋過去分詞〉で「〜されることができる」の意味を表す。

●受け身の文で使われる助動詞

　□ can（〜できる）　　　　　　□ will（〜だろう）

　□ must（〜しなければならない）　□ may（〜かもしれない）

プラス　・助動詞を含む疑問文は〈助動詞＋主語＋be＋動詞の過去分詞形 〜?〉で表す。

　例　Where can the ruins of ancient Rome be seen?　古代ローマの遺跡はどこで見られますか。

　・助動詞を含む否定文は〈主語＋助動詞＋not＋be＋動詞の過去分詞形 〜.〉で表す。

　例　The ruins of ancient Rome cannot be seen here.　古代ローマの遺跡はここでは見られません。

Wordsチェック　次の英語は日本語に，日本語は英語になおしなさい。

□(1)　ruin　　　　　　　（　　　　　　　）　　□(2)　ancient　　　　　（　　　　　　　）

□(3)　be attracted to 〜（　　　　　　　）　　□(4)　publish　　　　　（　　　　　　　）

□(5)　もどって来る　　　＿＿＿＿＿＿　　□(6)　野生の　　　　　＿＿＿＿＿＿

□(7)　〜を修理する　　　＿＿＿＿＿＿　　□(8)　see の過去分詞形　＿＿＿＿＿＿

1　絵を見て例にならい，「…は〜できる」「…は〜だろう」という受け身の文を書きなさい。

the beach / can / see

(1) the book / can / find

(2) the door / will / repair

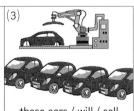
(3) these cars / will / sell

例　The beach can be seen here.

(1)　The book ＿＿＿＿＿ ＿＿＿＿＿ ＿＿＿＿＿

　　on the Internet.

(2)　The door ＿＿＿＿＿＿＿＿＿＿ by tomorrow.

(3)　＿＿＿＿＿＿＿＿＿＿ in Japan next week.

ここがポイント

助動詞を含む受け身の文
〈主語＋助動詞＋be＋過去分詞形 〜.〉の形。

ancient は［éinʃənt］と発音する。an を（エイン）のように発音するよ。

2 次の日本文の意味を表す正しい英文を選び，記号を〇で囲みなさい。

(1)「〜に引きつけられる」
be attracted to 〜

(1) 彼はその歌手に引きつけられるでしょう。

　　ア．He is attracting to the singer.

　　イ．He will be attracting the singer.

　　ウ．He will be attracted to the singer.

(2) この小説は来月出版される予定です。

　　ア．This novel is going to publish next month.

　　イ．This novel is going to be published next month.

　　ウ．This novel is going to published next month.

3 次の文を（ ）の指示にしたがって書きかえるとき，＿＿に適する語句を書きなさい。

ここが **ポイント**

(1)「〜しなければならない」には must と have to の2つがあるが空所の数からどちらを使うか考える。
(2)〈疑問詞＋助動詞＋主語＋be＋動詞の過去分詞形 〜?〉の形。

(1) The newspaper is delivered by 7 o'clock.

　　　　　　　　　（「〜しなければならない」という意味に）

　　The newspaper ＿＿＿＿＿＿＿ ＿＿＿＿＿＿＿ delivered by 7 o'clock.

(2) The party will be held in March. （下線部をたずねる文に）

　　＿＿＿＿＿＿＿＿＿＿＿＿＿＿＿＿＿＿＿ held?

4 〔 〕内の語を並べかえて，日本文に合う英文を書きなさい。ただし1語補うこと。

(1) to があるので，「〜しなければならない」は have to で表す。3人称単数が主語なので，has になる。
(2)「〜される必要はない」は〈don't have to be ＋過去分詞形 〜〉で表す。

(1) この門は教師によって開けられなければなりません。

　　〔 teachers / this / to / gate / opened / be / by 〕．

　　＿＿＿＿＿＿＿＿＿＿＿＿＿＿＿＿＿＿＿＿ ．

(2) 写真はプロの写真家によってとられる必要はないです。

　　〔 by / photos / photographers / to / professional / don't / have / taken 〕．

　　＿＿＿＿＿＿＿＿＿＿＿＿＿＿＿＿＿＿＿＿ ．

WRITING Plus 🖉

例にならい，「〜では…が見られる」という文を書きなさい。

例　Mt. Fuji can be seen in Shizuoka.

(1) ＿＿＿＿＿＿＿＿＿＿＿＿＿＿＿＿＿＿＿＿＿＿＿＿＿＿＿

(2) ＿＿＿＿＿＿＿＿＿＿＿＿＿＿＿＿＿＿＿＿＿＿＿＿＿＿＿

Unit 8

 解答 p.27

Unit 8 Working Overseas ④

教科書の 要点 受け身の文（復習） ♪ a47

Elephants **are killed** for ivory.

〈be 動詞＋動詞の過去分詞形〉

象牙のためにゾウが殺されています。

Poachers know ivory **is sold** at a high price.

〈be 動詞＋動詞の過去分詞形〉

密猟者たちは象牙が高い値段で売られていることを知っています。

要点 1

● ものや人が「〜される［された］」ことは〈be 動詞＋動詞の過去分詞形〉で表す。
● be 動詞は，主語と時制にあわせる。

If everyone stops buying ivory, then elephants **will not be killed** for it.

〈助動詞＋not＋be＋動詞の過去分詞形〉

もしみんなが象牙を買うのをやめたら，ゾウはそのために殺されることがなくなるでしょう。

要点 2

● 助動詞を含む受け身の文は〈助動詞＋be＋動詞の過去分詞形〉で表す。
● 助動詞を含む受け身の否定文は〈主語＋助動詞＋not＋be＋動詞の過去分詞形 〜.〉で表す。

Words チェック 次の英語は日本語に，日本語は英語になおしなさい。

□(1) interview （　　　　　）　　□(2) kill （　　　　　　）

□(3) price （　　　　　）　　□(4) 隠す ＿＿＿＿＿＿＿

□(5) におい ＿＿＿＿＿＿　　□(6) メッセージ ＿＿＿＿＿＿＿

□(7) 喜び ＿＿＿＿＿＿

1 絵を見て 例 にならい，「…は〜されないだろう」という文を書きなさい。

the clear sky / see

the window / repair

this room / clean

that information / find

例 The clear sky will not be seen today.

(1) The window ＿＿＿＿＿＿＿ ＿＿＿＿＿＿＿ ＿＿＿＿＿＿＿
repaired until tomorrow.

(2) This room ＿＿＿＿＿＿＿＿＿＿＿＿＿＿＿＿ by her.

(3) That ＿＿＿＿＿＿＿＿＿＿＿＿＿＿＿＿ in this book.

ここが ポイント
助動詞を含む受け身の否定文
〈主語＋助動詞＋not＋be＋過去分詞形 〜.〉

ivory は [áivəri] と発音する。i を（アイ）と発音するので注意しよう。

2 次の文を受け身の文にしなさい。

(1) The girls helped the cat.

_____

(2) My sister grows these flowers.

_____

(3) Children don't read this book.

_____

(4) The English teachers will use this room.

_____

_____

ミス注意

(1)(2)主語と時制にあわせて be 動詞を決める。
(3)否定文は〈主語＋be 動詞＋not＋過去分詞形〜.〉の形。

3 次の各文がほぼ同じ内容を表すように，____に適する語を書きなさい。

(1) Many people speak English.

English _____ _____ by many people.

(2) People in America don't know that actor well.

That actor _____ _____ _____

well in America.

ここが ポイント

(2)〈by＋動作主〉は動作主がわからなかったり，述べる必要がない場合は省略されることもある。

4 次の日本文に合うように，____に適する語を書きなさい。

(1) 彼は有名な歌手に恋をしました。

He _____ _____ _____ with a

famous singer.

(2) 私は果物を一切れ食べました。

I ate a _____ _____ fruit.

(3) たとえ彼がお金持ちではなくても，私は彼と結婚したいです。

_____ _____ he is not rich, I want to

marry him.

(4) 最初に私たちは公園のゴミを拾いました。

_____ of _____, we picked up garbage in

the park.

まるごと 暗記

(1)「〜に恋をする」
fall in love with 〜
(2)「一切れの，一片の」
a piece of 〜
(3)「たとえ〜であっても」
even if＋主語＋動詞 〜
(4)「最初に」
first of all

5 次の（ ）内から適する語を選び，○で囲みなさい。

(1) We need (studying, to study) English to become an

astronaut.

(2) What do you want (doing, to do) after school today?

(3) It stopped (raining, to rain) late last night.

思い出そう

(1)〈need to＋動詞の原形〉「〜する必要がある」
(2)〈want to＋動詞の原形〉「〜したい」
(3)〈stop 〜ing〉「〜するのをやめる」

解答　p.27

確認のワーク　ステージ 1　Express Yourself　将来，海外でしてみたいことを発表しよう。

読 聞
書 話

教科書の 要点　将来，海外でしてみたいことを発表する文　♪ a48

【海外でしてみたいこと】
I want to take care of wild animals in Africa in the future.
〈want to＋動詞の原形〉　どこの国で何がしたいか　　　　　私は将来，アフリカで野生動物の世話がしたいです。

My dream is to work as a vet.
〈My dream is to＋動詞の原形 〜〉　したいこと　　　　　私の夢は獣医として働くことです。

要点 1
● 将来，海外でしてみたいことを発表するときは〈I want to＋動詞の原形 〜.〉「私は〜したいです。」や〈My dream is to＋動詞の原形 〜.〉「私の夢は〜することです。」と表す。
● どこで，何がしたいかを言ったあとに，その理由を表す文を置くとよい。

【つけ足して言いたいこと】
So I have to study hard.　　　　　だから私は熱心に勉強しなければなりません。
〈have to＋動詞の原形〉　しなければならないこと

要点 2
● つけ足して言いたいことを表すときは〈So I have to＋動詞の原形 〜.〉「だから私は〜しなければなりません。」などで表す。

Words チェック　次の英語は日本語に，日本語は英語になおしなさい。
□(1)　the UK　　　　（　　　　　　　　）　　□(2)　run a shop　　　（　　　　　　　　）
□(3)　将来に　　　＿＿＿＿＿＿＿＿　　　□(4)　〜の世話をする　＿＿＿＿＿＿＿＿

1 下のメモを参考にして，将来海外でしてみたいことを発表する文をつくるとき，＿＿に適する語を書きなさい。

行きたい国	フランス
その国でやりたいこと	ピアノのレッスンを受ける
行きたい理由	ピアニストになりたい
しなければならないこと	フランス語の勉強をする

ここがポイント
● 「私は〜したいです。」〈I want to＋動詞の原形 〜.〉
● 「私の夢は〜することです。」〈My dream is to＋動詞の原形 〜.〉
● 「だから私は〜しなければなりません。」〈So I have to＋動詞の原形 〜.〉

I (1)＿＿＿＿＿＿ ＿＿＿＿＿＿ take piano lessons
(2)＿＿＿＿＿＿ ＿＿＿＿＿＿.
My dream is (3)＿＿＿＿＿ ＿＿＿＿＿＿ a pianist.
So I (4)＿＿＿＿＿＿ ＿＿＿＿＿＿ study French.

premier は [primíər] と発音する。発音やアクセントの位置に注意しよう。

比較表現

解答 p.28

読聞書話

まとめ

① 「～よりも…だ」の文 / 「いちばん…だ」の文

● He is 　　 tall. 　　　　　　　　　　　　　　（彼は背が高いです。）
　 He is 　　 taller than Sora. 　〈比較級＋than ～〉　　（彼はソラより背が高いです。）
　 He is the tallest in the class. 　〈最上級＋in ～〉　（彼はクラスでいちばん背が高いです。）
● This shirt is 　　　　　　expensive. 　　　　　（このシャツは値段が高いです。）
　 This shirt is 　　 more expensive than that one. （このシャツはあのシャツより値段が高
　　　　　　　　〈more ～ than …〉　　　　　　いです。）
　 This shirt is the most expensive of the three. （このシャツは３枚の中でいちばん値段が
　　　　　　　　　　〈the most ～ of …〉　　　　高いです。）
【副詞の比較級・最上級】
● She gets up 　　 early. 　　　　　　　　　　（彼女は早く起きます。）
　 She gets up 　　 earlier than her mother. 　　（彼女はお母さんより早く起きます。）
　 She gets up the earliest in her family. 　（彼女は家族の中でいちばん早く起きます。）

② 「AとBは同じくらい～だ / ～する」の文

● My bag is 　　 big. 　　　　　　　　　　　　（私のかばんは大きいです。）
　 My bag is as big as yours. 　（私のかばんはあなたのかばんと同じくらい大きいです。）
【副詞の as ～ as】
● She walks 　　 slowly. 　　　　　　　　　　（彼女はゆっくり歩きます。）
　 She walks as slowly as her grandmother. 　（彼女は彼女のおばあちゃんと同じくらい
　　　　　　　　　　　　　　　　　　　　　　ゆっくり歩きます。）

練習

1 次の文の（　）内から適する語を選び、〇で囲みなさい。

(1) Soccer is (popular / more popular / the popular) than ice hockey in Japan.

(2) This park is the (largest / most largest / more larger) in our city.

(3) My sister cooks (more well / better / more better) than my mother.

2 次の〔　〕内の語句や符号を並べかえて、日本文に合う英文を書きなさい。

(1) 私たちのクラスでは、テニスはサッカーよりも人気があります。
　〔 popular / tennis / in / than / more / is / soccer / our class 〕.

(2) あなたはギターとピアノではどちらのほうが上手にひけますか。
　〔 you / the guitar / better / do / , / play / which / the piano / or 〕?

(3) 私のコンピューターはあなたのほど古くはありません。
　〔 as / isn't / as / yours / computer / old / my 〕.

Express Yourself ～文法のまとめ 5

文法のまとめ⑥　受け身

解答 ▶ p.28

読 聞 書 話

まとめ

① 受け身の文

● 「(主語が)〜される[された]」という意味の文を受け身の文といい，〈be動詞＋動詞の過去分詞形〉で表す。

● 〈by＋動作主〉で「〜によって」の意味を表すが，動作主がわからなかったり，述べる必要がない場合は省略されることもある。

● be動詞は主語や時制によって am, is, are, was, were を使い分ける。

肯定文 Many stars are seen in this area.　　　（この地域では多くの星が見えます。）

Many photos were taken by him.　　（多くの写真が彼によってとられました。）
〈be動詞＋動詞の過去分詞形〉

疑問文 Are many stars [　] seen in this area? — Yes, they are. / No, they aren't.

主語の前　　　　　　　　　　　　　　　　　（この地域では多くの星が見えますか。

〈be動詞＋主語＋動詞の過去分詞形〉　　　　— はい，見えます。 / いいえ，見えません。）

否定文 Many stars aren't seen in this area.　　（この地域では多くの星は見えません。）
〈be動詞＋not＋動詞の過去分詞形〉

助動詞を含む文 Many stars can be seen in this area.
〈助動詞＋be＋動詞の過去分詞形〉　　　（この地域では多くの星が見られます。）

練習

1 次の文の( )内の語を正しい形にかえなさい。

(1) This song is (love) in Japan.

(2) This robot was (design) by him.

(3) These sandwiches were (make) two hours ago.

2 次の文の＿＿＿に適する語を書きなさい。

(1) These rooms ＿＿＿＿＿＿ cleaned by Mr. Yamada every week.

(2) This bike ＿＿＿＿＿＿ used by Emily yesterday.

(3) The pictures ＿＿＿＿＿＿ painted by a famous artist many years ago.

3 次の日本文に合うように，＿＿＿に適する語を書きなさい。

(1) あれらの花は今朝，テーブルに置かれたのですか。

＿＿＿＿＿＿ those flowers ＿＿＿＿＿＿ on the table this morning?

(2) 数学は私たちの宿題に含まれていません。

Math ＿＿＿＿＿＿ ＿＿＿＿＿＿ in our homework.

(3) この古いお寺は1300年前に建てられたそうです。

I hear this old temple ＿＿＿＿＿＿ ＿＿＿＿＿＿ 1300 years ago.

(4) それらの小説は彼によって書かれたものです。

Those novels ＿＿＿＿＿＿ ＿＿＿＿＿＿ him.

4 次の文を（　）内の指示にしたがって書きかえなさい。

(1) A famous artist painted the picture. （受け身の文に）

_____

(2) The books were bought by my brother. （疑問文に）

_____

(3) She was helped by him with her homework. （否定文に）

_____

(4) These pictures were taken last night. （下線部をたずねる文に）

_____

5 〔　〕内の語を並べかえて，日本文に合う英文を書きなさい。

(1) このケーキは明日，私の妹によって食べられるだろう。

〔 be / by / cake / my / eaten / sister / this / will 〕 tomorrow.

_____ tomorrow.

(2) 野球は多くの国で行われていますか。

〔 a / played / lot / baseball / is / of / in / countries 〕?

_____ ?

(3) これらの標識は多くの場所で見ることができます。

〔 places / signs / can / seen / in / these / be / many 〕.

_____ .

6 次の日本文を英語になおしなさい。ただし（　）内の語を適切な形にかえて，使うこと。

(1) あの車は私の兄によって洗われました。　（wash）

_____

(2) この国では英語は話されません。　（speak）

_____

(3) 日本食は世界の人々に愛されるでしょう。　（love）

_____

7 次の文を受け身の文にするとき，＿＿に適する語を書きなさい。

(1) Ken borrowed this book.

This book _____ _____ _____ Ken.

(2) A lot of people visit Kyoto.

Kyoto _____ _____ _____ a lot of people.

(3) My sister cleans the rooms.

The rooms _____ _____ _____ my sister.

(4) He brought it from China.

It _____ _____ _____ him from China.

文法のまとめ⑨

解答　p.28

 確認のワーク　ステージ1　**Let's Talk 8** 電話　〜　**Let's Listen 3** 場内アナウンス　読書 聞話

教科書の 要点　誘う表現と答える表現　♪a49

【誘う表現】
Would you like to go to a movie with me next Sunday?
　　　　　　　　　　動詞は原形
　　　　　　　　　　　　　　　　次の日曜日に，私といっしょに映画にいきませんか。

【誘いを受けるとき】
Sounds great.　I'd love to.　　　　　　　　　　　　いいですね。よろこんで。
　　　　形容詞

【誘いを断るとき】
I'm sorry.　I have plans next Sunday.　　すみません。次の日曜日には予定があります。
　　　　　　　断る理由

要点
●「〜しませんか。」と相手を誘うときは〈Would you like to＋動詞の原形 〜?〉と表す。
●誘うときの表現
　□ Let's＋動詞の原形 〜.　　　　□ Why don't you＋動詞の原形 〜 with me[us]?
　□ Why don't we＋動詞の原形 〜?　□ How about 〜ing?
●誘いを受けるときは Sounds great [nice]., I'd love to. などと表す。
●誘いを断るときは I'm sorry. と言ったあとに，断る理由を加える。

Words チェック　次の英語は日本語に，日本語は英語になおしなさい。
□(1)　gentleman　　　（　　　　　　　）　□(2)　get ready for 〜　（　　　　　　　）
□(3)　a few 〜　　　　（　　　　　　　）　□(4)　女性，淑女　　　＿＿＿＿＿＿＿
□(5)　妖精　　　　　＿＿＿＿＿＿＿　□(6)　招待する　　　　＿＿＿＿＿＿＿

① 次の対話が成り立つように，＿＿＿に適する語を書きなさい。

(1)　A : ＿＿＿＿＿＿ you ＿＿＿＿＿＿ to join our party?
　　　B : ＿＿＿＿＿＿ exciting.　I'd love to.

(2)　A : How about going hiking with us next Saturday?
　　　B : Oh, I'm ＿＿＿＿＿＿.　I have to do my homework this
　　　　　weekend.
　　　A : OK.　I'll ＿＿＿＿＿＿ you next time, too.
　　　B : Thank you.

まるごと暗記
●What's up?
「どうしたの。」
●Sounds great.
「おもしろそう。」「よさそう。」
●I'd love to.
「ぜひそうしたい。」「よろこんで。」

② 次のような場合，英語でどのように言うか，would を用いて書きなさい。
私といっしょに昼食をとりませんかと誘うとき。
＿＿＿＿＿＿＿＿＿＿＿＿＿＿＿＿＿＿＿＿＿＿＿＿＿＿＿＿＿＿＿＿＿＿

invite は[inváit]と発音する。i を（アイ）と発音するよ。

解答 ▶ p.28

確認のワーク ステージ 1 　Project 3 　自分の意見を言おう　読 聞 書 話

教科書の 要 点 　意見をたずねる表現と意見を言う表現　♪ a50

質問　**Which do you like better**, summer or winter?

〈which do you like better, A or B?〉

あなたは夏と冬ではどちらが好きですか。

自分の意見　**I like** summer **better than** winter.

〈I like 〜 better than ....〉

私は夏のほうが冬より好きです。

I have two **reasons.**

理由は２つあります。

理由1　**First,** you can enjoy swimming in the sea.

最初に，海で泳ぐのを楽しめます。

理由2　**Second,** you can enjoy hiking in the mountains.

次に，山でハイキングするのを楽しめます。

要 点

●「AとBではどちらが好きですか。」とたずねるときは〈Which do you like better, A or B?〉と表す。

●「〜のほうが…より好きです。」と意見を言うときは〈I like 〜 better than ....〉と表す。

●理由は，I have 〜 reasons.「理由は〜あります。」と言ったあとに，First, Second, など順番を表す語句を使って挙げていく。

Wordsチェック　次の英語は日本語に，日本語は英語になおしなさい。

□(1)　city　　　　（　　　　　　　　　）　□(2)　country　　　（　　　　　　　　　）

□(3)　quiet　　　（　　　　　　　　　）　□(4)　noisy　　　（　　　　　　　　　）

□(5)　より（もっと）　＿＿＿＿＿＿＿＿　□(6)　ハイキングをする　＿＿＿＿＿＿＿＿

よく出る 1 　次のメモを見て，対話が成り立つように，　　　に適する語を書きなさい。

A : (1)＿＿＿＿＿＿＿　do you like better, reading books or watching movies?

B : I like (2)＿＿＿＿＿　movies ＿＿＿＿＿＿＿ reading books. I have (3)＿＿＿＿＿ reasons. First, I can see my favorite actors. (4)＿＿＿＿＿, I can learn English if I watch movies in English. Third, watching movies is (5)＿＿＿＿＿＿＿＿ than reading books.

ここが ポイント

●〈Which do you like better, A or B?〉「AとBのどちらのほうが好きですか。」

●〈I like 〜 better than ....〉「〜のほうが…より好きです。」

映画を見ることの魅力
・好きな俳優を見ることができる。
・英語で映画を見れば，英語の勉強になる。
・本を読むことより，わくわくする。

country[kʌ́ntri]や young[jʌ́ŋ]の ou は(ア)と発音するので注意しよう。

解答 ▶ p.29

Try! READING　Let's Read　The Zoo　Part 1

●以下の対話文を読み，あとの問いに答えなさい。

> *Kiroku* : Mr. Hasegawa, what do I have to do here?
>
> *Hasegawa* : Well, our tiger just died yesterday.　He was very popular ①の間で the kids.　So now, you'll be the tiger!
>
> *Kiroku* : What?　Be a tiger?
>
> *Hasegawa* : Yes, a tiger!
>
> *Kiroku* : But how?
>
> *Hasegawa* : Easy!　I made a tiger costume, (　②　) you can wear it.
>
> *Kiroku* : Well, I don't want to wear that and be a tiger ....　③Besides, I have some working conditions!　I can only start from 10:00 in the morning.
>
> *Hasegawa* : Fine, the zoo opens at 10:00 a.m.

Question

(1) 下線部①の日本語を英語になおしなさい。

_____

(2) ②の(　)内に適する語を選び，記号で答えなさい。

　ア　if　　イ　when　　ウ　because　　エ　so

(3) 下線部③の英文を日本語になおしなさい。

(　　　　　　　　　　　　　　　　　　　　　　　　　　　　　　　　)

(4) 本文の内容に合うように，次の問いに英語で答えなさい。

　1.　What does Kiroku have to be as his job in the zoo?

　_____

　2.　Does Mr. Hasegawa think it is easy for Kiroku to do his job?

　_____

WordBox BIG

1 次の英語を日本語になおしなさい。

(1)　sit down　　　　(　　　　　　)　　(2)　physical　　　　(　　　　　　)

(3)　cage　　　　　(　　　　　　)　　(4)　nap　　　　　　(　　　　　　)

2 次の日本文に合うように，＿＿に適する語を書きなさい。

(1)　私たちはただぶらぶらしているところです。

　We are just ＿＿＿＿＿＿＿ ＿＿＿＿＿＿＿ .

(2)　彼は5時に仕事を終えました。

　He ＿＿＿＿＿＿＿ ＿＿＿＿＿＿＿ work at five.

解答 p.29

Let's Read **The Zoo Part 2**

読 聞
書 話

● 以下の対話文を読み，あとの問いに答えなさい。

> *Kiroku :* What about my lunch?
>
> *Hasegawa :* ①I will bring you some chicken or something.
>
> *Kiroku :* Alive? Or dead?
>
> *Hasegawa :* It won't fly. It's fried. Now (②) quiet.
> People are coming soon.
>
> *Kiroku :* OK. I'll call you (③) I need anything.
>
> *Hasegawa :* No, don't call me! A tiger in the zoo doesn't call the manager!

Question

(1) 下線部①の英文を日本語になおしなさい。

( )

(2) ②の( )内に適する語を英語で答えなさい。

_____

(3) ③の( )内に適する語を選び，記号で答えなさい。

ア if イ but ウ or エ and

(4) 本文の内容に合うように，次の問いに英語で答えなさい。

1. What will Mr. Hasegawa do for Kiroku's lunch?

_____

2. Why mustn't Kiroku call Mr. Hasegawa?

_____

Word Box BIG

1 次の英語は日本語に，日本語は英語になおしなさい。

(1) alive ( ) (2) put ~ on ( )

(3) fried ( ) (4) 飛ぶ _____

2 次の日本文に合うように，_____ に適する語を書きなさい。

(1) それは悪い考えではないと思います。

I _____ it's _____ a bad _____.

(2) この衣装を着てください。

_____ this costume _____.

Let's Read

解答 p.29

定着のワーク ステージ2 Unit 8 ～ Let's Read 読聞書話

🎧 **1** LISTENING (1)～(4)の質問とそれに対するア～ウの回答を聞いて，適切な回答を１つ選び，その記号を書きなさい。

♪ l15

(1) (　)　　(2) (　)　　(3) (　)　　(4) (　)

よく出る **2** 次の＿＿に（　）内の語を適する形にかえて書きなさい。

(1) A new cell phone is ＿＿＿＿＿＿ at this store. （ sell ）

(2) This cap was ＿＿＿＿＿＿ by him. （ buy ）

(3) Those pictures were ＿＿＿＿＿＿ in Japan. （ take ）

3 次の文を受け身の文に書きかえなさい。

(1) Sora made this table.

＿＿＿＿＿＿＿＿＿＿＿＿＿＿＿＿＿＿＿＿

(2) She uses this bike every day.

＿＿＿＿＿＿＿＿＿＿＿＿＿＿＿＿＿＿＿＿

(3) The girl wrote the story last Saturday.

＿＿＿＿＿＿＿＿＿＿＿＿＿＿＿＿＿＿＿＿

(4) We can help the animals.

＿＿＿＿＿＿＿＿＿＿＿＿＿＿＿＿＿＿＿＿

(5) Does he bring these magazines?

＿＿＿＿＿＿＿＿＿＿＿＿＿＿＿＿＿＿＿＿

4 〔　〕内の語を並べかえて，日本文に合う英文を書きなさい。ただし，１語補うこと。

(1) 新しいビルが来年建てられるでしょう。

〔 a / building / built / year / new / will / next 〕.

＿＿＿＿＿＿＿＿＿＿＿＿＿＿＿＿＿＿＿＿ .

(2) この本は多くの国で読まれていますか。

〔 book / countries / in / is / many / this 〕?

＿＿＿＿＿＿＿＿＿＿＿＿＿＿＿＿＿＿＿＿ ?

(3) その絵は 300 年前に描かれました。

〔 the / picture / hundred / drawn / three / ago / years 〕.

＿＿＿＿＿＿＿＿＿＿＿＿＿＿＿＿＿＿＿＿ .

重要ポイント

1 (1)したいことを答えているものを選ぶ。

(3) were を使った疑問文なので，were で答える。

2 すべて受け身の文なので，過去分詞形にする。３つとも不規則動詞であることに注意。

(1)(2)過去形と過去分詞形が同じ。

(3)原形，過去形，過去分詞形が異なる。

テストに出る！

受け身の文に書きかえる

He　loves　her.

She is loved by him.

①もとの文の目的語を受け身の文の主語にする。

②もとの文の動詞を〈be 動詞＋動詞の過去分詞形〉の形にする。

③もとの文の主語をby に続けて受け身の文の過去分詞形のあとに置く。主語が主格の代名詞の場合，受け身の文では目的格の代名詞になる。

4 すべて不規則動詞の受け身の文。

5 次の英文を読んで，あとの問いに答えなさい。

　　　I'm working ①（として）a cook at a sushi restaurant in Sao Paulo, Brazil. ②The restaurant is loved by local people. I started this （ ③ ） just one month ago. In Brazil, Portuguese is spoken.

(1) ①の日本語を英語になおしなさい。

_____

(2) 下線部②の英語を日本語になおしなさい。

（　　　　　　　　　　　　　　　　　　　　　　　　　　）

(3) ③の（　）内に適する語をア〜エから選び，記号で答えなさい。

　　ア interviewer　　イ job　　ウ pleasure　　エ deliver

(4) 次の質問に英語で答えなさい。

　1. When did he start to work?

_____

　2. What language do people speak in Brazil?

_____

6 日本文に合うように，＿＿に適する語を書きなさい。

(1) よさそうですね。

_____ great.

(2) 私は都会より田舎のほうが好きです。

I like the country _____ _____ the city.

(3) この店ではいろいろな食べ物を扱っています。

This shop _____ _____ various foods.

(4) 彼はクラスの中で重要な役割を果たしています。

He plays an important _____ _____ his class.

(5) 最初に，私はコーヒーを飲みました。

First _____ _____ , I drank coffee.

7 次の日本語を英語にしなさい。

(1) その腕時計は彼女のおばあさんによって見つけられました。

_____

(2) この映画はお年寄りには見られないかもしれないです。

_____

ちょっと **BREAK**　the UK「イギリス」はいくつの国が集まった連合王国でしょう？　　➡答えは次のページ

➡答えは次のページ

重要ポイント

5 (1) a cook という名詞の前に置く前置詞で「〜として」という意味になるものを考える。

(3)「職業」という意味の単語を探す。

得点力を **UP**

動作主がわからなかったり，述べる必要がない場合は by 〜「〜によって」は省略されるが，能動態に書き換えた場合，主語は，we, you, they や people となる。

English is spoken in America.

→ They [People] speak English in America.

6 (2)「〜より…が好き」は like ... better than 〜 と表す。

(4)「〜で役割を果たす」play a role in 〜

7 (1) by 〜「〜によって」

(2)「〜かもしれない」を表す助動詞は may。否定文では may の後ろに not を置く。

Unit 8 〜 Let's Read

解答　p.30

実力判定テスト　ステージ **3**　**Unit 8** 〜 **Let's Read**

30分　/100　読聞書話

🎧 **1** LISTENING　対話と質問を聞いて，その答えとなる文を選び，記号で答えなさい。

🎵 l16　3点×3（9点）

⑴　(　　　)

ア　They are going to go to a hospital.

イ　They are going to go to a library.

ウ　They are going to go to a department store.

⑵　(　　　)

ア　Last Sunday.

イ　Next Sunday.

ウ　Next Saturday.

⑶　(　　　)

ア　She'll buy Japanese cloths.

イ　She'll buy Japanese towels.

ウ　She'll buy Japanese cups.

2 次の日本文に合うように，＿＿＿に適する語を書きなさい。　4点×6（24点）

⑴　その男の子はライオンにおびえていました。

The boy was ＿＿＿＿＿＿ ＿＿＿＿＿＿ the lion.

⑵　来週，私の家族とハイキングに行きませんか。

＿＿＿＿＿＿ you ＿＿＿＿＿＿ ＿＿＿＿＿＿ go hiking with my family

next week?

⑶　[⑵に答えて]よろこんで。

I'd ＿＿＿＿＿＿ ＿＿＿＿＿＿.

⑷　私は今日，有名な歌手にインタビューをします。

I'm going to have an ＿＿＿＿＿＿ ＿＿＿＿＿＿ a famous singer today.

⑸　最初はテニスが得意ではありませんでした。

＿＿＿＿＿＿ ＿＿＿＿＿＿, I wasn't good at tennis.

⑹　手伝ってくれてありがとうございます。

＿＿＿＿＿＿ ＿＿＿＿＿＿ ＿＿＿＿＿＿ helping me.

ちょっとBREAKの答え　England, Scotland, Wales, Northern Ireland の4つです。

●される側の人やものの視点から表現できるようにしましょう。また，相手を誘ったり，自分の意見を言えるようにしましょう。

自分の得点まで色をぬろう！

| 😣がんばろう | 😥もう歩 | 😊合格！ |

0　　　　　　　　　　　　60　　　80　　100点

❸ 次の英文を読んで，あとの問いに答えなさい。　　　　　　　　　（計22点）

　I'm a tour guide in Rome, Italy.　Many ①ruins of ancient Rome ②(　　　)(　　　)(　　　) here.　When I first traveled around Italy, ③[to / I / attracted / was / Rome].

(1) 下線部①の意味として適切なものを選び，記号で答えなさい。　　（4点）

　　ア　ローマが昔のままである場所。

　　イ　古代ローマの遺跡。

　　ウ　後世に残すべきローマの名所。　　　　　　　　　　（　　　）

(2) 下線部②が「見られる」という意味になるように（　）に適する語を書きなさい。　（5点）

　　_____　_____　_____

(3) ③の〔　〕内の語を並べかえて，意味の通る英文にしなさい。　（5点）

　　_____ .

(4) 次の文が本文の内容と合っていれば○，異なっていれば×を書きなさい。　4点×2(8点)

　　1．ローマはイタリアの都市である。　　　　　　　　　（　　　）

　　2．ツアーガイドは何度かローマを旅するうちに，ローマの魅力に気づいた。（　　　）

❹ 次の質問について，あなた自身の答えとその理由を発表するとき，＿＿＿に適する語句を書きなさい。　　　　　7点×3(21点)

Which do you like better, eating dinner at home or eating dinner at a restaurant?

　I like (1)_____ .

　I have two reasons.

　First, (2)_____ .

　Second, (3)_____ .

❺ 次のようなとき，英語でどのように言うか書きなさい。　　6点×4(24点)

(1) これらの皿を使ってはいけないと言うとき。（These dishes を主語で）

　_____

(2) その店は何時に開きますかとたずねるとき。（受け身の文で）

　_____

(3) その物語は自分の母によって語られたと言うとき。

　_____

(4) 自分は将来，ケニアで野生動物を助けたいと言うとき。

　_____

Unit 8 ～ Let's Read

 **形容詞・副詞の比較変化**

 形容詞，副詞のいろいろな比較変化の形を学習しましたね。まとめて復習しましょう。

1 -er, -est をつける単語

原級	比較級	最上級
fast(速い)	faster	fastest
high(高い)	higher	highest
long(長い，長く)	longer	longest
old(古い)	older	oldest
short(短い)	shorter	shortest
small(小さい，狭い)	smaller	smallest
tall(背の高い)	taller	tallest
warm(暖かい)	warmer	warmest
large(大きい，広い)	larger	largest	→語尾が -e の語は -r, -st をつける
busy(忙しい)	busier	busiest	語尾が〈子音字＋y〉の語は y を i にかえて，
happy(幸福な，楽しい)	happier	happiest	-er, -est をつける
hot(熱い，暑い)	hotter	hottest	→最後の文字を重ねて -er, -est をつける

 -er, -est のつけ方はきまりを覚えれば，簡単だよ！

2 more, most をつける単語

原級	比較級	最上級
beautiful(美しい)	more beautiful	most beautiful
difficult(難しい)	more difficult	most difficult
easily(たやすく)	more easily	most easily
exciting(わくわくさせるような)	more exciting	most exciting
expensive(高価な，高い)	more expensive	most expensive
famous(有名な)	more famous	most famous
important(重要な)	more important	most important
interesting(おもしろい)	more interesting	most interesting
popular(人気のある)	more popular	most popular
useful(役に立つ)	more useful	most useful

3 不規則に変化する単語

原級	比較級	最上級
good(よい)，well(上手に)	better	best
many([数]たくさんの)		
much([量]たくさんの)	more	most

アプリで学習！
Challenge! SPEAKING

- この章は，付録のスマートフォンアプリ『文理のはつおん上達アプリ　おん達 Plus』を使用して学習します。
- 右の QR コードより特設サイトにアクセスし，アプリをダウンロードしてください。
- アプリをダウンロードしたら，アクセスコードを入力してご利用ください。

おん達 Plus
特設サイト

アプリアイコン

アプリ用アクセスコード　B064330

※アクセスコード入力時から 15 か月間ご利用になれます。

アプリの特長

- アプリでお手本を聞いて，自分の英語をふきこむと，AI が採点します。
- 点数は「流暢度」「発音」「完成度」の 3 つと，総合得点が出ます。
- 会話の役ごとに練習ができます。
- 付録「ポケットスタディ」の発音練習もできます。

アプリの使い方

① ホーム画面の「かいわ」を選びます。
② 学習したいタイトルをタップします。

トレーニング

① 🔊 をタップしてお手本の音声を聞きます。
② 🎤 をおして英語をふきこみます。
③ 点数を確認します。
  - 点数が高くなるように何度もくりかえし練習しましょう。
  - ⏱ をタップするとふきこんだ音声を聞くことができます。

チャレンジ

① カウントダウンのあと，会話が始まります。
② 🎤 が光ったら英語をふきこみます。
③ ふきこんだら 🎤 をタップします。
④ "Role Change!" と出たら役をかわります。

利用規約・お問い合わせ　https://www.kyokashowork.jp/ontatsuplus/terms_contact.html

 **Challenge! SPEAKING❶**

日常生活

 ●付録アプリを使って，発音の練習をしましょう。 読 聞 書 話

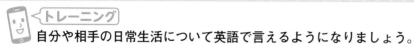

♪ s01

トレーニング

自分や相手の日常生活について英語で言えるようになりましょう。

☐ What time do you get up on weekdays?
　└ go to bed / have dinner / do your homework

あなたは平日は何時に起きますか。
weekday：平日

☐ I usually get up at seven on weekdays.
　└ go to bed / have dinner / do my homework
　└ ten / seven / six

私は平日はふつう 7 時に起きます。
usually：ふつう

☐ I see.

なるほど。

☐ What do you enjoy doing in your free time?

あなたはひまなとき何をして楽しみますか。free：ひまな

☐ I enjoy reading books in my free time.
　└ playing video games / playing the piano / watching movies on TV

私はひまなとき本を読んで楽しみます。

☐ That's nice.

それはいいですね。

チャレンジ

♪ s02

自分や相手の日常生活についての英語を会話で身につけましょう。☐に言葉を入れて言いましょう。

A : What time do you ☐ on weekdays?

B : I usually ☐ at ☐ on weekdays.

A : I see.
　 What do you enjoy doing in your free time?

B : I enjoy ☐ in my free time.

A : That's nice.

Challenge! SPEAKING❷

ていねいなお願い

アプリで学習

 ●付録アプリを使って，発音 の練習をしましょう。 読 聞 書 話

Challenge! SPEAKING

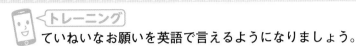

📱 トレーニング ♪ s03

ていねいなお願いを英語で言えるようになりましょう。

☐ Excuse me.	すみません。
☐ May I ask you a favor?	1つお願いしてもよろしいですか。
☐ No, problem.	かまいませんよ。
☐ Could you pass me the salt?	塩を取ってくださいませんか。

open the window /
close the door /
take my picture

Could you 〜? : 〜してくださいませんか

☐ Sure.	もちろんです。
☐ Thank you very much.	どうもありがとうございます。
☐ My pleasure.	どういたしまして。

📱 チャレンジ ♪ s04

ていねいなお願いの英語を会話で身につけましょう。 ☐ に言葉を入れて言いましょう。

A : **Excuse me.**
　　May I ask you a favor?
B : **No, problem.**
A : **Could you** ☐ **?**
B : **Sure.**
A : **Thank you very much.**
B : **My pleasure.**

Challenge! SPEAKING③

買い物

● 付録アプリを使って，発音の練習をしましょう。

読 聞
書 話

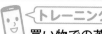 ♪ s05

買い物での英語を言えるようになりましょう。

☐ May I help you?	お手伝いしましょうか。
☐ Yes, please.	はい，お願いします。
☐ I'm looking for <u>a shirt</u>. └─ a sweater / a cap / a T-shirt	シャツをさがしています。 look for 〜：〜をさがす
☐ How about this one?	こちらはいかがですか。
☐ This looks nice, but I don't like the color.	これはよさそうに見えますが，色が好きではありません。 look 〜：〜のように見える
☐ Would you like to see a <u>white</u> one? └─ brown / black / yellow	白いのをお見せしましょうか。
☐ Yes, please.	はい，お願いします。
☐ Here it is.	こちらがそれです。
☐ I like it.　I'll take it.	気に入りました。これをいただきます。

 チャレンジ ♪ s06

買い物での英語を会話で身につけましょう。□に言葉を入れて言いましょう。

A : May I help you?
B : Yes, please.
　　I'm looking for _____.
A : How about this one?
B : This looks nice, but I don't like the color.
A : Would you like to see a _____ one?
B : Yes, please.
A : Here it is.
B : I like it.　I'll take it.

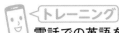

Challenge! SPEAKING④

電話

アプリで学習

  ●付録アプリを使って, 発音 の練習をしましょう。 | 読 聞 | 書 話

♪ s07

〈トレーニング〉

電話での英語を言えるようになりましょう。

☐ Hello. This is Mike.
　　　　└ Cathy / Tom / Emma

もしもし。マイクです。

☐ May I speak to Emily, please?
　　　　　└ Alex / Beth / Nick

エミリーをお願いします。

☐ This is Emily speaking. What's up?
　　　└ Alex / Beth / Nick

こちらはエミリーです。どうしたのですか。

☐ I'm planning to visit Bob's house next Sunday.
　　　　└ go fishing / go to a movie /
　　　　　　go to a curry restaurant

今度の日曜日にボブの家を訪れることを計画してます。
plan to ～：～することを計画する

☐ Can you come with me?

いっしょに来ませんか。

☐ Yes, of course.

はい，もちろんです。

☐ Sounds fun.

楽しそうですね。
sounds ～：～のように聞こえる

♪ s08

〈チャレンジ〉

電話での英語を会話で身につけましょう。 ☐に言葉を入れて言いましょう。

A : Hello. This is ☐.
　　May I speak to ☐, please?
B : This is ☐ speaking.
　　What's up?
A : I'm planning to ☐ next
　　Sunday.
　　Can you come with me?
B : Yes, of course.
　　Sounds fun.

 **Challenge! SPEAKING⑤**

電車の乗りかえ

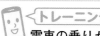

 ●付録アプリを使って，発音の練習をしましょう。

読 聞
書 話

📱 **トレーニング** 🎵 s09

電車の乗りかえを英語で言えるようになりましょう。

☐ Excuse me.

すみません。

☐ Could you tell me how to get to Central Museum?
　　　　Rainbow Zoo / Green Park / Sun Tower

セントラルミュージアムへの行き方を教えてくださいませんか。

☐ Let's see.　Take the South North Line.
　　　　the East West Line

ええと。南北線に乗ってください。

☐ Change trains at Green Hill.
　　　　Blue River / Red Mountain /
　　　　　　　Chinatown

グリーンヒルで電車を乗りかえてください。
change trains：電車を乗りかえる

☐ Take the East West Line and get off at
　　　the South North Line

　Chinatown.
　　　Red Mountain / Blue River / Green Hill

東西線に乗って，チャイナタウンで降りてください。
get off：降りる

☐ How long does it take?

どれくらい時間がかかりますか。

☐ It'll take about fifteen minutes.
　　　　thirty / twenty / forty

約15分かかります。

☐ Thank you very much.

どうもありがとうございます。

📱 **チャレンジ** 🎵 s10

電車の乗りかえの英語を会話で身につけましょう。◻に言葉を入れて言いましょう。

A : Excuse me.　Could you tell me how to get to ◻?

B : Let's see.　Take ◻.
　　Change trains at ◻.
　　Take ◻ and get off
　　at ◻.

A : How long does it take?

B : It'll take about ◻ minutes.

A : Thank you very much.

Challenge! SPEAKING⑥

ホテルでのトラブル

 ●付録アプリを使って，発音の練習をしましょう。 読聞書話

アプリで学習

Challenge! SPEAKING

📱 トレーニング s11

ホテルでのトラブルで使う英語を言えるようになりましょう。

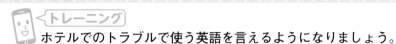

☐ Excuse me. すみません。

☐ Yes. Can I help you? はい。ご用でしょうか。

☐ I have a problem with the light. 電灯に問題があります。
　　　　　　　　└ the TV / the shower / the air conditioner

☐ It doesn't work. 壊れています。

☐ I apologize for the trouble. 問題をお詫びいたします。
apologize：謝る，わびる

☐ I'll check it right away. すぐに調査します。

☐ Thank you. ありがとう。

📱 チャレンジ s12

ホテルでのトラブルで使う英語を会話で身につけましょう。□□に言葉を入れて言いましょう。

A : Excuse me.
B : Yes. Can I help you?
A : I have a problem with □□.
　　It doesn't work.
B : I apologize for the trouble.
　　I'll check it right away.
A : Thank you.

Challenge! SPEAKING❼

誘う

アプリで学習

 ●付録アプリを使って，発音の練習をしましょう。 読 聞 書 話

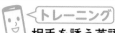 **トレーニング** 🎵 s13

相手を誘う英語を言えるようになりましょう。

☐ Let's make a plan for this weekend.	今週末の計画をしましょう。 make a plan：計画する
☐ OK.　Do you have any ideas?	いいですよ。何か考えはありますか。
☐ How about going to the park? 　　　　the zoo / 　　　　the library / 　　　　the department store	公園へ行きませんか。 department store：デパート
☐ I want to run there. 　　　see pandas there / 　　　borrow some books / 　　　buy a new bag	私はそこで走りたいです。 borrow：借りる
☐ That's nice.	それはいいですね。
☐ Why don't we have lunch there? 　　　　draw them / 　　　do our homework there / 　　　visit the museum near it	そこで昼食を食べませんか。
☐ I agree with you.	あなたに賛成です。

チャレンジ 🎵 s14

相手を誘う英語を会話で身につけましょう。 ◻ に言葉を入れて言いましょう。

A : Let's make a plan for this weekend.
B : OK.　Do you have any ideas?
A : How about going to ◻ ?
　　I want to ◻ .
B : That's nice.
　　Why don't we ◻ ?
A : I agree with you.

●There is[are] 〜 .の文

肯	There is[are]＋主語＋場所を表す語句.
否	There is[are] not＋主語＋場所を表す語句.
疑	Is[Are] there＋主語＋場所を表す語句? — Yes, there is[are]. / No there is[are] not.

⚠ the や my などがついた特定のものが主語のときには使わない。
× There is my cat under the chair.
○ My cat is under the chair.
　イスの下に私のネコがいます。

●未来の文

・will は意志や未来を表し，be going to 〜は予定や現在から予測される未来を表す。

肯	主語＋will＋動詞の原形 〜 .	主語＋be動詞＋going to＋動詞の原形 〜 .
否	主語＋will not[won't]＋動詞の原形 〜 .	主語＋be動詞＋not＋going to＋動詞の原形 〜 .
疑	Will＋主語＋動詞の原形 〜 ? — Yes, 主語＋will. / No, 主語＋won't.	be動詞＋主語＋going to＋動詞の原形 〜 ? — Yes, 主語＋be動詞. / No, 主語＋be動詞＋not.

●いろいろな文の形

・英語の文は動詞とそれに続く語句のはたらきによって5つの形にわけることができる。

1	主語＋動詞	Spring came.　春が来ました。
2	主語＋動詞＋補語[形容詞 / 名詞]	Ken looked happy.　ケンは幸せそうでした。
3	主語＋動詞＋目的語	Eri likes tennis.　エリはテニスが好きです。
4	主語＋動詞＋目的語[人]＋目的語[もの]	Taku gave Mai the book.　タクはマイにその本をあげました。
5	主語＋動詞＋目的語＋補語[名詞 / 形容詞]	We call the cat Momo.　私たちはそのネコをモモと呼びます。

●助動詞

■ can…「〜することができる」という意味以外に，①依頼するとき，②許可を求めるとき，に使う。
① **Can you** help me?　手伝ってくれますか。　② **Can I** use the bike?　その自転車を使ってもいいですか。
⚠ can の過去形は **could**。Could you 〜 ? はていねいな依頼の表現。

■ must…①「〜しなければならない」(≒ have[has] to 〜)　②「〜にちがいない」

肯	主語＋must＋動詞の原形 〜 .	主語＋have[has] to＋動詞の原形 〜 .
否	主語＋must not[mustn't]＋動詞の原形 〜 .「〜してはいけない」	主語＋don't[doesn't] have to＋動詞の原形 〜 .「〜する必要はない」
疑	Must＋主語＋動詞の原形 〜 ? — Yes, 主語＋must. / No, 主語＋don't[doesn't].	Do[Does]＋主語＋have to＋動詞の原形 〜 ? — Yes, 主語＋do[does]. / No, 主語＋don't[doesn't].

⚠ must には過去形がないので，過去の文では〈had to＋動詞の原形〉を使う。

■ 助動詞の重要表現

Will you＋動詞の原形 〜 ?	〜してくれませんか　〈依頼〉
Shall I＋動詞の原形 〜 ?	〜しましょうか　〈申し出〉
Shall we＋動詞の原形 〜 ?	(いっしょに)〜しましょうか　〈勧誘〉
May I＋動詞の原形 〜 ?	〜してもいいですか　〈許可を求める〉

●その他の助動詞

should 〜 「〜すべきだ」
may 〜 ① 「〜してもよい」
　　　　② 「〜かもしれない」

●不定詞・動名詞

■ 不定詞〈to＋動詞の原形〉には 3 つの基本的な用法がある。

名詞的用法	〜すること	主語・目的語・補語
形容詞的用法	〜する[ための]…，〜すべき…	名詞を修飾
副詞的用法　①目的　②原因	①〜するために　②〜して	①動詞を修飾　②形容詞を修飾

■〈疑問詞＋to＋動詞の原形〉の形で know や tell, show などの動詞の目的語になる。
I know **how to** use it.　私はそれの使い方を知っています。/ Tell me **what to** do.　何をすべきか私に教えて。

■〈It is＋形容詞＋(for …)＋to＋動詞の原形 .〉の形で「(…にとって)〜することは—だ」を表す。
It is easy **for** me **to** use a computer.　私にとってコンピューターを使うことは簡単です。
⚠ この形でよく使われる形容詞　difficult(難しい)，important(重要な)，necessary(必要な)　など

■ 動名詞〈動詞の -ing 形〉

「～すること」の意味で主語や目的語などになる。
不定詞と異なり，前置詞のあとに置くこともできる。
　Thank you <u>for calling</u> me.　電話をかけてくれてありがとう。

● 〈前置詞＋動名詞〉の重要表現

・be good at ~ing 「～するのが得意だ」
・without ~ing 「～しないで」
・Thank you for ~ing. 「～してくれてありがとう」

■ 目的語になる不定詞・動名詞の使い分け

不定詞のみを目的語とする動詞	want(欲する), hope(望む), decide(決心する)　など
動名詞のみを目的語とする動詞	enjoy(楽しむ), finish(終える), stop(止める)　など
不定詞と動名詞の両方を目的語とする動詞	like(好む), start[begin](始める), continue(続ける)　など

● 接続詞

■ when, if…文と文をつなぐはたらき。文の前半に置く場合はカンマが必要。

My brother was watching TV **when** I got home.　　私が家に着いたとき，
= **When** I got home, my brother was watching TV.　弟はテレビを見ていました。

⚠ 時や条件を表す when や if のあとの動詞は，未来のことでも現在形で表す。
　If it **is** fine tomorrow, let's go to the zoo.　もし明日晴れたら，動物園へ行きましょう。

● その他の接続詞の例

because(～なので)
before(～する前に)
after(～したあとで)　など

■ that…「～ということ」という意味を表し，あとに〈主語＋動詞〉が続く。この that はよく省略される。

I think (that) Yuki lives in Tokyo. 私はユキは東京に住んでいると思います。
I'm sure (that) Eito will win the game. 私はエイトは試合に勝つと思います。　⚠〈主語＋be 動詞＋形容詞＋that〉
　└─ 感情や心理を表す形容詞　　　　　　　　　　　　　　　　　　　　　　　　　　の形。

● 比較の文

比較級＋than ...	…よりも～	Ken is taller than Mike.　ケンはマイクより背が高い。
the＋最上級	もっとも[いちばん]～	This pen is the longest of the three.　このペンは3つの中でもっとも長い。
as＋原級＋as ...	…と同じくらい～	Yumi is as old as Jane.　ユミはジェーンと同じ年齢です。
not as＋原級＋as ...	…ほど～ない	My bag isn't as big as yours.　私のバッグはあなたのほど大きくない。

● 比較級・最上級

①er, estをつける　tall — taller - tallest
②more, mostをつける
　famous — more famous — most famous
③不規則に変化するもの
　good / well — better — best
　many / much — more — most

● 比較級・最上級のer, estのつけ方

①語尾にer, estをつける　　small — smaller - smallest
②語尾がe → r, stをつける　large — larger - largest
③語尾が〈子音字＋y〉→ yをiにかえてer, estをつける
　happy — happier — happiest
④語尾が〈短母音＋子音字〉→ 子音字を重ねてer, estをつける
　big — bigger - biggest

● 受け身(受動態)の文

・「～される，～されている」は〈be 動詞＋過去分詞〉で表す。この形を受け身(受動態)という。

肯	主語＋be動詞＋過去分詞 ～ .
否	主語＋be動詞＋not＋過去分詞 ～ .
疑	be動詞＋主語＋過去分詞 ～ ? — Yes, 主語＋be動詞. / No, 主語＋be動詞＋not.

⚠ 「～によって」と動作をした人をいうときは，
<u>by ～</u>を使う。
　The book was written <u>by</u> my aunt.
　その本は私のおばによって書かれました。

■ by 以外の前置詞を使う受け身の文

The top of the mountain is covered <u>with</u> snow.　山頂は雪で覆われています。
The woman is known <u>as</u> a poet.　その女性は詩人として知られています。

■ 目的語が2つある受け身の文

　　　　　　　　　　　　　　　　　　　　　　　　　　　┌─ 省略できる
Emi gave me the book. → I was given the book by Emi. / The book was given (to) me by Emi.
Kazu made me the cake. → The cake was made <u>for</u> me by Kazu.

⚠ <u>「人」を主語にできない。</u>
　前置詞 for が必要。

■ 助動詞を含む受け身の文　〈助動詞＋be＋過去分詞〉で表す。

The room **will be cleaned** next week.　その部屋は来週そうじされるでしょう。
A lot of stars **can be seen** from here.　多くの星をここから見ることができます。

定期テスト対策

得点アップ！ 予想問題

1 この「予想問題」で実力を確かめよう！

時間もはかろう

2 「解答と解説」で答え合わせをしよう！

3 わからなかった問題は戻って復習しよう！

この本での学習ページ

スキマ時間でポイントを確認！
別冊「スピードチェック」も使おう

●予想問題の構成

英語2年　啓林館版

解答 ▶ p.31

第**1**回
予想問題 ▶ **Unit 1 〜 Let's Talk 1**　　読 聞　**30**分　書 話　/100

🎧 **1** **LISTENING** 次の絵は昨日の公園の中の様子を表しています。この絵に関する質問を聞き，答えとして適切なものをア〜ウから選び，その記号を書きなさい。　♪ t01 3点×5(15点)

(1)	(2)	(3)	(4)	(5)

2 次の日本文に合うように，　　に適する語を書きなさい。　4点×2(8点)

(1) 郵便局は病院の前にあります。

　The post office is ＿＿＿＿＿＿＿ ＿＿＿＿＿＿＿ of the hospital.

(2) その超人は怪物たちと戦うでしょう。

　The superman will ＿＿＿＿＿＿＿ ＿＿＿＿＿＿＿ monsters.

(1)	(2)

3 次の文の＿＿に，（　）内の語を適する形にかえて書きなさい。　2点×4(8点)

(1) She was ＿＿＿＿＿＿＿ TV when her mother came home. （watch）

(2) There ＿＿＿＿＿＿＿ a lot of shops in this town now. （be）

(3) ＿＿＿＿＿＿＿ there a box on the table yesterday? （be）

(4) Ken ＿＿＿＿＿＿＿ his mother when she's busy. （help）

(1)	(2)	(3)	(4)

4 次の日本文を英語になおしなさい。　5点×3(15点)

(1) 彼の弟の部屋にはたくさんのおもちゃがありました。

(2) 彼女は忙しい人々を見つけると，彼らを手伝います。

(3) エミは2時間前，宿題をしていました。今はコーヒーを飲んでいるところです。

(1)	
(2)	
(3)	

5 やなせたかしさんについての次の英文を読んで，あとの問いに答えなさい。 (計24点)

He wrote "Anpanman's March." When the Great East Japan Earthquake happened, ①the song cheered up the people in Tohoku. ②[were / they / the song / singing] during the hard times.

(1) 下線部①の英語を日本語になおしなさい。 (6点)

(2) 下線部②の[ ]内の語を並べかえて，意味の通る英文にしなさい。 (6点)

(3) 次の文が本文の内容と合っていれば〇，異なっていれば×を書きなさい。 4点×3(12点)

　1. "Anpanman's March" was written by people in Tohoku.

　2. People in Tohoku didn't know Anpanman's March when the Great East Japan Earthquake occurred.

　3. People in Tohoku got happy by the song of "Anpanman's March."

(1)	
(2)	
(3)	1　　　　　2　　　　　3

6 [ ]内の語句を並べかえて，日本文に合う英文を書きなさい。 6点×5(30点)

(1) あなたが彼らに会ったとき，彼らは何をしていましたか。

　[were / doing / when / met / what / they / you] them?

(2) あなたの部屋にはたくさんのイスがありますか。

　[in / are / room / your / many / there / chairs]?

(3) お年寄りが困っているとき，私たちは助けるべきです。

　[we / when / should / old people / are / in / help / trouble,] them.

(4) そのレストランは本屋のとなりにあります。

　[next / the bookstore / the restaurant / is / to].

(5) それはペンではなくえんぴつです。

　[but / it / not / a pencil / is / a pen / ,].

(1)	them?
(2)	?
(3)	them.
(4)	.
(5)	.

第2回 予想問題

Unit 2 〜 Let's Talk 2

読書 聞話 **30**分 解答▶ p.32 /100

🎧 **1 LISTENING** 対話を聞き，その内容に適する文をア〜ウから1つ選び，その記号を書きなさい。

♪ t02 5点×3(15点)

(1) ア　He and his brother won't visit Mt. Fuji.

　　イ　He and his brother will visit Mt. Fuji next Sunday.

　　ウ　He and his brother will visit Mt. Fuji next Saturday.

(2) ア　She will visit Canada this summer.

　　イ　She is going to visit Australia.

　　ウ　She isn't going to visit Australia.

(3) ア　He'll do his homework before dinner.

　　イ　He'll do his homework after dinner.

　　ウ　He won't have dinner.

(1)	
(2)	
(3)	

2 次の対話が成り立つように，＿＿に適する語を書きなさい。ただし指定された文字がある場合，その文字で始めること。

3点×3(9点)

(1) *A* : You ＿s＿＿＿＿＿ eat all of it, Sora.

　　B : I know, but I don't like it.

(2) *A* : I'm going now, Mom.

　　B : Wait.　You ＿＿＿＿＿＿ ＿＿＿＿＿＿ to take your umbrella.　It will not rain today.

(3) *A* : You ＿m＿＿＿＿＿ play here.　This is our classroom.

　　B : I'm sorry.

(1)		(2)		
(3)				

3 次の日本文を（ ）内の指示にしたがって英語になおしなさい。

4点×3(12点)

(1) 私はベストをつくすつもりです。（will を使って）

(2) 私は来週京都を訪れる予定です。（going を使って）

(3) 明日東京は雨でしょう。（rainy を使って）

(1)	
(2)	
(3)	

4　次の英文を読んで，あとの問いに答えなさい。 (計32点)

> *Kelly :* Let's go and see the night view tonight.
>
> *Aoi :* But it's still raining.
>
> *Kelly :* （　①　）　②It'll be clear soon.　In Hong Kong, rain ③（続く） for only a short time in summer.

(1)　本文の内容に合うように，①の(　　)に適する文を選び，記号で答えなさい。 (5点)

　　ア　Don't worry.　　イ　How nice!　　ウ　That's great.

(2)　下線部②を日本語になおしなさい。 (6点)

(3)　③の(　)の日本語を英語になおしなさい。 (6点)

(4)　本文の内容に合うように，＿＿に適する日本語を書きなさい。 5点×3(15点)

　　１．ケリーは今夜 ＿＿＿＿＿＿＿＿ を見に行こうとアオイを誘っている。

　　２．今，雨は ＿＿＿＿＿＿＿＿。

　　３．香港では，夏，雨が降るのは ＿＿＿＿＿＿＿＿ だけである。

(1)		(2)			
(3)					
(4)	１		２		３

5　次の日本文を英語になおしなさい。 6点×4(24点)

(1)　その窓を開けてはいけません。(6語で)

(2)　オーストラリアはコアラで有名です。

(3)　彼らはすぐに家に帰る必要はありません。

(4)　ケンは医者に行かなくてはなりません。(6語で)

(1)	
(2)	
(3)	
(4)	

6　文の＿＿に適する語を□□から選び，書きなさい。 4点×2(8点)

(1)　The city has a large ＿＿＿＿＿＿.

(2)　Which ＿＿＿＿＿＿ do people in Kenya speak?

language
respect
population
clothes

(1)		(2)	

Unit 3 〜 Project 1

読書 聞話　**30**分　解答 ▶ p.32　/100

🎧 **1 LISTENING** 天気予報を聞き，次の(1)〜(4)について，その内容に合う記号を選びなさい。

♪ t03　3点×4(12点)

(1) 福岡　（ア　晴れ　　　　イ　雨　　　　ウ　くもり　　　　エ　雪）
(2) 大阪　（ア　晴れ　　　　イ　雨　　　　ウ　くもり　　　　エ　雪）
(3) 東京　（ア　雨のちくもり　イ　くもり　　ウ　くもりのち雨　エ　雨）
(4) 札幌　（ア　晴れ　　　　イ　雨　　　　ウ　くもり　　　　エ　雪）

(1)		(2)		(3)		(4)	

2 次の文を（　）内の指示にしたがって書きかえなさい。　　5点×4(20点)

(1) He had a cold, so he didn't go to school.　（because を使って，ほぼ同じ内容を表す文に）

(2) I'll get away from tall buildings.

　　　　　　　　　（「もし地震が起きたら」と，条件を示す文を文末に加えて）

(3) We are late for school.　（「〜してはいけない」と禁止する文に）

(4) She can play the piano well.　（「私は〜知っている」の意味を加えて）

(1)	
(2)	
(3)	
(4)	

3 次の日本文に合うように，＿＿に適する語を書きなさい。　　4点×3(12点)

(1) 災害の際には，何が必要でしょうか。

　　What do we need ＿＿＿＿＿＿ ＿＿＿＿＿＿ of disaster?

(2) 家を出る前に電気を消してください。

　　Please ＿＿＿＿＿＿ ＿＿＿＿＿＿ the light before you leave home.

(3) それはお気の毒に。

　　That's ＿＿＿＿＿＿ ＿＿＿＿＿＿.

(1)			(2)		
(3)					

4 次の対話文を読んで，あとの問いに答えなさい。 (計 26 点)

> *Sora :* ①Do you know that we'll have a fire drill tomorrow?
> *Emily :* Yes, but what will we do?
> *Sora :* We'll go out of the school building when the fire alarm goes (②).
> *Emily :* Oh, ③(わかりました).

(1) 下線部①を日本語になおしなさい。 (5 点)

(2) ②の( )に適する語を選び，記号で答えなさい。 (3 点)

 ア off イ with ウ in エ to

(3) 下線部③の意味になるように，＿＿に適する語を書きなさい。 (6 点)

 Oh, ＿＿＿＿＿＿ ＿＿＿＿＿＿.

(4) 本文の内容に合うように，次の問いに英語で答えなさい。 6 点×2(12 点)

 1. What should we do when we hear the fire alarm?

 2. Does Emily want to know about the fire drill?

(1)	
(2)	(3)
(4) 1	
2	

5 次のようなとき，英語でどのように言うか書きなさい。 6 点×5(30 点)

(1) 相手を歓迎して自分の家にようこそと言うとき。

(2) 相手の体調を気づかって「どこか悪いのですか」とたずねるとき。

(3) 自分たちの学校は東京にあると言うとき。

(4) 自分たちの学校では 10 月に文化祭があると言うとき。

(5) 自分は疲れていたから勉強をしなかったと言うとき。

(1)	
(2)	
(3)	
(4)	
(5)	

第**4**回
予想問題

Unit 3 〜 Project 1

読聞
書話
30分

解答 ▶ p.33

/100

1 LISTENING (1), (2)の絵について，それぞれア〜ウの英文を聞き，絵の場面を表す対話として適切なものを1つ選び，その記号を書きなさい。　 t04　5点×2(10点)

(1) 　(2)

(1)		(2)	

2 次の文の（　）内から適する語を選び，記号を書きなさい。　4点×3(12点)

(1) I want to eat spaghetti （ ア but　イ that　ウ or ） a hamburger.

(2) My father likes dogs （ ア if　イ but　ウ because ） my mother likes cats.

(3) （ ア When　イ If　ウ That ） you like the book, I'll give it to you tomorrow.

(1)		(2)		(3)	

3 〔　〕内の語句や符号を並べかえて，日本文に合う英文を書きなさい。　6点×4(24点)

(1) 私は，母が帰宅したときに宿題をやっていました。

I〔 when / home / my homework / my mother / was / doing / came 〕.

(2) 私の父は忙しいので，7時に帰宅できません。

〔 can't / he / home / get / because / busy / is / my father / , / at seven 〕.

(3) あなたはここが寒いことを知っていますか。

〔 know / it / cold / is / here / that / you / do 〕?

(4) 私たちは文化祭で劇を上演する予定です。

〔 going / a drama / we / to / the school festival / are / at / perform 〕.

(1)	I 　　　　　　　　　　　　　　　　　　　　　　　　　　　.
(2)	.
(3)	?
(4)	.

4　ベル先生が書いた次の英文を読んで，あとの問いに答えなさい。　　　(計29点)

> 　Please look at the next picture.　This is a manhole toilet.　I watched a demonstration.　| ① |
>
> 　This park is an emergency park (　②　) it has such special facilities.　③[are / occur, / when / very / natural disasters / useful / these parks].　I think you can get more information on the website.　So, let's check it today!

(1)　①の空所に次の文を適切な順番で並べ，記号で答えなさい。　　　(7点)

ア　Now you can use the toilet.

イ　If you want to use a toilet, you have to open the manhole first.

ウ　Then, set up a tent over it.

エ　Next, put a seat on it.

(2)　②の(　)に適する語を選び，記号で答えなさい。　　　(6点)

ア　when　　イ　that　　ウ　but　　エ　because

(3)　下線部③の[　]内の語句を並べかえて，意味の通る英文にしなさい。　　　(6点)

(4)　次の文が本文の内容と合っていれば○，異なっていれば×を書きなさい。　5点×2(10点)

１．ベル先生はマンホールトイレを作るところを見たことはない。

２．ベル先生はインターネットで防災公園の情報を探すことができると思っている。

(1)		→		→		→		(2)	
(3)									.
(4)	I			2					

5　次の英文を日本語になおしなさい。　　　6点×3(18点)

(1)　I don't think they like fish.

(2)　Ms. Bell got angry because we were late.

(3)　We can't live without food and water when there is a big earthquake.

(1)	
(2)	
(3)	

6　次の日本文を英語になおしなさい。　　　(7点)

もし明日晴れたら，ハイキングに行きましょう。(let's を使って)

第**5**回
予想問題

Unit 4 〜 Let's Talk 4

読 聞
書 話

30
分

解答 ▶ p.34

／100

1 LISTENING 4つのクイズを聞き，答えとして適切なものを1つ選び，その記号を書きなさい。

🎵 t05 5点×4(20点)

ア	a bike	イ	a ball	ウ	a passport
エ	a racket	オ	an umbrella	カ	a flashlight
キ	work gloves	ク	a rug	ケ	a radio

(1)		(2)		(3)		(4)	

2 次の日本文に合うように，＿＿に適する語を書きなさい。

4点×3(12点)

(1) 父のおかげで私は泳げました。

＿＿＿＿＿＿＿ ＿＿＿＿＿＿ my father, I could swim.

(2) 何を召し上がりますか。

What ＿＿＿＿＿＿ you ＿＿＿＿＿＿ to eat?

(3) 私たちはお年寄りを助ける必要があります。

It is ＿＿＿＿＿ for us ＿＿＿＿＿ help old people.

(1)			(2)	
(3)				

3 〔 〕内の語を並べかえて，日本文に合う英文を書きなさい。ただし，下線部の語を適切な形にかえること。

3点×4(12点)

(1) 私は，あなたが小説を書くことに興味をもつと思います。

〔 think / be / I / in / will / <u>write</u> / you / novels / interested 〕.

(2) 彼は毎日，サッカーをすることを楽しんでいます。

〔 <u>play</u> / day / he / soccer / every / enjoys 〕.

(3) 私には，水泳を練習することが大切です。

〔 important / practice / for / it / to / <u>swim</u> / is / me 〕.

(4) ピアノを演奏することは私にとってたいへん楽しいです。

〔 is / <u>play</u> / for / the / lot / piano / of / me / fun / a 〕.

(1)		.
(2)		.
(3)		.
(4)		.

4 次のアユミの発表を読んで，あとの問いに答えなさい。　(計50点)

> The robot has an arm and five fingers.　It can translate your voice (　①　) sign language.　If you say something to the robot, it understands your voice and shows ②it in sign language.
>
> The robot was not a ③company product.　A team of junior high school students in Osaka (　④　) it.　⑤It was difficult for them to program the robot.　They worked hard (　⑥　) it.　They believe that the robot will be helpful for sign language users.
>
> The team (　⑦　) first prize in the World Robot Olympiad Japan in 2017.　Their robot also impressed people overseas.　The team got third prize in the World Robot Olympiad 2017 in Costa Rica.

(1)　①，⑥の(　)内に適する語をア～ウから選び，記号で答えなさい。　4点×2(8点)

　　ア　for　　　イ　on　　　ウ　into

(2)　下線部②の指すものを本文中の英語2語で答えなさい。　(4点)

(3)　下線部③の英語を日本語になおしなさい。　(4点)

(4)　④，⑦の(　)内に適する語をア～ウから選び，記号で答えなさい。　4点×2(8点)

　　ア　won　　　イ　encouraged　　　ウ　developed

(5)　下線部⑤を日本語になおしなさい。　(6点)

(6)　次の文が本文の内容と合っていれば〇，異なっていれば×を書きなさい。　5点×4(20点)

　　1.　そのロボットは人の声を手話に翻訳することができる。

　　2.　大阪の中学生のチームは自分たちのロボットが手話利用者の役に立つと信じている。

　　3.　海外の人々から感銘を受け，大阪の中学生のチームはロボット製作に一生懸命取り組んだ。

　　4.　2017年の世界ロボットオリンピックで大阪の中学生のチームが3位を獲得した。

(1)	①		⑥		(2)	
(3)						
(4)	④		⑦			
(5)						
(6)	1		2		3	4

5 次の英文を日本語になおしなさい。　(6点)

My dream is to work as a professional dancer.

第6回 予想問題　Unit 5 〜 Let's Talk 5

読聞書話　30分　/100

1 LISTENING　次の対話のチャイムのところに入るもっとも適切な表現を１つ選び，その記号を書きなさい。

♪ t06　5点×2(10点)

(1)　ア　Can you bring me some sweets?
　　イ　Could you give me something to drink?
　　ウ　Could you give me something to eat?

(2)　ア　So we don't need to play anymore.
　　イ　So we have to practice hard.
　　ウ　So we are glad to play some sports.

(1)		(2)	

2 次の文の( )内から適する語を選び，記号を書きなさい。

4点×3(12点)

(1)　They looked（ ア like　イ such　ウ so ）the ears of a rabbit.

(2)　People should help each（ ア another　イ others　ウ other ）.

(3)　I want to（ ア take　イ get　ウ raise ）part in the tennis team.

(1)		(2)		(3)	

3 次の各組の文がほぼ同じ内容を表すように，＿＿＿に適する語を書きなさい。

(1)　I'm going to go to America because I want to study English.

5点×3(15点)

　　I'm going to go to America ＿＿＿＿＿＿＿ ＿＿＿＿＿＿＿ English.

(2)　I want to eat something.　I'm very hungry.

　　I want ＿＿＿＿＿＿＿ ＿＿＿＿＿＿＿ eat.　I'm very hungry.

(3)　It's cold here, so can you give me a blanket, please?

　　It's cold here, so could ＿＿＿＿＿＿＿ ＿＿＿＿＿＿＿ a blanket, please?

(1)		(2)	
(3)			

4 〔 〕内の語を並べかえて，日本文に合う英文を書きなさい。

(6点)

彼らはお互いに水をかけ合いました。

〔 other / they / water / each / on / splashed 〕.

	.

5 次の英文を読んで，あとの問いに答えなさい。 (計39点)

Nagaoka Fireworks

①〔 fireworks / excited / to / are / see / people 〕 in summer.　 They enjoy the beautiful colors and big sounds.　 However, fireworks are not just entertainment.　 Some fireworks have special meanings.

The Nagaoka Festival is a big summer event in Nagaoka, Niigata.　 ②From August 1st to 3rd, one million people come to see the festival every year.　 At night, you can enjoy the Nagaoka Fireworks.　 People shoot over ③20,000 fireworks at the festival.

You will see white fireworks first.　 People shoot them ④戦争の犠牲者に祈りをささげるために in Nagaoka.　 The crowd watch ⑤them and hope for peace.

(1)　下線部①の〔　〕内の語を並べかえて，意味の通る英文にしなさい。 (6点)

(2)　下線部②の英語を日本語になおしなさい。 (6点)

(3)　③の数字を英語になおしなさい。 (3点)

(4)　下線部④の意味になるように，＿＿＿に適する語を書きなさい。 (5点)

　＿＿＿＿＿＿＿ ＿＿＿＿＿＿＿ for war ＿＿＿＿＿＿＿

(5)　下線部⑤の指すものを選び，記号で答えなさい。 (4点)

　ア　beautiful colors and big sounds　　イ　special meanings　　ウ　white fireworks

(6)　次の文が本文の内容と合っていれば○，異なっていれば×を書きなさい。 5点×3(15点)

　1.　People in Nagaoka are sometimes surprised to hear big sounds of fireworks.

　2.　Nagaoka Fireworks have special meanings to hope for peace.

　3.　White fireworks can be seen first when the festival starts.

(1)		in summer.
(2)		
(3)	(4)	
(5)	(6) 1	2	3

6 次の日本文を英語になおしなさい。 6点×3(18点)

(1)　私の父は公園で走るために朝早く起きます。

(2)　彼はその結果を知ってがっかりしました。

(3)　私はテレビを見る時間がありません。

(1)	
(2)	
(3)	

Unit 6 〜 Project 2

読書／聞話　30分　解答 ▶ p.36　/100

🎧 **1 LISTENING** 地図と時刻表を見て，質問への応答として適切なものを1つ選び，その記号を書きなさい。　🎵 t07 5点×2(10点)

(1)　ア　No.1, 11:00.　　イ　No.2, 10:20.　　ウ　No.1, 10:30.　　エ　No.3, 10:15.

(2)　ア　15 minutes.　　イ　25 minutes.　　ウ　10 minutes.　　エ　20 minutes.

Flower Garden　Kita Hospital
No.1
Minami Shrine
No.2
Asahi Park
No.3
Sakura Zoo

Bus	Time				
No.1	10:00	10:30	11:00		
No.2	10:00	10:20	10:40	11:00	
No.3	10:00	10:15	10:30	10:45	11:00

(1)		(2)	

2 〔　〕内の語句を並べかえて，日本文に合う英文を書きなさい。　6点×6(36点)

(1)　祖父は私に新しいかばんを送ってくれました。

〔 sent / a / me / new bag / my / grandfather 〕.

(2)　ケンと私はそのとき図書館にいませんでした。

〔 then / Ken / not / I / at / were / the library / and 〕.

(3)　私は彼にプレゼントをあげるつもりです。

〔 I / give / him / a present / will / to 〕.

(4)　彼らは赤ちゃんをエミリーと呼びます。

〔 they / Emily / call / their baby 〕.

(5)　私たちは京都で楽しみました。

〔 good / had / we / time / Kyoto / a / in 〕.

(6)　このジュースはおいしくありません。

〔 not / taste / juice / good / does / this 〕.

(1)	.
(2)	.
(3)	.
(4)	.
(5)	.
(6)	.

3　次の対話文を読んで，あとの問いに答えなさい。　　　　　　　　　　(計 42 点)

> *Emily*: What do sloths eat?
>
> *Keeper*: They usually eat one or two leaves a day.
>
> *Emily*: They eat so little!
>
> *Keeper*: Yes, and they sometimes die because they can't digest the leaves.
>
> *Emily*: (　①　)
>
> *Keeper*: ②Their stomachs can't work well when it is cold.
>
> *Emily*: (　③　)　Their life (　④　) peaceful, ⑤but I learned it's not.
>
> *Keeper*: We can't judge them only by their (　④　).
>
> *Emily*: (　⑥　)　I don't envy them anymore. Thank you very much.
>
> *Keeper*: You're welcome.

(1)　本文の内容に合うように，①，③，⑥の(　)に適切な文を選び，記号で答えなさい。

　　ア　Why?　　　イ　That's true.　　ウ　How strange!　　　4 点×3(12 点)

(2)　下線部②の英語を日本語になおしなさい。　　　　　　　　　　　　　(6 点)

(3)　④の(　)に共通して入る適切な語を書きなさい。　　　　　　　　　(6 点)

(4)　下線部⑤の it の指すものと not の後ろに省略されている意味を示して日本語になおし
　　なさい。　　　　　　　　　　　　　　　　　　　　　　　　　　　(6 点)

(5)　本文の内容に合うように，次の問いに英語で答えなさい。　　　6 点×2(12 点)

　　1.　How many leaves do sloths eat a day?

　　2.　Why do sloths sometimes die?

(1)	①		③		⑥	
(2)						
(3)						
(4)						
(5)	1					
	2					

4　次のようなとき，英語でどのように言うか書きなさい。　　　6 点×2(12 点)

(1)　ピアニストになることが自分の夢だと言うとき。

(2)　((1)に続いて)そのために，毎日 1 時間練習する必要があると言うとき。(It で始めて)

(1)	
(2)	

解答 p.36

第**8**回 予想問題　Unit 6 〜 Project 2　読聞書話　**30**分　/100

🎧 **1** **LISTENING** (1)〜(4)の絵について，それぞれア〜ウの英文を聞き，絵の内容を適切に表しているものを1つ選び，その記号を書きなさい。　🎵 t08　5点×4(20点)

(1)		(2)		(3)		(4)	

2 次の文の( )内から適する語を選び，記号を書きなさい。　3点×4(12点)

(1) Mothers and small children (ア hold　イ drift　ウ feed) hands when they cross the street .

(2) Your story (ア sounds　イ tastes　ウ looks) exciting.

(3) (ア To　イ In　ウ By) the way, I like baseball.

(4) He is a very (ア envy　イ lazy　ウ actually) person.

(1)		(2)		(3)		(4)	

3 次の文を( )内の指示にしたがって書きかえなさい。　6点×5(30点)

(1) That woman <u>is</u> kind. （下線部を「〜に見えます」という意味にかえて）

(2) I stopped <u>read</u> books when the teacher came. （下線部を適切な形にかえて）

(3) It is good for you to get up early. （To で始めて同じ内容の文に）

(4) My grandmother often told that story to me. （7語で同じ内容の文に）

(5) I don't have any food. （anything を使ってほぼ同じ内容の文に）

(1)	
(2)	
(3)	
(4)	
(5)	

4 次の英文を読んで，あとの問いに答えなさい。 (計14点)

> **Bees**
>
> ①(彼らは花のみつを見つけたとき), they return to their ②(ア wings　イ predators
> ウ hives) and start to ③dance in a figure eight.

(1) 下線部①の意味になるように____に適する語を書きなさい。 (5点)

　　_____ they find nectar

(2) ②の( )内から適する語を選び，記号で答えなさい。 (4点)

(3) 下線部③を表すものを選び，記号で答えなさい。 (5点)

　　ア　8拍子で踊る　　イ　数字の8の字を描くように踊る　　ウ　8列で踊る

(1)		(2)		(3)	

5 次の日本文に合うように，____に適する語を書きなさい。 4点×3(12点)

(1) その王様は恐ろしい動物に変わりました。

　　The king _____ _____ a scary animal.

(2) どのバスが美術館に行きますか。

　　_____ bus _____ to the museum?

(3) 災害が起こるとき，携帯電話が上手く機能しないことがある。

　　Cell phones sometimes don't _____ _____ when a disaster

　　happens.

(1)		(2)	
(3)			

6 次の日本文を英語になおしなさい。 3点×4(12点)

(1) 私は彼女にこの調査の結果を見せるつもりです。(8語で)

(2) どうぞ私をソラと呼んでください。(4語で)

(3) 彼はそのときはずかしがっているように見えました。

(4) 彼女は私たちにプレゼントをくれました。(5語で)

(1)	
(2)	
(3)	
(4)	

第9回 予想問題 Unit 7 〜 Let's Talk 7

読書 聞話 30分 /100

解答 ▶ p.37

🎧 **1** **LISTENING** (1)〜(3)の英文を聞き，内容を適切に表しているものを1つ選び，その記号を書きなさい。

♪ t09 4点×3(12点)

(1) ア　My sister is as old as Ken's brother.　イ　My sister is younger than I.
　　ウ　My sister is older than I.

(2) ア　Yuta can run the fastest of the four.　イ　Taro can run the fastest of the four.
　　ウ　Ken can run faster than Yuta.

(3) ア　People visited the museum in 2018 more than in 2017.
　　イ　People visited the museum the most in 2019 of the three years.
　　ウ　35,000 people visited the museum in 2018.

(1)		(2)		(3)	

2 次の文の＿＿に（ ）内の語を適する形にかえて書きなさい。　4点×3(12点)

(1) Sora comes to school the ＿＿＿＿＿ in his class.　(early)

(2) Emily looks ＿＿＿＿＿ than her friend.　（ happy ）

(3) Your report is ＿＿＿＿＿ than mine.　（ good ）

(1)		(2)		(3)	

3 次の対話が成り立つように，＿＿に適する語を書きなさい。　4点×2(8点)

(1) A : May I help you?
　　B : I'm looking for a T-shirt.　Can I ＿＿＿＿＿ this T-shirt ＿＿＿＿＿?

(2) A : How is this jacket?
　　B : I like this, but it's ＿＿＿＿＿ small for me.　Do you have a ＿＿＿＿＿ one?

(1)		(2)	

4 〔 〕内の語を並べかえて，日本文に合う英文を書きなさい。　6点×2(12点)

(1) 私はあなたと同じくらい美しくなりたいです。
　　〔 beautiful / as / I / to / as / be / want / you 〕.

(2) あなたはどの季節がいちばん好きですか。
　　〔 best / season / which / you / do / like / the 〕?

(1)	
(2)	

5　次の対話文を読んで，あとの問いに答えなさい。　　　　　　　　　　(計38点)

> *Aoi :* What is netball?
>
> *Ms.Bell :* It is a ball game like basketball.　There are seven players in each team. They mustn't dribble the ball on the court. Netball is　①(　popular　) than basketball ②の間で girls in New Zealand.
>
> *Sora :* Football is popular ②の間で both boys and girls.　Is ③it American football?
>
> *Ms.Bell :* No, it isn't. It's soccer. We call soccer football in New Zealand.
>
> *Aoi :* ④[country / country / to / sports / from / popular / differ].　I want ⑤(　try　) netball someday.

(1)　①⑤の(　)の語を適切な形にかえなさい。ただし1語とは限らない。　　4点×2(8点)

(2)　下線部②の日本語を英語になおしなさい。　　　　　　　　　　　　　　(4点)

(3)　下線部③の指すものをア〜エから選び，記号で答えなさい。　　　　　　(4点)

　ア　netball　　　イ　basketball　　　ウ　football　　　エ　soccer

(4)　下線部④の[　]内の語を並べかえて，意味の通る英文にしなさい。　　(6点)

(5)　次の文が本文の内容と合っていれば○，異なっていれば×を書きなさい。　4点×4(16点)

　1.　When we play netball, we can't dribble the ball.

　2.　Basketball is the most popular sports in New Zealand.

　3.　Boys and girls in New Zealand like American football.

　4.　In New Zealand, soccer is called football.

(1)	①		⑤		
(2)			(3)		
(4)					.
(5)	1	2	3	4	

6　次の日本文を英語になおしなさい。　　　　　　　　　　　　　　　6点×3(18点)

(1)　この問題は，その本の中でいちばん難しいです。

(2)　私は彼よりも遅くに寝ます。

(3)　彼は彼の先生と同じくらい上手に英語を話します。

(1)	
(2)	
(3)	

Unit 8 〜 Let's Read

読書 聞話 **30**分

解答▶ p.38

/100

🎧 **1** **LISTENING** 対話と質問を聞いて，その答えとして適するものを1つ選び，その記号を答えなさい。

♪ t10　5点×3(15点)

(1) ア　She likes studying in the library better than studying at home.

　　イ　She likes studying at home better than studying in the library.

　　ウ　She likes studying at home the best.

(2) ア　She has two reasons.

　　イ　She has three reasons.

　　ウ　She has so many reasons.

(3) ア　She doesn't have to carry heavy textbooks.

　　イ　There are no libraries in her town.

　　ウ　Her computer can be used at home.

(1)	
(2)	
(3)	

2 次の日本文に合うように，＿＿に適する語を書きなさい。

6点×3(18点)

(1) 彼は日本食にひきつけられました。

　　He was ＿＿＿＿＿＿＿ ＿＿＿＿＿＿＿ Japanese food.

(2) その建物は1日で建てられたのではありません。

　　The building ＿＿＿＿＿＿＿ ＿＿＿＿＿＿＿ in a day.

(3) 彼女は大きなデパートに勤めていました。

　　She ＿＿＿＿＿＿＿ ＿＿＿＿＿＿＿ a big department store.

(1)		(2)	
(3)			

3 次の文を( )内の指示にしたがって書きかえなさい。

7点×4(28点)

(1) Many stars can be seen in Australia.　（下線部をたずねる文に）

(2) My grandmother made this bag.　（受け身の文に）

(3) This book is interesting.　（「あの本よりおもしろい」という意味の文に）

(4) He can run the fastest in his class.　（He is で始めてほぼ同じ内容の文に）

(1)	
(2)	
(3)	
(4)	

4 次の対話文を読んで，あとの問いに答えなさい。 (計33点)

Dr. Takita : ①We need to stop the poaching and the illegal ivory trade. We had an idea to use dogs. They were very useful to us.

Interviewer : Can you tell us more?

Dr. Takita : We trained the dogs, so they can sniff out ivory. ②(ア When イ Because ウ Even if) poachers hide it carefully, the dogs won't miss it. The dogs can also find poachers by tracking their smell.

Interviewer : ③What great dogs!

Dr. Takita : They ④重要な役割を果たす in our team.

Interviewer : Finally, ⑤〔 us / message / give / want / what / to / do you 〕?

Dr. Takita : Ivory is used for *hanko* and ornaments in some countries. If everyone stops buying ivory, (⑥)

(1) 下線部①の英語を日本語になおしなさい。 (6点)

(2) ②の（ ）内から適する語を選び，記号で答えなさい。 (4点)

(3) 下線部③のように言った理由として適切なものを選び，記号で答えなさい。 (5点)

　ア　密猟者が隠した象牙を掘り起こして見つけることができるから。

　イ　象牙のにおいをかぎつけることができるから。

　ウ　密猟者に自分たちのにおいをつけて居場所を見失わないようにできるから。

(4) 下線部④の意味になるように，＿＿＿に適する語を書きなさい。 (6点)

　＿＿＿＿＿＿ an important ＿＿＿＿＿＿

(5) 下線部⑤の〔 〕内の語を並べかえて，意味の通る英文にしなさい。 (6点)

(6) ⑥の（ ）内に入る適切な文を選び，記号で答えなさい。 (6点)

　ア　then elephants will not be killed for it.

　イ　then elephants will be killed to make ivory.

　ウ　then elephants will not kill poachers.

5 次の英文を日本語になおしなさい。 (6点)

Thanks to the doctors and nurses, she was getting better.

第11回 予想問題 Unit 8 〜 Let's Read

読書 聞話 30分 /100

解答▶ p.39

1 LISTENING (1)〜(3)の英文を聞き，その内容に合うものをア〜ウから1つ選び，その記号を書きなさい。

♪ t11 3点×3(9点)

(1) ア　*I am a cat* is not popular now.

　　イ　*I am a cat* was written more than two hundred years ago.

　　ウ　Natsume Soseki wrote his first novel more than a hundred years ago.

(2) ア　Spanish is the fourth most widely spoken language in the world.

　　イ　Spanish is not spoken in the U.S.

　　ウ　About ten thousand people speak Spanish in the world.

(3) ア　My sister doesn't like speaking English.

　　イ　My sister is a teacher in Tokyo.

　　ウ　My sister likes to see ruins of ancient Kyoto.

(1)		(2)		(3)	

2 次の対話が成り立つように，＿＿＿に適する語を書きなさい。

4点×3(12点)

(1) *A :* ＿＿＿＿＿＿＿ you ＿＿＿＿＿＿＿ to study with me

　　　after school today?

　　B : Sure.　Let's go to the library.

(2) *A :* Let's go to a movie with me next Sunday.

　　B : ＿＿＿＿＿＿＿ great.　I'd ＿＿＿＿＿＿＿ to.

(3) *A :* Why don't we go to the park to practice soccer next morning?

　　B : ＿＿＿＿＿＿＿ ＿＿＿＿＿＿＿.

　　　I will go out with my family tomorrow, so I can't.

(1)		(2)	
(3)			

3 〔　〕内の語を並べかえて，日本文に合う英文を書きなさい。

(4点)

若いときは好きなだけ食べることができる。

When 〔 you / you / you / want / young, / all / can / eat / are 〕.

When	.

4 次の英文を読んで，あとの問いに答えなさい。 (計15点)

I'm working ①(ア for　イ of　ウ to) a company in Morocco. ②英語は話されていますか in Morocco?　The answer is "No."　English is not spoken generally, but Arabic and French are spoken widely.

(1)　①の( )内から適する語を選び，記号で答えなさい。 (3点)
(2)　下線部②の日本語を英語になおしなさい。 (4点)
(3)　本文の内容に合うように，＿＿に適する語や文を書きなさい。 4点×2(8点)

　　1.　Do people in Morocco speak English?
　　　　＿＿＿＿＿＿＿, they ＿＿＿＿＿＿＿.
　　2.　What languages are used in Morocco?

(1)		(2)	
(3)	1		
	2		

5 次のようなとき，英語でどのように言うか書きなさい。 5点×3(15点)
(1)　私は将来アメリカでバスケットボールをしたいと言うとき。
(2)　((1)に続いて)私の夢はNBAでバスケットボールをすることだと言うとき。(Myで始めて)
(3)　((2)に続いて)だから英語を一生懸命勉強しなければならないと言うとき。(Soで始めて)

(1)	
(2)	
(3)	

6 次の日本文を英語になおしなさい。 5点×3(15点)
(1)　エミリーはアオイと同じくらい速く泳ぐことができます。
(2)　この本は日本では読まれませんでした。
(3)　あの映画はますます多くの人に愛されるでしょう。

(1)	
(2)	
(3)	

7 次の英文を読んで，あとの問いに答えなさい。 (計26点)

> *Announcement :* Thank you very much for ①(come) today. Now we have a special event for all of you. We'll bring the lion's cage (②) here, and put the lion (③) the tiger's cage. The greatest fight (④) the lion and the tiger! Gather around!
>
> *Kiroku :* What? ⑤冗談じゃない！ 10,000 yen a day isn't good enough for ⑥this! I'll get hurt every day! No, no! Don't bring the lion's cage here! Don't! Aaah, the lion is coming! Help me! Help me!
>
> *The cage opened and the lion came closer to Kiroku. Then the lion whispered in Kiroku's ear.*
>
> *Lion :* ⑦Don't worry, it's me. Hasegawa, the manager.

(1) ①の( )の語を適切な形にかえなさい。 (3点)

(2) ②〜④の( )内に適する語をア〜ウから選び，記号で答えなさい。 2点×3(6点)

　ア between 　　イ into 　　ウ over

(3) 下線部⑤の意味になるように，____に適する語を書きなさい。 (3点)

　No _____!

(4) 下線部⑥の内容として適切なものを選び，記号で答えなさい。 (3点)

　ア トラをおりに入れて，着ぐるみのライオンと戦わせること。

　イ 特別なイベントで司会をつとめること。

　ウ 自分のおりに来たライオンと戦って，毎日けがをすること。

(5) 下線部⑦のように言った理由を日本語で説明しなさい。 (5点)

(6) 次の文が本文の内容と合っていれば〇，異なっていれば×を書きなさい。 3点×2(6点)

　1. Kiroku knew that he had a special event.

　2. The lion closed the cage and got away from Kiroku.

(1)		(2) ②		③		④	
(3)		(4)					
(5)							
(6) 1		2					

8 次の英文を日本語になおしなさい。 (4点)

People wear their shoes even in a house in America.

教科書ワーク 英語 特別ふろく

無料アプリ どこでもワーク

こちらにアクセスして，ご利用ください。
https://portal.bunri.jp/app.html

単語特訓▶

重要語句の
暗記に便利

音声つき

間違えた問題だけを何度も確認できる！

▼文法特訓

文法事項を
三択問題で
確認！

無料ダウンロード ホームページテスト

無料でダウンロードできます。
表紙カバーに掲載のアクセス
コードを入力してご利用くだ
さい。
https://www.bunri.co.jp/infosrv/top.html

文法問題▶

テスト対策や
復習に使おう！

リスニング試験対策に
バッチリ！

▼リスニング問題

中学教科書ワーク
解答と解説

この「解答と解説」は，**取りはずして** 使えます。

啓林館版 **ブルースカイ**

英語 2年

Unit 1

p.4〜5 ステージ1

Wordsチェック (1)丸い (2)本棚
(3) character (4) poster

1 (1) There is (2) There is
(3) There are two apples in the bag.

2 (1) are (2) is (3) are (4) Are (5) Is

3 (1) Is there / there is (2) There are

4 (1)木のそばに男の子がいます。
(2)世界にはたくさんの国があります。
(3)この動物園にはライオンがいますか。 いいえ，いません。

5 (1) No, aren't (2) Yes, there is
(3) Yes, there is.

━━━ 解説 ━━━

1 (3) **ミス注意!** 数えられる複数のものが「〜にあります」というときは，There are 〜 を使う。

2 主語が単数か複数かによって使い分ける。

3 (2) **ミス注意!** 主語が複数にかわるので，動詞も are にかえる。

4 (1) by 〜 「〜のそばに」
(2) countries は country 「国」の複数形。
(3) Are there＋複数名詞〜？「〜はいますか[ありますか]。」

5 (1) **ミス注意!** 「かばんの中に本が3冊ありますか」に対し，絵では2冊なので No の答えにする。

ポイント There is[are] 〜 . の文
・「…に〜がある，いる」
・「〜」が単数なら is を，複数なら are を使う。

ポイント There is[are] 〜 . の疑問文
・Is[Are] there 〜 ?
・答えるときも there と be 動詞を使う。

p.6 ステージ1

Wordsチェック (1)怒る (2)困っている
(3)〜と話す (4)〜の一部 (5) hungry
(6) give (7) sad (8) catch a cold

1 (1) Ken was always happy when he was in Paris.
(2) Emily wasn't at home when Aoi called her.
(3) We had a good time when we went hiking last Sunday.

2 (1) When (2) when, heard

━━━ 解説 ━━━

1 2番目の文頭に when を置き，2つの文をつなぐ。when の文が後ろにくるときはカンマは不要。

2 (1) When の文が前にくるときは，文の区切りにカンマをつける。

ポイント 「〜するとき，したとき」の文
・... when 〜 .
・When 〜 , ... 文の区切りにカンマを置く。

p.7 ステージ1

Wordsチェック (1)〜を作り出す (2)東の
(3)時間 (4)〜前に (5) wrote
(6) earthquake (7) song (8) cheer up 〜

1 (1) were playing (2) was having
(3) was running

2 (1) were (2) was (3) was doing
(4) was walking

━━━ 解説 ━━━

1 (2) have は「食べる」の意味のときは進行形にできる。
(3) **ミス注意!** run の ing 形は running。

2 (1)主語が複数なので過去を表す be 動詞は were。
(3) at eight last night「昨夜8時に」とあるので「〜していた」という過去進行形にする。

ポイント 過去進行形の文
・〈was[were]＋ing 形〉「～していた」
・be 動詞は主語に応じて was, were を使い分ける。

p.8～9 **ステージ1**

Words チェック (1)本当の (2)戦う
(3)建物 (4)だれか (5)lose
(6)rewrote (7)said (8)children

1 (1)There is (2)not, but
(3)not always

2 (1)cleans (2)was studying
(3)were having

3 (1)I was listening to music at
(2)My parents were taking pictures
(3)he was swimming
(4)He was playing the guitar when

4 (1)was washing dishes three hours ago
(2)were making cakes at two yesterday
(3)was writing a letter

5 (1)私たちはその時友だちを待っていました。
(2)彼らに会ったとき，彼らはボールを探していました。
(3)私が起きたとき，雨が降っていました。

6 (1)destroyed, building (2)sacrificed
(3)perfect

解 説

1 (1)**ミス注意** 数えられる単数のものが「～にいます」というときは，There is ～ を使う。
(2)「～ではなく…」は，not ～, but …。
(3)「いつも～なわけではない」は not always と表す。

2 (1)**ミス注意** when の文が leaves という現在形なので，現在の話だとわかる。
(2)when she called me「彼女が私に電話してきたとき」とあるので，過去の一時点で動作が進行していたことを表す。
(3)at six yesterday「昨日の 6 時に」とあるので，過去の一時点で動作が進行していたことを表す。

3 (2)**ミス注意** take の ing 形は e をとって taking。
(3)**ミス注意** swim の ing 形は m を重ねて swimming。
(4)主語が he なので，過去を表す be 動詞は was。

4 (1)「～時間前」は ～ hours ago。
(3)**ミス注意** was＋～ ing の形にする。wrote の

原形 write を ing 形にすることに注意。

5 (1)wait for ～「～を待つ」
(2)met は meet「～に会う」の過去形。
(3)got up は get up「起きる」の過去形。

ポイント 過去進行形＋when ～の文
・〈was[were]＋ing 形〉の過去進行形と
　〈when＋主語＋過去形動詞 ～〉を組み合わせる。
・「～したときに…していた」という意味。

p.10 **ステージ1**

Words チェック (1)キャラクター，登場人物
(2)親切な (3)favorite (4)smile

1 (1)is smart (2)He is strong
(3)It is beautiful

2 (1)私の好きな教科は英語です。
(2)私は彼女のかわいい顔が好きです。

解 説

1 be 動詞の後ろに特徴を表す形容詞を置く。

2 (1)favorite は「好きな」，subject は「教科」という意味。
(2)cute は「かわいい」という意味。

ポイント 「私の好きな～は…」の文
My favorite ～ is .... と表す。…に自分の好きなものを置く。

p.11 **ステージ1**

Words チェック (1)～の前に
(2)～のとなりに (3)restaurant
(4)post office

1 (1)next to (2)behind

2 (1)Where is (2)in front of
(3)between

解 説

1 (1)「～のとなりに」は next to ～ で表す。
(2)**ミス注意** 地図から，デパートは病院の後ろにあるとわかるので「～の後ろに」を表す behind を使う。

2 (1)「～はどこですか」Where is ～？
(2)「～の前に」in front of ～
(3)**ミス注意** 「A と B の間に」between A and B

ポイント 場所を伝える表現
・in front of ～（～の前に）
・next to ～（～のとなりに）
・behind ～（～の後ろに）
・between A and B（A と B の間に）

p.12~13 ■ステージ**2**

1 🎧**LISTENING** (1)イ (2)エ

2 (1)**were** (2)**Was** (3)**was** (4)**listens**

3 (1)**Aoi and Chen were studying math at that time.**

(2)**Be careful when you ride a bike.**

(3)**There is a convenience store in our town.**

4 (1)**favorite character** (2)**When**

5 (1)**There are many picture books in your room.**

(2)**ウ** (3)**ア**

(4)**1. He has a round face.**

2. Yes, he is.

6 (1)母が忙しいとき，私は彼女を手伝います。

(2)私たちは困っているとき，よく両親と話をします。

7 (1)**There are two hospitals in our town.**

(2)**His friends like[His friend likes] his smile very much.**

(3)**When Ken came home, his mother was cooking.[Ken's mother was cooking when he came home.]**

━━━━━━━ 解説 ━━━━━━━

1 🎧**LISTENING** (1)next to ~は「~のとなりに」という意味。何と何がとなりにあるかに注意する。

(2)behind ~は「~の後ろに」という意味。何が何の後ろにいるかに注意する。

♪音声内容
(1)The bank is next to the department store.
(2)The mouse is behind the cat.

2 (1)～(3)〈was[were]＋~ing〉の過去進行形の文。主語が単数か複数かで was と were を使い分ける。

(4)ミス注意 when she is free「彼女がひまなときには」と現在形なので，現在の習慣を表していると考える。

3 (1)「~していた」are → were

(3)主語が単数になるので，There is a ~. とする。

4 (2)「~のとき」は〈when＋主語＋動詞 ~〉で表す。

5 (1)There are ~.「~があります」

(2)「私は絵本が好きです」という文の意味にすればよい。

(3)this character は「このキャラクター」という意味。アオイが「彼はアンパンマンです」と答え

ていることから考える。

(4)1. エミリーの2番目の発言から，a round face「丸い顔」を持っているとわかる。

2. アオイの2番目の発言参照。

6 when＋主語＋動詞 ~「~するとき」の文。

(1)be busy「忙しい」

(2)be in trouble「困っている」

7 (1)ミス注意 主語が複数なので，There are ~.

p.14~15 ■ステージ**3**

1 🎧**LISTENING** (1)ウ (2)ア

2 (1)**when** (2)**He is, smart**

(3)**was running** (4)**between, and**

3 (1)**There are** (2)**in front of**

4 (1)**writing** (2)**Is** (3)**has**

5 (1)やなせ氏はアンパンマンの物語を書いたとき，本当のヒーローについて考えていました。

(2)**イ**

(3)**A true hero sacrifices himself for others**

(4)**エ** (5)**gives**

(6)1. ○ 2. × 3. ×

6 (例)(1)**There is a bed in my room.**

(例)(2)**My favorite writer is Dazai Osamu.**

7 (例)**There is a restaurant next to the post office.**

━━━━━━━ 解説 ━━━━━━━

1 🎧**LISTENING** (1)絵から本棚はないことがわかる。Is there ~? でたずねられているので，No, there isn't. で答える。

(2)チャイムのあとに No, there isn't.「いいえ，ありません」と答えているので，部屋にないものをたずねられているとわかる。

♪音声内容
(1)A : Is there a bookcase in your room?
B : (チャイム)
(2)A : You have a good room. (チャイム)
B : No, there isn't. But I have a computer.

2 (1)when が文の後ろにくるときは，カンマなしでつながる。

3 (1)ミス注意 家族には6人の人がいるということを There are ~. の文で表す。

(2)ミス注意 「病院は花屋の後ろにある」という文を「花屋は病院の前にある」と言いかえる。

4

④ (1) write の ing 形は e をとって writing。

(2) 主語が単数なので Is there 〜?

(3) she plays the guitar と現在形の文が続くので, 現在のことだとわかる。

⑤ (1) was＋〜ing「〜していた」

(2) 本文 2 行目で, 町を破壊して敵を倒すヒーローについて述べ, それに対して疑問を投げかけている。

(3) sacrifice 〜「〜を犠牲にする」

(4) not 〜, but ...「〜でなく…」

(5) 本文 4 行目に He gives his *anpan* face to hungry people「彼はおなかをすかせた人々に自分のアンパンの顔を与える」とある。

(6) 1. 本文 2 行目で町を破壊してしまうヒーローについて説明しているので○。

2. 本文 4 行目 Anpanman does not always fight. は「アンパンマンはいつも戦うわけではない。」という意味で「絶対に戦わない」とは述べられていないので×。

3. 本文 5〜6 行目で Anpanman is not a perfect hero「アンパンマンは完璧なヒーローではない」と述べているので×。

⑥ (1)「部屋に〜がある」というときには, There is 〜 in my room. と表す。複数のものの場合, There are 〜 in my room. とする。

(2)「私の好きな作家は〜です。」は My favorite writer is 〜. と表す。

⑦「〜のとなりに」は next to 〜 と表す。

Unit 2

p.16〜17　ステージ1

Words チェック (1) 今夜 (は) (2) 晴れた

(3) くもった (4) 最善をつくす (5) 〜に勝つ

(6) rain (7) camera (8) tomorrow

(9) It'll (10) I'll

❶ (1) will come to the party tonight

(2) will do her homework all day

(3) will play soccer tomorrow

❷ (1) will meet (2) I'll call (3) will be

(4) will be

❸ (1) What will you eat

(2) My parents will get angry soon

❹ (1) will be rainy (2) will be clear[sunny]

(3) will be cloudy (4) will rain

WRITING Plus (1) 例 I will study science tomorrow.

(2) 例 I will meet my friends tomorrow.

(3) 例 I will play tennis tomorrow.

─── 解説 ───

❶「〜するでしょう」や「〜するつもりです」は〈will＋動詞の原形〉で表す。

❷ (3)(4) ミス注意 will の後ろに be 動詞を置く場合, 原形 be になることに注意。

❸ (1)〈疑問詞＋will＋主語＋動詞の原形 〜?〉の文。

(2)「怒る」get angry

❹ (4) ミス注意 空所の数から, 動詞 rain を用いる。

WRITING Plus 明日する予定のことを, I will＋動詞の原形 〜. の文で答える。文の最後に tomorrow をつける。

ポイント 未来を表す文

・肯定文：主語＋will＋動詞の原形 〜.

・疑問文：Will ＋主語＋動詞の原形 〜?

p.18〜19 ステージ1

Wordsチェック (1)イルカ (2)ハワイ
(3)ドライブする (4)バリ(島) (5)plan
(6)beach (7)sightseeing (8)island

❶ (1) is going to visit
(2) am going to dance
(3) are going to be fourteen

❷ (1) Is Aoi going to clean her room / she is
(2) Are these girls going to go
shopping tomorrow / they are not[aren't]

❸ (1) What are you (2) We're going
(3) How nice[great] [wonderful]

❹ (1) What is he (2) going, do

❺ (1) is going to go shopping tonight
(2) is going to go cycling tomorrow
(3) are going to go sightseeing next month

解説

❶ 〈be going to＋動詞の原形〉の形にする。be 動詞は主語に応じて am, is, are を使い分ける。
(3)**ミス注意** 主語が複数なので be 動詞は are。

❷ 〈be going to＋動詞の原形〉の疑問文は，be 動詞を主語の前に出し，答えの文でも be 動詞を使う。

❸ (1)疑問詞 What を文の最初に置いて，be going to 〜の疑問文を続ける。
(3)「なんて〜なのでしょう。」How 〜!

❹ (1)「何を勉強する予定ですか。」という疑問文にする。
(2)**ミス注意** 「来週のあなたの計画は何ですか。」という疑問文。「来週あなたは何をする予定ですか。」という文に言いかえる。

❺ 未来の予定を表す be going to 〜に，go 〜ing「〜しに行く」という動詞の表現を続ける。

ポイント 未来を表す文
・〈be going to＋動詞の原形 〜〉予定などを表す。
・疑問文：be 動詞を主語の前に出す。

p.20 ステージ1

Wordsチェック (1)地元の (2)公共の
(3)〜に気をつける (4)出かける (5)follow
(6)rule (7)at night (8)mustn't

❶ (1) must clean
(2) must help (3) must leave home

❷ (1) mustn't be (2) mustn't go

解説

❶ 「〜しなければなりません」は〈must＋動詞の原形〉で表す。
(3)「家を出る」leave home

❷ **ミス注意** 空所の数から，must not の短縮形 mustn't を使う。

ポイント① 「〜しなければならない」の文
・〈must＋動詞の原形〉で表す。

ポイント② 「〜してはいけない」の文
・〈must not＋動詞の原形〉で表す。

p.21 ステージ1

Wordsチェック (1)生活 (2)語 (3)〜を意味する
(4)服 (5)learn (6)show (7)famous
(8)language

❶ (1) population (2) clothes

❷ (1) There are a lot of native people
(2) Is there anyone in the classroom

❸ (1) must respect (2) means

解説

❶ (1)**ミス注意** population「人口」
(2)**ミス注意** clothes「服」

❷ (2) is を there の前に置く。

❸ (1)「尊敬する」respect
(2)「意味する」mean に 3 単現の s をつけることに注意。

ポイント There is[are] 〜. の文
・「…に〜がある，いる」
「〜」が単数なら is を，複数なら are を使う。

p.22 ステージ1

Wordsチェック (1)〜を訪れる，〜に行く
(2)抱く (3)Australia (4)famous

❶ (1) is famous for the night view
(2) is famous for the beautiful sea
(3) New Zealand is famous for Maori

❷ (1)私は来月シンガポールを訪れる予定です。
(2)私はそこでお祭りを見るつもりです。

解説

❶ 「〜で有名です」は be famous for 〜と表す。
(1)「夜景」night view

❷ (2)**ミス注意** will 〜は「〜するつもり」という意志を表すときにも使う。

ポイント 「〜で有名です」の文
・〈be 動詞＋famous for 〜〉で表す。

6

p.23　　ステージ1

Wordsチェック　(1)準備する，備える
(2)〜を詰める　(3) prepare for 〜
(4) suitcase

❶ (1) have to　(2) has to　(3) have to
❷ (1) have to work　(2) doesn't have to

解 説

❶ (2)ミス注意　3人称単数が主語なので has to
を用いる。
❷ (2)ミス注意　he が主語なので doesn't have
to を用いる。

ポイント　have to 〜, don't have to 〜の文
・〈have[has] to＋動詞の原形〉
「〜しなければならない」
・〈don't[doesn't] have to＋動詞の原形〉
「〜する必要がない」

p.24〜25　　ステージ2

❶ LISTENING　(1)イ　(2)ア
❷ (1) are　(2) Is　(3) be　(4) will
❸ (1) He is going to go fishing with his
friends next Sunday.
(2) Is she going to meet him at the
station? / Yes, she is.
(3) Will it be sunny in Kyoto tonight?
❹ (1) do my best　(2) famous for
(3) prepare for
❺ (1)ウ　(2) It'll be clear soon　(3)イ
(4) 1. ×　2. ×　3. ○
❻ (1) I will call her soon.
(2) Chen is going to go cycling next
Saturday.
(3) They have to practice soccer hard.
(4) Aoi must not eat the cake before
dinner.
(5) There are five people in my family.

解 説

❶ LISTENING　(1) must not の後ろの動詞に注目
する。「〜してはいけない」という意味。
(2) must の後ろの動詞に注目する。「〜しなけれ
ばならない」という意味。

♪音声内容
(1) You must not talk in the library.
(2) You must go to bed early at night.

❷ (1)ミス注意　主語が複数なので are を選ぶ。
(3) be 動詞の原形は be。
❸ (2) be going to 〜の疑問文は be 動詞を主語の
前に出す。
(3) will の疑問文は will を主語の前に出す。
❹ (1)「最善をつくす」do my best
(3)「に備える，準備をする」prepare for 〜
❺ (1)ケリーが「心配しないで。すぐに晴れるでし
ょう。」と言っているので，今雨が降っているの
だとわかる。
(3)この last は動詞で「続く」という意味。
(4) 1. ケリーの2番目の発言で「香港では夏に雨
が短い時間しか続かない。」と言っているので×。
2. ケリーの発言に「すぐに晴れるでしょう」と
あるので×。
3. ケリーが夜景を見に行こうと誘い，雨も上が
るだろうと言っているので，○。
❻ (1)「〜するつもり」という意志は will 〜で表す。
(3)ミス注意　6語にするため「〜しなければな
らない」は must ではなく have to で表す。
(4)「〜してはいけない」must not＋動詞の原形
(5)ミス注意　There are 〜. の形で「私の家族に
は5人の人がいる。」という文を作る。

p.26〜27　　ステージ3

❶ LISTENING　(1)宿題をする　(2)服を買う[買い
物に行く]　(3)映画を見る　(4)来週の日曜日
❷ (1) I will feed pigeons tomorrow
(2) He doesn't have to go to bed early
❸ (1)あなたは公園でごみを散らかしてはいけま
せん。
(2)ニュージーランドはラグビーで有名です。
❹ (1) No, I'm not　(2) have to
(3) There are　(4) will be rainy
❺ (1)ア　(2) Are there
(3)人口の約15パーセントがマオリの人々です。
(4)エ
(5)ニュージーランドでは8月が冬だから。
(6) 1. 生活様式　2. 尊敬
❻ (例)(1) I am[I'm] going to visit China.
(2) I'll[I will] eat a lot of Chinese food there.

解 説

❶ LISTENING　(1) tonight に注目し，何をしなけ
ればならないかを聞き取る。
(2) I'll go shopping tommorow.「明日，買い物に

行くつもりだ」と言ったあとに，I'll buy some clothes for my trip. と言っているので，服を買うのだとわかる。clothes「服」の発音に注意。
(3) see a movie「映画を見る」

> ♪**音声内容**
>   I have to do my homework tonight.　I'll go shopping tomorrow.　I'll buy some clothes for my trip.　I am going to visit Tokyo with my family next weekend.　We're going to see a movie next Saturday.　We're going to go to an amusement park next Sunday.

❷ (1)「～するつもり」を表すために will を補う。
(2)**ミス注意** 「～する必要がない」を表すために doesn't have to ～ とする。主語が he なので doesn't を補う。
❸ (1) litter「ごみを散らかす」
(2) be famous for ～「～で有名」
❹ (1)映画に行くのかと聞かれ，買い物に行く予定と答えているので「いいえ」で答えるとわかる。
(2)「～しなければならない」という文にする。
(3)**ミス注意** 「私の家族には7人の人と2匹の犬がいる。」という文にする。
(4)日本では今月たくさんの雨が降ると言っているのに対し「明日も」とあるので「雨が降るだろう」とするとよい。
❺ (1) native「先住の」，public「公共の」
(2)「～がいますか」で主語が複数なので Are there ～? とする。
(3)**ミス注意** ～of the population で「人口の～」という意味。percent「パーセント」
(4)「私はニュージーランドを訪れるとき，それを使うつもりです。」という文。この it は直前の Kia ora を指す。
(5)「あなたは冬服を持って行かなければならない。」という文。すぐあとに「ニュージーランドは8月が冬です。」と言っているので，ここが理由だとわかる。
(6)1. ベル先生の1番目の発言。way of life「生活様式」
2. ベル先生の2番目の発言。respect ～「～を尊敬する」
❻ (1)「～する予定です」を〈I am going to＋動詞の原形 ～.〉で表す。
(2)「～するつもりです」を〈I will＋動詞の原形 ～.〉で表す。

Unit 3

p.28 ステージ**1**

Wordsチェック (1)家具 (2)倒れる
(3)止めて，消して (4)get away from
(5)in the middle of (6)we'll

❶ (1)If you are hungry, eat these sandwiches.
(2)If I am free, I will watch a movie on TV.
(3)If it rains, I will read a book in my room.

❷ (1)If, falls (2)if, middle of

━━━ 解説 ━━━

❶ **ミス注意!** if の文が前にくるときは，カンマで文と文を区切る。

❷ (1)if に続く文では，未来のことも現在形で表す。
(2)「～の中ごろに」in the middle of ～

ポイント 「もし～ならば」の文
・If ～, ... または ... if ～。
・If ～, と文のはじめにくるときはカンマ(,)をつける。

p.29 ステージ**1**

Wordsチェック (1)懐中電灯 (2)停電 (3)実験
(4)without (5)light (6)fever

❶ (1)Because I was tired, I went home early.
(2)Because she had a fever, she didn't study last night.
(3)Because Ken can ski, he likes winter.

❷ (1)Because (2)because, without

━━━ 解説 ━━━

❶ **ミス注意!** Because の文が前にくるときは，カンマで文と文を区切る。

❷ (2)because の文を後ろに置く。「～なしで」は without。

ポイント 「なぜなら～，～なので」の文
・Because ～, ... または ... because ～。
・Because ～, と文のはじめにくるときはカンマ(,)をつける。

p.30～31 ステージ**1**

Wordsチェック (1)訓練 (2)災害 (3)out of
(4)important

❶ (1)that (2)thinks that these flowers are beautiful (3)thinks that water is important

❷ (1)I think (that) the fast food is good.
(2)She knows (that) he can play the piano well.
(3)He says (that) he studies English very hard.

❸ (1)She can't[cannot] swim fast.
(2)Can I go home now?
(3)Bell has to go to the library tomorrow.

❹ (1)They are going to practice baseball.
(2)We must study hard.
(3)You must not swim here.
(4)Can you help me after school?

❺ (1)あなたは今日，この仕事をする必要はありません。
(2)彼女は3時に駅に着くでしょう。
(3)私たちはそのレストランでおいしいケーキを食べることができます。

❻ (1)Can[May] I use this room?
(2)Can you teach me English?
(3)You have to speak English

━━━ 解説 ━━━

❶ 〈think that＋主語＋動詞 ～〉の文になる。

❷ (　)内の語句のあとに that をつけて文章をつなげる。that は省略できる。

❸ (3)**ミス注意!** 主語が3人称単数なので has to を使う。

❹ (1)**ミス注意!** are going to を使う。will が不要。
(2)補う単語が1語なので have to でなく must を使う。
(3)must not の後ろには動詞の原形を置く。to が不要。
(4)依頼をするときは Can you ～?

❺ (1)don't have to ～「～する必要はない」
(2)arrive at ～「～に着く」

❻ (1)許可を求めるときは May[Can] I ～?
(2)依頼するときは Can you ～?
(3)5語にするため，must ではなく have to を使う。

ポイント 「～と思う」の文
・think [know, say など]＋that ～
・that は省略できる。

p.32　ステージ1

Wordsチェック (1)特別の　(2)〜に参加する
(3)役に立つ　(4)情報　(5)**top**　(6)**like 〜**
(7)**bottom**　(8)**as 〜**　(9)**seat**　(10)**occur**

1 (1)**because**　(2)**think, if**　(3)**removed**
(4)**set up**

2 (1)もし大きな地震が起きたら，私たちは防災公園を使うことができます。
(2)あなたは非常事態のための特別な設備についてより多くの情報を得なければなりません。

━━━━━ 解　説 ━━━━━

1 (1) because の文が後ろにくる。
(2)**ミス注意** 接続詞 that が省略されている。「もし〜ならば」という条件を文の後ろに置く。
(4)**ミス注意** set の過去形は set。

2 (1) if に続く文では，未来のことも現在形で表すので occurs と 3 単現の s がついている。

ポイント 「もし〜ならば」の文
・if 〜 を文の後ろに置くときには，カンマ(,)は不要。

p.33　ステージ1

Wordsチェック (1)食べ物
(2)〜を私のかばんに入れる
(3)**first**　(4)**next**

1 (1)**First, water**
(2)**Next, I'll put toilet paper in my bag**
(3)**Third, I'll put cash in my bag**

2 (1)晴れていたので，最初に私は海に行きました。
(2)祖父母にプレゼントをあげたかったので，次に私は祖父母に会いました。

━━━━━ 解　説 ━━━━━

1 〈First[Next / Third], I'll put 〜 in my bag.〉の文になる。

2 (2) give 〜 to … 「…に〜をあげる」

ポイント 「なぜなら〜，〜なので」の文
・because の文は日本語になおすとき，文のはじめで「〜なので」と訳しても，文の後ろで「なぜなら〜から」と訳してもよい。

p.34　文法のまとめ①

1 (1)**can**　(2)**may be**　(3)**will rain**
(4)**doesn't have**

━━━━━ 《 解　説 》 ━━━━━

1 (3)空所の数に合わせて，動詞は rain を使う。
(4)**ミス注意** 主語が 3 人称単数なので doesn't have to〜 となる

p.35　文法のまとめ②

1 (1)**when**　(2)**because**　(3)**or**　(4)**that**
(5)**and**　(6)**but**

━━━━━ 《 解　説 》 ━━━━━

1 (3)「〜か…」は or を使う。
(6) old「年をとっている」と very strong「とても強い」が逆の関係なので but を使う。

p.36〜37　ステージ1

Wordsチェック (1)どうかしましたか。
(2)〜度の最高気温で　(3)ほとんどの時間
(4)〜へようこそ。　(5)**weather**　(6)**high**
(7)**uniform**　(8)**cell phone**

1 (1)**wrong**　(2)**bad**

2 (1)**should be**　(2)**should study**
(3)**should wash**

3 (1)**should not**　(2)**Welcome to**
(3)**is in**　(4)**going to**　(5)**are, students**

4 (1)5 月に運動会があります。
(2)あなたは海で泳ぐ時には気をつけなければなりません。

WRITING Plus (1)**例1** **a chorus contest in May**
例2 **a career day in September**
(2)**例1** **do a lot of homework**
例2 **wear black socks**
(3)**例1** **be late for school**
例2 **go into the teachers' room**

━━━━━ 解　説 ━━━━━

1 (1) What's wrong?「どうかしましたか。」
(2) That's too bad.「それはお気の毒に。」

2 **ミス注意** should の後ろの動詞は原形にする。

3 (3)「〜は…にある」と建物の場所を示すときは 〜is[are] in … と表す。
(5)**ミス注意** 「500 人の生徒」は five hundred students と複数。それに合わせて動詞も are となる。

4 (1) a sports festival は「運動会」，May は「5 月」

10

という意味。

(2) be careful は「気をつける，注意する」という意味。

WRITING Plus (1) We have ～．「～があります。」という文。あなた自身の学校にある行事などを答える。

(2) We must ～．「私たちは～しなければなりません。」という文。学校の規則でしなければならないことを答える。

(3) We must not ～．「私たちは～してはいけません。」という文。学校の規則でしてはいけないことを答える。

ポイント❶ 「～しなければならない」の文
・〈must＋動詞の原形〉で表す。

ポイント❷ 「～してはいけない」の文
・〈must not＋動詞の原形〉で表す。

p.38～39 ■ステージ2

❶ **LISTENING** ウ

❷ (1) when (2) if (3) or (4) and

❸ (1) must not[mustn't] eat lunch in the library

(2) He doesn't have to follow the club rule.

(3) Do you know (that) she wrote a book many years ago?

(4) Aoi is studying math hard because she will have a test tomorrow.[Because Aoi will have a test tomorrow, she is studying math hard.]

❹ (1) may be (2) First, have (3) must

❺ (1) case of (2)エ

(3) I can't move without a light

(4) Yes, does

❻ (1) Welcome (2) is / going to

(3) bad, should

❼ (1)例 We know (that) he is a good soccer player.

(2)例 Please come to my house if you are free.[If you are free, please come to my house.]

(3)例 Sora didn't go to school because he had a fever.[Because Sora had a fever, he didn't go to school.]

■■■■■■■■■■■ 解説 ■■■■■■■■■■■

❶ **LISTENING** What did you do last Sunday? は「あなたはこの前の日曜日に何をしましたか」という意味。studied は study の過去形。because の文の内容にも注目する。

🎵音声内容
A：What did you do last Sunday?
B：I studied at home because it was cold.

❷ (1)(2)(4)(　)の前後の文の意味を考える。

❸ (1)「～してはいけない」は must not[mustn't] を使う。

(4)ミス注意 Because を文頭にしてもよいが，その場合は，カンマを忘れないように注意。

❹ (1) may の後ろは動詞の原形なので be を使う。

(3)空所の数に合わせて have to でなく must を使う。

❺ (1) in で始まっていることに注意。

(2)停電に備えて必要なものを考える。

(3) can't ～ without … で，「…なしでは～できない」という意味。

(4)「アオイは停電が起きたとき，光が必要だと思っていますか。」という質問なので yes で答える。

❻ (2)ミス注意 if に続く文では，未来のことも現在形で表す。

(3)「～すべき」という助言は should を使う。

❼ (1)「～だと知っている」know (that) ～

(2)ミス注意 If を文頭にしてもよいが，その場合は，カンマを忘れないように注意。

(3)「熱がある」have a fever

p.40～41 ■ステージ3

❶ **LISTENING** (1)ア (2)イ (3)ウ

❷ (1) wrong[up] (2) or (3) Next, remove

(4) We have

❸ (1) away (2) off (3) up

❹ (1) I won't play baseball because I have a lot of homework.[Because I have a lot of homework, I won't play baseball.]

(2) If you are tired, I'll make dinner.

(3) Can[Will] you tell me about the news?

(4) I think (that) it will rain tomorrow.

❺ (1) Do you know that we'll have a fire drill

(2)イ (3)鳴る (4) 1．× 2．×

❻ (例)(1) An emergency park is useful when

natural disasters occur.

(2) I put a dictionary in my bag when I go abroad.

❼ (1) Can [May] I take pictures here?

(2) He thinks that he will be a good singer.

(3) I don't have to call my mother today.

(4) We have to prepare for an earthquake.

━━━━━━━▶ 解 説 ◀━━━━━━━

❶ 🎧LISTENING (1) Why did 〜? は「なぜ〜したのですか」という意味。2つ目の発言で, I practiced soccer because 〜. と説明しているので, because の後ろの文に注目する。

(2) What did 〜 do? は「〜は何をしましたか」という意味。2つ目の発言に I cooked curry and rice with my mother.「私は母とカレーライスを作りました」とある。

(3) Where did 〜 go first? は「〜は最初にどこに行きましたか」という意味。2つ目の発言に First, I went to the art museum.「最初に, 私は美術館に行きました」とある。

> ♪音声内容
>
> (1) A : Are you tired?
> 　　B : Oh, yes.　I practiced soccer because we have a big game.
> 　　Question : Why did he practice soccer?
> (2) A : What did you do last Sunday?
> 　　B : I cooked curry and rice with my mother.
> 　　A : That's great.　I joined an event at the park.
> 　　Question : What did she do last Sunday?
> (3) A : Where did you go yesterday, Emily?
> 　　B : First, I went to the art museum.　Next, I went to a restaurant.
> 　　Question : Where did Emily go first yesterday?

❷ (1)「どうしましたか。」は What's wrong?

(3) ミス注意❗「取り除く」は remove。命令文なので, 原形で使う。

❸ (1) get away from 〜「〜から離れる」

(2) turn off 〜「〜を消す」

(3) set up「(テントを)張る」

❹ (1) so は「結果」を, because は「原因・理由」を導く。

(2) if に続く文では, 未来のことも現在形で表す。If を文頭にするので, カンマを忘れないように

注意。

(3) ミス注意❗ 依頼するときは Can[Will] you 〜? を用いる。

(4) I think that 〜. の文。that は省略できる。

❺ (1)「あなたは明日火災訓練があると知っていますか。」という文。接続詞 that を使って, Do you know that 〜? とする。

(2)(　)の前後の文の意味を考える。when「〜のとき」が適切。

(3) go off は「(警報器などが)鳴る」という意味。

(4) 1. 2番目のソラの発言に「火災警報がなったとき, 私たちは学校の建物から出る」とあるので×。

2. エミリーは最初の発言で Yes と答えているので×。

❻ (1)「自然災害が起こったとき何が役に立ちますか」という意味。〜is useful. で答える。文のはじめに I think (that) を加えてもよい。

(2)「あなたは外国に行く時にかばんに何を入れますか」という意味。I put 〜 in my bag when I go abroad. で答える。

❼ (1) 許可を求めるときは Can[May] I 〜?

(2)「彼は〜と思っている」は He thinks that 〜. と表す。9語なので, thinks の後ろの that が必要。

(3)「〜する必要がない」は I don't have to 〜. と表す。「電話をする」は call。

(4) 語数から「〜しなければならない」を must でなく have to を使って表す。

12

Unit 4

p.42〜43　ステージ1

Ⓦordsチェック　(1)サクソフォン［サックス］
(2)将来　(3)difficult　(4)fun

❶ (1) like playing
(2) like taking pictures［a picture］
(3) like using a computer

❷ (1) Watching birds　(2) Speaking English

❸ (1) talking　(2) studying　(3) swimming
(4) Teaching　(5) Putting

❹ (1)あなたはこの前の冬にスキーを楽しみましたか。
(2)私は6歳のときにピアノをひき始めました。
(3)外国に行くことはとても楽しい。

❺ (1) I enjoyed running with my father
(2) He likes reading books
(3) let's start practicing the song
(4) Making a cake is a lot of fun

WRITING Plus (1)例 My favorite pastime is growing vegetables.
(2)例 My favorite pastime is reading books.

━━━━━━ 解説 ━━━━━━

❶ 「〜すること」を動詞の ing 形で表す。
❷ **ミス注意!** 動詞の ing 形のあとに語句が続いて長い主語になることもあるので注意しよう。
❸ すべて動詞の ing 形に。(1)〜(3)は動詞の目的語に，(4)(5)は主語になっている。
❹ (1) enjoy skiing は「スキーを（することを）楽しむ」と訳す。
❺ 下線を引いた語はすべて動詞の ing 形に。
(3) let's で始まる命令文。

WRITING Plus My favorite pastime is 〜. 「私の好きな娯楽は〜です。」という文。動詞の ing 形を使って，あなた自身の好きなことを表す。

ポイント 動詞の ing 形
・「〜すること」
・動詞の目的語になる。
・文の主語になる。

p.44〜45　ステージ1

Ⓦordsチェック　(1)〜のおかげで　(2)よくなる
(3)アイスホッケー　(4)doctor　(5)patient
(6)foreign

❶ (1) to be

(2) want to be
(3) want to be a police officer

❷ (1)ウ　(2)エ

❸ (1) be　(2) to go　(3) to watch
(4) teaching［to teach］

❹ (1) like to swim in
(2) My father's pastime is to take care of
(3) You don't need to buy this book
(4) Where do you want to live
(5) He doesn't want to go to the library

❺ (1) in the future　(2) Thanks to
(3) got well

❻ (1) ice hockey　(2) superman

━━━━━━ 解説 ━━━━━━

❶ 「〜になりたい」は want to be［become］〜で表す。
❷ **ミス注意!** 動詞が続いているところを探そう。
❸ (1)前に to があるので動詞は原形のままかえる必要がない。(2)(3)〈to＋動詞の原形〉で2語になる。
❹ (3)(5) **ミス注意!** 〈need to＋動詞の原形〉や〈want to＋動詞の原形〉の文を否定文にした形。
(4)疑問詞が文頭にくる疑問文。〈want to＋動詞の原形〉の文を疑問文にした形。
❺ (3)病気などが「よくなる」という意味の get well を過去形で用いる。

ポイント 「〜すること」を表す文
・〈to＋動詞の原形〉
・文の補語になる。
・動詞の目的語になる。

p.46〜47　ステージ1

Ⓦordsチェック　(1)小説家　(2)〜のことを考える
(3)お金　(4)必要な　(5)a 〜　(6)interesting
(7)easy　(8)save

❶ (1) easy, to cook
(2) is good for me to play
(3) is difficult for me to get up early

❷ (1)私が彼女の家を見つけるのは簡単です。
(2)彼が外国の人々と話すのは難しくありません。

❸ (1) is important to help each other
(2) is good for us to read many books

❹ (1) It, fun, me
(2) interesting to watch［see］
(3) not necessary, him　(4) a day

❺ (1) It is great for Kenta to get up early

(2) It is not easy for us to save water

(3) It is hard for me to think of life without

WRITING Plus (1)例 **It is a lot of fun for me to play TV games.**

(2)例 **It is interesting for me to draw pictures.**

━━━━ 解説 ━━━━

❶ 「私が～するのは…です。」は〈It is … for me ＋to＋動詞の原形 ～.〉で表す。

❷ (2)**ミス注意** 動詞が isn't という否定文なので「～ではない」という意味になる。

❸ is の前までが「～すること」というまとまりになる。

❹ (1)「とても楽しい」a lot of fun

(4)**ミス注意** a の後ろの名詞は a や the の冠詞がつかない。

❺ (1) for Kenta とするため，for を補う。

(2)「簡単ではありません」という否定文にするために，easy の前に not を補う。

WRITING Plus 〈It is＋形容詞＋for me＋to＋動詞の原形 ～.〉「私が～するのは…です。」という文か，〈It is not＋形容詞＋for me＋to＋動詞の原形 ～.〉「私が～するのは…ではありません。」という文をつくる。

ポイント 「(人が)～するのは…です」の文
・〈It is＋形容詞＋(for＋人)＋to＋動詞の原形 ～.〉

p.48～49 ステージ**1**

Words チェック (1)手話 (2)A を B に翻訳する

(3)製品 (4)～だと信じる (5)develop

(6) belong to ～ (7) work on ～

(8) impress (9) inspire (10) won

❶ (1) going (2) saying (3) learning

❷ (1) was good for me to go to bed

(2) was fantastic for me to win the prize

(3) was hard for me to make a robot

❸ (1) It was necessary for us to use computers

(2) was not easy for her to play basketball

❹ (1) at making (2) Thank, helping

(3) How about playing (4) translate, into

❺ (1)彼が数学を教えることは大切でした。

(2)彼女は海外を旅行することに興味があります。

❻ (1) impress (2) inspire

━━━━ 解説 ━━━━

❶ 前置詞の目的語になるので，動詞の ing 形を用いる。

❷ be 動詞を過去形 was にする。to の後ろは動詞の原形になることに注意。

❸ (2)**ミス注意** 〈It was＋not＋形容詞＋for＋人＋to＋動詞の原形 ～.〉の形にする。

❹ (1)～(3)前置詞を用いた連語の後ろに動詞の ing 形を置く。

(4)「A を B に翻訳する」translate A into B

❺ (1)**ミス注意** was が過去形なので「～でした」と訳す。

(2) travel abroad「海外を旅行する」

ポイント 「(人が)～するのは…でした」の文
・〈It was＋形容詞＋(for＋人)＋to＋動詞の原形 ～.〉

p.50 ステージ**1**

Words チェック (1)サックス奏者 (2)音

(3) professional (4) in front of ～

❶ (1) to be (2) My dream is to be

(3) My dream is to be a police officer

❷ (1) saving (2) want to

━━━━ 解説 ━━━━

❶ is の後ろに〈to＋動詞の原形〉「～すること」を置く。

(1) be a doctor「医者になる」

(2) be a soccer player「サッカー選手になる」

(3) be a police officer「警察官になる」

❷ (1)**ミス注意** save は e で終わるので，e をとって saving とする。

ポイント 「～すること」を表す文
・動詞の ing 形で表す。
・〈to＋動詞の原形〉で表す。
・文の主語，補語，動詞の目的語などになる。

p.51 ステージ**1**

Words チェック (1)コーヒー (2)お茶，紅茶

(3) juice (4) milk

❶ (1) I would like coffee with milk

(2) What would you like to eat

❷ (1) would like (2) to drink

━━━━ 解説 ━━━━

❶ (2)「召し上がる」は「食べる」ということなので，動詞の eat で表す。

❷ (1)「レタスと玉ねぎがほしいです。」という文にするため，I would like ～. の形にする。

14

(2) **ミス注意** 「コーラがほしいです。」と答えているので「何をお飲みになりますか。」と飲み物をたずねる文にする。

ポイント ほしいものやしたいことをていねいに言う文
・〈I would like＋食べ物，飲み物.〉
「私は～がほしいです。」
・〈What would you like to＋動詞の原形 ～?〉
「何を～したいですか。」

p.52～53 ステージ2

❶ **LISTENING** (1)ウ (2)ウ

❷ (1) Do your homework before going to
(2) Sora wants to be a nurse
(3) Is playing the guitar difficult
(4) I am interested in learning Chinese

❸ (1) I enjoyed playing tennis.
(2) It is not[isn't] necessary for me to watch TV every day.

❹ (1)ケースの中にあるもの
(2) I like playing the sax
(3) 1. No, he doesn't.
2. No, he doesn't.
3. She plays it in the brass band.

❺ (1) Walking, for (2) Thanks to
(3) translate, into

❻ (1) I like dancing at the party.
(2) Aoi wants to visit many countries.
(3) Kenta reads two books a month.

━━━ 解説 ━━━

❶ **LISTENING** (1)「どこで」「何を～する」と言っているか，しっかり聞き取ろう。

♪ 音声内容
(1) A : What will you do after school?
　 B : I'll study in the library.
(2) A : What is your dream?
　 B : I want to be a doctor.

❷ (1)(3)(4)下線部を動詞の ing 形に。(1)(4)は前置詞の目的語，(3)は主語になっている。

❸ (1)**ミス注意** 「わたしはテニスをして楽しい時間を過ごしました。」という文を「私はテニスをして楽しみました。」という文にする。
(2)〈It is＋形容詞＋for＋人＋to＋動詞の原形 ～.〉の否定文にする。

❹ (2)**ミス注意** like ～ing「～することが好き」

(3) 1. サックスを持っているのはアオイなので，No の答えになる。
2.「サックスを演奏することが好き」と言っているのはアオイなので，No の答えになる。

p.54～55 ステージ3

❶ **LISTENING** (1)ウ (2)エ

❷ (1) swimming (2) buying (3) to drink
(4) studying

❸ (1) started studying (2) Getting, is
(3) belong to (4) It, necessary, to
(5) Thanks to

❹ (1) Growing flowers is a lot of fun.
(2) I like to read these books.
(3) I would like orange juice.

❺ (1) My dream is to be a doctor or a
(2)イ
(3) 1. 医師か看護師になること　2. 祖母
　 3. 患者

❻ (例)(1) to be a pianist
(例)(2) good at playing baseball

❼ (1) think (2) translate (3) save
(4) develop (5) inspire

❽ 彼らがそのロボットをプログラムすることは難しかったです。

━━━ 解説 ━━━

❶ **LISTENING** (1) How about tea or coffee?「紅茶かコーヒーはいかがですか。」とすすめられ，Oh, coffee, please. とコーヒーを追加している。
(2)最後に An orange juice, please. とオレンジジュースを注文している。

♪ 音声内容
(1) A : What would you like?
　 B : I'd like two hamburgers.
　 A : How about tea or coffee?
　 B : Oh, coffee, please.
(2) A : Can I help you?
　 B : I'd like a pizza.
　 A : Sure.　What would you like to have with your pizza?
　 B : An orange juice, please.

❷ (1)**ミス注意** swim の ing 形は m を重ねて ing をつける。
(2) without ～ing「～しないで」
(3)「何をお飲みになりますか。」は What would

you like to drink? と表す。

(4) How about ～ing? で「～はどうですか。」という意味。

❸ (1)**ミス注意！**「私は 1 時間前に数学を勉強し始めました。」という文にする。

(2) get の ing 形は t を重ねて ing をつける。

(3)「私はバスケットボール部に所属している。」という文にする。

(4)〈It is＋形容詞＋for＋人＋to＋動詞の原形 ～.〉の文にする。

(5)「医師と看護師のおかげで…」という文にする。

❹ (2)語数指定から不定詞を使う。to のあとには動詞の原形を続ける。

❺ (1)「私の夢は医師か看護師になることです。」という文にする。

(2) last month「先月」のことなので，過去進行形が適切。

❻ (1)「～することです」を〈to＋動詞の原形〉で表す。

(2)「～することが得意です」を〈I am good at＋動詞の ing 形〉で表す。

❼ (1) think of ～「～のことを考える」

(2) translate A into B「A を B に翻訳する」

(3) save ～「～をたくわえる，ためる」

(4) develop ～「～を開発する」

(5) inspire ～「～をはげます」

❽ It was ～と be 動詞が過去時制であることに注意する。

Unit 5

p.56～57 ステージ**1**

Wordsチェック (1)～を祈願する，～のために祈る

(2)～を上げる (3)～のように見える

(4)夜ふかしする (5) heavy (6) ear (7) hear

(8) late

❶ (1) to walk (2) to practice soccer

(3) to study science

❷ イ / 姉[妹]に会うために駅に

❸ (1) I came to Japan to study Japanese

(2) To see the famous pictures

❹ (1) goes to the park to run

(2) She studies hard to be a doctor

(3) I use this camera to take pictures

(4) To see my uncle

❺ (1) stays up late (2) pray for

(3) looks like

❻ (1) watch[see], movie (2) jogs

(3) enjoys shopping (4) practices baseball

━━ 解説 ━━

❶「～するために」を〈to＋動詞の原形〉で表す。

❷ **ミス注意！** あとの動詞の前に to を入れる。

❸ (2)「～するためです」は To ～. で表す。

❹ to のあとは動詞の原形を続ける。

(3)「写真をとる」take pictures

❺ (1)(3)主語が 3 人称単数で現在の文なので，s を動詞につける。

❻ (2)(3)(4)主語が 3 人称単数で現在の文なので s を動詞につける。

ポイント 「～するために」を表す文
・〈to＋動詞の原形〉の形で，動作の目的を表す。
・Why ～？に対する答えの文にもなる。

p.58～59 ステージ**1**

Wordsチェック (1)びっくりするような (2)結果

(3)うれしい (4) each other (5) excited

(6) surprised (7) disappointed

❶ (1) to watch (2) to swim in a river

(3) to play soccer

❷ ウ

❸ ウ

❹ (1) I was very glad to get your letter

(2) She was sad to hear the story

(3) I am sorry to be late

16

(4) Are you happy to eat delicious lunch

⑤ (1) was excited to (2) am surprised to

(3) were disappointed to

WRITING Plus 例 I was excited to meet a famous singer.

━━━━━ 解説 ━━━━━

❶ 「〜して」を〈to＋動詞の原形〉で表す。

❷ ミス注意 形容詞に続けて，あとの動詞の前に to を入れる。

❸ 問題の文は「〜して」と感情の原因を表す。ア，イは「〜すること」を表す。

❹ 形容詞の後ろに〈to＋動詞の原形〉を置き，「〜して」と感情の原因の意味を表す。

❺ (1)(3)過去のことなので be 動詞に was，were を用いる。

WRITING Plus 〈I was[am]＋形容詞＋to＋動詞の原形 〜.〉という文を作る。

┌─ ポイント ─ 「〜して」を表す文 ─┐
・〈形容詞＋to＋動詞の原形〉感情の原因を表す。

p.60〜61 ステージ**1**

Wordsチェック (1)タイの (2)はねかける

(3)銃，鉄砲 (4)〜でさえ (5)〜など

(6) celebrate (7) bucket (8) truck

(9) hot (10) temple

❶ (1) something to drink

(2) homework to do today

(3) some books to read

❷ ウ／テレビで見るための番組はたくさんあります。

❸ (1)ウ (2)ア

❹ (1) Give me something to eat

(2) I want warm clothes to wear

(3) There are many festivals to see in Spain

❺ (1) to go (2) time to meet[see]

(3) places to visit

❻ あなたはタイにいくつかの物を持っていくべきです。カメラ，辞書，水着などです。

━━━━━ 解説 ━━━━━

❶ 「〜するための」を〈to＋動詞の原形〉で表す。

❷ ミス注意 名詞に続けて，あとの動詞の前に to を入れる。

❸ 問題の文は「〜するための」を表す。

(1)アは「〜するために」，イは「〜すること」，エ

は「〜して」を表す。

(2)イは「〜すること」，ウは「〜して」，エは「〜するために」を表す。

❹ (1)「何か食べるもの」は「食べるための何か」と考え，something のあとに〈to＋動詞の原形〉を置く。

(2)ミス注意 「暖かい服」は「着るための暖かい服」と考え，warm clothes のあとに〈to＋動詞の原形〉を置く。

❺ (1)「寝る」go to bed

❻ and so on は「〜など」という意味。

┌─ ポイント ─ 「〜するための，〜すべき」を表す文 ─┐
・〈to＋動詞の原形〉が後ろから名詞を修飾する。
・形容詞のような働きをする。

p.62〜63 ステージ**1**

Wordsチェック (1) A から B まで

(2)〜を発射する，打ち上げる (3)犠牲者

(4)〜を望む，願う (5)復興 (6) however[but]

(7) million (8) war (9) peace

(10) hope for 〜

❶ (1) to see

(2) go to have lunch

(3) go to buy some cakes

❷ (1) three million (2) twenty thousand

(3) five thousand

❸ (1) came to see (2) to play

(3) to hear (4) from, to

❹ (1)私はその話を読んで悲しかったです。

(2) 4 万人の人々がそのサッカーの試合を見て興奮しました。

(3)あなたはどんな未来を願っていますか。

❺ (1) She tried to cook pizza

(2) gets up early to run

(3) anything exciting to read

(4) They went to the beach to swim

━━━━━ 解説 ━━━━━

❶ 「〜しに来る」を〈come to＋動詞の原形〉で，「〜しに行く」を〈go to ＋動詞の原形〉で表す。

❷ (2)ミス注意 20 個の 1000 と考えて，twenty thousand と表す。thousand が複数形にならないことに注意する。

❸ (1)ミス注意 過去時制なので，came to see となる。

❹ (3) What future は「どんな未来」，hope for 〜

は「〜を願う」という意味になる。

5 (2)(4)動作の目的・意図を表す不定詞。

p.64 **■ステージ1**

Wordsチェック (1)クラス対抗の (2)リレー

(3) take part in 〜 (4) different

1 (1) school has (2) enjoy swimming

(3) want to take

2 (1)私たちの学校では9月に文化祭があります。

(2)生徒たちはホットドッグやたこ焼きなどを料理することを楽しみます。

■ 解説 ■

1 (1)「私たちの学校では〜があります」は Our school has 〜 と表す。

(3)「写真をとる」take pictures[a picture]

2 (2)**ミス注意** and so on は「〜など」という意味。

ポイント 学校を紹介する文
・Our school has 〜.「私たちの学校では〜があります。」
・enjoy 〜ing.「〜することを楽しみます。」

p.65 **■ステージ1**

Wordsチェック (1)ほかに何かありますか。

(2)もちろん (3) blanket (4) right away

1 (1) Could you call (2) Could you bring

(3) Could you help

2 Could I

■ 解説 ■

1 「〜していただけますか」を〈Could you＋動詞の原形 〜, please?〉で表す。

2 **ミス注意**「〜してもよろしいでしょうか」は〈Could I＋動詞の原形 〜, please?〉で表す。

ポイント 「〜していただけますか」「〜してもよろしいですか」の文
・〈Could you＋動詞の原形 〜, please?〉「〜していただけますか」
・〈Could I＋動詞の原形 〜, please?〉「〜してもよろしいですか」

p.66〜67 **■ステージ2**

1 **LISTENING** エ

2 (1) four million (2) eighty thousand

3 (1) to ski (2) to do

4 (1) went to the movie theater to see a new movie

(2) I didn't have time to give her a present

(3) Let's go to see the fish

(4) Could you show me the picture

(5) I was disappointed to see the result

5 (1)イ

(2) is very difficult to raise them because they are long

(3)豊作を祈願するため

6 (1) course (2) Could I (3) To (4) looks

7 (1) I went home to help my mother.

(2) I don't have (any) time to watch TV.

(3) Our school has the school festival in September.

(4) Students enjoy talking with [to] each other.

■ 解説 ■

1 **LISTENING** Our school has の後ろ, Students enjoy の後ろに注目して, 行事の内容をつかむ。

音声内容
Our school has the ball game competition in May. Students enjoy playing basketball.

2 **ミス注意** million, thousand が複数形にならないことに注意する。

3 (1)「スキーをしたかったのでカナダに行きました」→「スキーをするためにカナダに行きました」
(2)「私はたくさんの宿題をしなければなりません」→「私にはするべき宿題がたくさんあります」

4 (4)**ミス注意** to がないので〈show＋人＋もの〉と前置詞のない形にする。

5 (3)2行目に People hold the festival to pray for a good harvest. とあるので, to 以下が祭りを行う目的だとわかる。pray for 〜「〜を祈願する」

6 (2)**ミス注意**「〜してもよろしいでしょうか。」と許可を求めるときは, Could I 〜, please? と表す。

7 (3)「私たちの学校では〜があります。」は Our school has 〜. と表す。

18

(4)「～することを楽しむ」は enjoy ～ing で表す。

p.68～69 **ステージ3**

1 🎧LISTENING　(1)ウ　(2)ウ　(3)イ

2 (1) hope for　(2) take part in

(3) right away　(4) each other

3 (1) to do　(2) to buy　(3) to hear

4 (1) practice hard to win the next game

(2) Could you tell me about the news, please?

5 (1) to celebrate

(2) buckets, water guns, water trucks

(3) 1. ×　2. ○　3. ×

6 (例)(1) Our school has the music festival.

(例)(2) Students enjoy singing songs.

7 (1) Could I use this pen, please?

(2) I visited Canada to meet[see] my aunt.

(3) I went to buy some fireworks.

(4) A[One] million people will come to see the famous fireworks.

◀━━━━━━━━ **解説** ◀━━━━━◀

1 🎧LISTENING　(1)水着を買うために買い物に行き、よいものを見つけたと言っているので、水着を買ったことがわかる。found は find「見つける」の過去形。

> 🎵音声内容
>
> I went shopping with my mother yesterday to buy a swimsuit. I found a good one. After that, I was very surprised to see my classmate. I am going to go to Hawaii next month to swim in the beautiful sea. I can wear that swimsuit.
> (1) What did she do yesterday?
> (2) Why was she surprised?
> (3) When will she go to Hawaii?

2 (1)(2) **ミス注意** 前置詞を含む熟語は、前置詞の使い分けに注意。

3 (1)「部屋の掃除を最初にしなければならない」→「するべき最初のことは部屋を掃除することです」

(2)「スーパーマーケットに行っていくつかたまごを買った」→「いくつかたまごを買うためにスーパーマーケットに行きました」

(3)「その知らせを聞いたとき悲しかった」→「その知らせを聞いて悲しかったです」

4 (1)「～に勝つために」は to win ～ と表す。

5 (1)「～を祝うための祭り」という意味にする。

(3) 1. 1文目に in April「4月に」とあるので×。

2. 1文目に a festival to celebrate Thai New Year's Day「タイの元日を祝うための祭り」とあるので○。

3. 2文目に People splash water「人々は水をはねかける」とあるので×。

6 (2) **ミス注意** enjoy ～ing の形で、生徒たちが楽しむことを表す。

7 (3)「～を買いに行く」は go to buy ～。過去時制なので went to buy ～ となる。

(4) **ミス注意** 「100万」は a[one] million。「～だろう」は未来時制なので、will を使う。

Unit 6

Wordsチェック (1)ラッコ (2)手をつなぐ
(3)実際には (4)離ればなれになる
(5) nervous (6) monkey (7) problem
(8) taste

1 (1) looks tired
(2) looks nervous
(3) looks hungry

2 (1) feel, sad (2) looked disappointed

3 (1) feel, happy (2) looks sleepy
(3) looked nervous (4) sad

4 (1) Do you feel hungry
(2) The apple tasted very good
(3) He looked very tired

5 (1) You look like a soccer player.
(2) Did they look strong?
(3) Your father looks very young.

6 (1)新しく見えました
(2)疲れているように見えます
(3)おいしそうに見えます
(4)1つの大きな石に見えました

■■■■■■■ 解説 ■■■■■■■

1 「～に見える」を〈look＋形容詞〉で表す。

4 (2)(3)動詞は過去形を使う。
(2) taste「(～の)味がする」taste good でよい味
がする。つまり，おいしいという意味になる。

5 (2)過去の疑問文なので，Did を使う。

6 (4) look like ～「～のように見える」

ポイント 「～に見える」の文
・〈look＋形容詞〉「～に見える」

Wordsチェック (1)(ミツバチの)巣箱
(2)数字 (3)方向 (4)距離 (5) bee (6) male
(7) nose (8) fish (9) tell (10) toy

1 (1) I gave my sister a pen.[I gave a pen
to my sister.]
(2) Did you tell him the news?[Did you tell
the news to him?]

2 (1) Sora didn't give them sandwiches
(2) My mother bought me this toy
(3) Please tell me your birthday

■■■■■■■ 解説 ■■■■■■■

1 (1)〈give＋人＋もの〉または〈give＋もの＋to＋
人〉の形で表す。
(2)〈tell＋人＋ものごと〉または〈tell＋ものごと＋
to＋人〉の形で表す。

2 (2)**ミス注意** 〈buy＋人＋もの〉の形で表す。

ポイント 動詞のあとに目的語が2つ続く文
・〈give＋人(目的語)＋もの(目的語)〉
「人にものを与える，あげる」

Wordsチェック (1)おそろしい (2)鬼，悪魔
(3)美しく (4)タコ (5)エアコン (6) angel
(7) wing (8) change into ～ (9) head
(10) smartphone

1 (1) her Yoko
(2) call him Taro
(3) call her Saki

2 They called the cat Mona

■■■■■■■ 解説 ■■■■■■■

1 「A を B と呼ぶ」を〈call A B〉で表す。

ポイント 動詞のあとに目的語と補語が続く文
・〈call＋A(目的語)＋B(補語)〉
「A を B と呼ぶ」

Wordsチェック (1)ようこそ
(2)～をうらやましく思う (3)怠惰 (4)ところで
(5) right (6) lazy (7) person (8) quickly
(9) judge (10) leaves

1 (1) teach (2) look (3) call (4) laziness

2 (1) She made me a birthday cake
(2) We call this food tofu in Japanese

3 (1) anymore (2) By, way

■■■■■■■ 解説 ■■■■■■■

1 (1)〈teach＋人＋ものごと〉「人にものごとを教
える」
(2)〈look＋形容詞〉「～に見える」
(4)**ミス注意** 「その悪い結果は彼の怠惰からき
た。」という文にする。

2 (1)〈make＋人＋もの〉「人にものをつくる」
(2)〈call A B〉「A を B と呼ぶ」

3 (1)〈否定文＋anymore.〉「今はもう～ない。」

ポイント 「～に見える」の文
・〈look＋形容詞〉「～に見える」

20

Wordsチェック (1)〜について話す

(2)〜をあおぐ、ファン (3)elephant (4)body

① (1)talk about giraffes

(2)talk about hippos

(3)I'll talk about koalas

② ゴリラは互いに意思を伝え合うのにアイコンタクトを使います。

■ 解説 ■

① 「〜について話す」を talk about 〜 で表す。

② ミス注意! 〈to＋動詞の原形〉で「〜するために」の意味。

ポイント 「私は〜について話します」を表す文
・I'll talk about 〜 .

p.76〜77 文法のまとめ③

1 (1)to study[learn]

(2)started[began] practicing

(3)needs to eat (4)want to do

(5)time to watch

2 (1)To (2)reading

3 (1)Does she want to be an English teacher?

(2)I don't have time to walk in the park.

(3)He is working hard to buy a new car.

(4)Do you have something to drink?

4 (1)彼女は何冊かの有名な小説を探す必要があります。

(2)早起きすることは子どもたちにとってとてもよいことです。

(3)私たちは昨夜その映画を見るために夜ふかししました。

(4)なぜあなたはそんなに一生懸命英語を勉強するのですか。—ニュージーランドを訪れるためです。

5 (1)I have a lot of[many] things to do today.

(2)My mother likes climbing mountains.

(3)Yuta studies English to talk with[to] foreign people.

《 解説 》

1 (2)空所の数から started[began] practicing とする。

(5)「試合を見る時間」→「試合を見るべき時間」

2 (2)空所の数から「読むこと」を reading と表す。

3 (1)be を補い、want to be 〜 で「〜になりたい」の意味にする。

(2)ミス注意! have を補い、I don't have time to 〜 で「〜する時間がない」の意味にする。

(3)to を補い、to 〜「〜するために」の意味にする。

(4)to を補い、something to drink で「飲むためのもの」の意味にする。

4 (2)To 〜「〜すること」が主語になる文。

(3)stay up late「夜ふかしする」

5 (1)「することがたくさんある」は「するべきことがたくさんある」と考え、have a lot of things to do と表す。

(2)ミス注意! 語数指定から「登ること」を climbing と表す。

p.78〜79 文法のまとめ④

1 (1)him (2)tastes (3)for (4)Tokyo

(5)to him (6)surprised

2 (1)was (2)What, you do

(3)called, dog Kuro (4)very[so] happy

3 (1)イ (2)エ (3)イ

4 (1)This hand sign means hello

(2)The tennis game started five minutes ago

(3)My grandmother didn't teach my mother English

(4)What did they give Hana

5 (1)She looked nervous.

(2)We call him a superman.

(3)Sora made his brother a cake.

《 解説 》

1 (1)動詞のあとに目的語が2つ続く場合の「人」を表す代名詞は目的格になる。

(3)〈buy＋もの＋for＋人〉の形になる。

2 (2)ミス注意! do の目的語が what で文頭に置かれていると考える。

3 (1)(2)「(人)に(もの、こと)を〜する」の文。

4 (1)mean 〜「〜を意味する」

(4)ミス注意! 〈give＋人＋もの〉の形。「もの」が What になり文頭に置かれていると考える。

5 (1)〈look＋形容詞〉「〜に見える」

(2)ミス注意! 〈call A B〉「A を B と呼ぶ」

p.80 ステージ1

Wordsチェック (1)高校　(2)神社　(3)(bus) stop
(4) minute

1 (1) Which　(2) often

2 (1) goes　(2) come every, times

━━━━━━ 解説 ━━━━━━

1 (2)**ミス注意!** 〈How often ～?〉「どれくらい
の頻度で～しますか。」

2 (2) every ten minutes「10分ごとに」

> **ポイント** バスでの行き方などをたずねる文
> ・〈Which bus goes to ～?〉
> 　「どのバスが～へ行きますか。」
> ・〈How often ～?〉
> 　「どのくらいの頻度で～しますか。」

p.81 ステージ1

Wordsチェック (1)落語家　(2)話し方の技術
(3) reason　(4) spread

1 (1) going to　(2) want to be
(3) have, reasons　(4) drawing[painting]
(5) seeing　(6) necessary, study

━━━━━━ 解説 ━━━━━━

1 (6)〈It is＋形容詞＋for＋人＋to＋動詞の原形〉
の文。

> **ポイント** あこがれの職業を紹介する文
> ・〈I want to be ～.〉
> 　「私は～になりたいです。」
> ・〈My dream is to be ～.〉
> 　「私の夢は～になることです。」

p.82～83 ステージ2

1 **LISTENING** (1)イ　(2)ア　(3)ウ

2 (1) She told them the story of this town
(2) The milk tasted bad
(3) We call the animal a sea angel

3 (1) It, necessary, him
(2) every, minutes　(3) to us

4 (1) They look shy
(2)ウ　(3)足で目をおおうこと

5 (1) My mother bought me a hat.
(2) She looks happy.
(3) My dream is to be a manga artist.

6 (1) How often　(2) changed into
(3) By the way　(4) drift apart
(5) hold hands

━━━━━━ 解説 ━━━━━━

1 **LISTENING** (1)エミリーの母がエミリーに作る
ものを選ぶ。make you の後ろに注目する。
(3)最初の発言を聞き逃さないように。

> **♪音声内容**
> (1) A : I'm so hungry. Please make me something
> 　　　to eat, mom?
> 　B : Sure, Emily. I'll make you a hamburger.
> 　*Question* : What will Emily's mother make
> 　　　　　for her?
> (2) A : What's your dream, Emily?
> 　B : I want to be a pharmacist.
> 　A : That's nice!
> 　*Question* : What does Emily want to be?
> (3) A : This is a watermelon. What do you call
> 　　　it in Japanese?
> 　B : We call it *suika* in Japanese.
> 　*Question* : What do they call *suika* in
> 　　　　　English?

2 (1)**ミス注意!** 〈tell＋人＋ものごと〉の文。
(2)〈taste＋形容詞〉「～の味がする」

3 (1)「彼は～する必要があります。」を〈It is
necessary＋for＋人＋to＋動詞の原形 ～.〉の文で
表す。
(2)**ミス注意!** two buses an hour「1時間につき
2本のバス」は「30分ごとに」来るのと同じこと。

4 (3) to warm their paws は「足を暖めるために」
という意味。足を暖めるためにする動作を答える。

5 (2)**ミス注意!** look を使って〈look＋形容詞〉の
形で表す。

6 (1)「どれくらいの頻度で」は〈How often ～?〉
と表す。
(2)「～に変わる」は change into ～ と表す。
(5) hold hands と hand が複数形になることに注意。

❶ 🎧LISTENING (1)ウ (2)イ

❷ (1) goes (2) First

❸ (1) Ken's brother taught us a song.

(2) What do they call this animal in English?

❹ (1)ペンギンは冬に備えるために赤ちゃんにたくさんの食べ物を与えます。

(2) 3 番のバスに乗ると，間違った方向に行ってしまいますよ。

(3)彼女はアシカのすばらしい演技を見て興奮しました。

❺ (1) laziness (2) distance (3) predator

❻ (1) We call it a sea angel

(2)クリオネは 2 つの羽がある天使のように見えます。 (3)イ (4)姿

(5)①それ[クリオネ]を海の天使と呼びます

②おそろしい姿に変わります

❼ (1) Why do you call your dog Kuro?

(2) I will show you bees' way of life.[I'll show you a bee's way of life. / I'll show bees' way of life to you.]

(3) His life looks very busy.

(4) How often does the bus come?

❽ (1)(例) I want to be a doctor.

(2)(例) It is necessary for me to study very hard.

(3) predator「肉食動物」

❻ (1)〈call A B〉「A を B と呼ぶ」の形。

(2) it は前の文の Clione を指す。

(3) change into 〜で「〜に変わる」という意味。

❼ (1)ミス注意❗ 「なぜ」は why 〜? の文で表す。

(2)〈show＋人＋ものごと〉か〈show＋ものごと＋to＋人〉の形にする。

(4)「どれくらいの頻度で」は〈How often 〜?〉と表す。

❽ (2)ミス注意❗ 〈It is＋形容詞＋(for＋人)＋to＋動詞の原形 〜.〉の文で表す。

━━━━━ 解 説 ◀━━━━━

❶ 🎧LISTENING (1)A の最後の発言に注目する。

🎵音声内容

(1) A : I'll talk about rabbits.

　 B : Oh, I'm interested in rabbits.

　 A : They can hear very small sounds.

(2) A : My dream is to be a pianist.

　 B : That's great.　I think that to be a pianist is difficult.

❷ (1)ミス注意❗ which bus は 3 人称単数扱い。

❸ (1)〈teach＋人＋ものごと〉の形にする。

(2)ミス注意❗ 〈call A B〉「A を B と呼ぶ」の B を what にして文頭に置く。

❹ (2)ミス注意❗ wrong「間違った」, direction「方向」

(3) to see が感情の原因を表す。「〜して」という意味の不定詞。

❺ (1) laziness「怠惰」 (2) distance「距離」

Unit 7

p.86〜87　ステージ1

Words チェック　(1)リスト，一覧表　(2)面積
(3)ロシア　(4)カナダ　(5)わずかに
(6)〜よりも

1 (1) newer than　(2) easier than
(3) the cheapest　(4) the hottest
(5) faster than　(6) better, than

2 (1)① taller than　② the tallest
(2)① the biggest　② bigger than
(3)① faster than　② the fastest

3 (1) This is the longest pencil of all.
(2) My brother sleeps later than I at night.

4 (1) Which is longer, this pen or that pen?
(2) My mother gets up the earliest of my
family.

5 (1) sadder, saddest
(2) happier, happiest
(3) larger, largest
(4) colder, coldest

解説

1 (2) y を i にかえて er をつける。
(4)**ミス注意**　語尾の t を重ねて est をつける。
2 (1)①「ケンはトムより背が高い。」
②「ボブは 3 人の中でいちばん背が高い。」
(2)①「私のネコは 3 匹の中でいちばん大きい。」
②「ケンのネコはマユのネコより大きい。」
(3)①「シロはクロより速く泳ぐ。」
②「コロは 3 匹の中でいちばん速く泳ぐ。」
3 (1)**ミス注意**　a を the にかえて the longest と
することに注意する。
4 (1)「どちらが〜ですか」は Which is 〜? と表す。
5 (1)語尾の d を重ねることに注意する。
(3)語尾が e なので，r や st のみをつける。

ポイント　「〜よりも…だ」「〜の中でいちばん…だ」
・〈比較級(〜er)＋than 〜〉「〜よりも…だ」
・〈the＋最上級(〜est)＋in[of] 〜〉
「〜の中でいちばん…だ」

p.88〜89　ステージ1

Words チェック　(1)〜を含む　(2)アジアの
(3)ヨーロッパの　(4)ドイツ　(5) survey
(6) among　(7) class　(8) rose

1 (1) more careful　(2) most delicious

(3) more exciting　(4) most careful

2 (1) This camera is more expensive than
that one.
(2) This question is the most difficult of
all.

3 (1) is the most beautiful of the three
(2) is more important than that one

4 (1) Who's, oldest of　(2) Yes / tallest
(3) most, in

5 (1) Which, more　(2) more, than

解説

1 (1) than があるので比較級にする。careful の
前に more を置く。
2 (2)**ミス注意**　of all を加えるので最上級にす
る。difficult の前に the most を置く。
3 (1)「いちばん美しい」〈the most＋形容詞〉の形
になる。
4 (1)答えから，「だれがその 3 人の中でいちばん
年上ですか。」の疑問文を考える。
(3)「しかしラグビーは彼のクラスでいちばん人気
があるスポーツです。」という文にする。
5 (1) exciting の比較級は more exciting となる。

ポイント　more, most を使った比較の文
・〈比較級(more＋形容詞[副詞])＋than 〜〉
「〜よりも…だ」
・〈the＋最上級(most＋形容詞[副詞])＋in[of] 〜〉
「〜の中でいちばん…だ」

p.90　ステージ1

Words チェック　(1)見込み　(2)スイス
(3)ノルウェー　(4)とび上がる，ジャンプする
(5) average　(6) diet　(7) the key to 〜
(8) high

1 (1) as, as　(2) as old as
(3) as expensive[cheap] as that bag

2 I get up as early as my mother

解説

1「A は B と同じくらい〜だ」は〈A＋be 動詞＋
as＋形容詞の原級＋as＋B〉の形で表す。
2「A は B と同じくらい〜する」は〈A＋一般動詞
＋as＋副詞の原級＋as＋B〉の形で表す。

ポイント　「A は B と同じくらい〜」を表す文
〈A＋動詞＋as＋形容詞[副詞]の原級＋as＋B〉

24

p.92~93 ■■■ ステージ**1**

Words チェック (1)サッカー(英)，アメリカンフットボール(米)

(2)ドリブルする (3)guess (4)court

(5)both A and B (6)differ from ~ to ~

❶ (1)the earliest of (2)among

(3)most famous (4)better than

(5)more interesting

❷ (1)This story is shorter than that one

(2)This is the most useful dictionary of all

(3)Popular foods differ from country to country

❸ (1)better / best (2)most popular / both

WRITING Plus (1)例 Soccer is. / Tennis is.

(2)例 I like meat better. / I like fish better.

(3)例 Yes, I do. / No, I don't.

(4)例 Yes, I did. / No, I didn't.

■■■ 解説 ■■■

❶ (2)「~の間で」among ~

(3)famous の最上級は the most famous。

(4)「~よりも…が好き」は〈like … better than ~〉で表す。

❷ (2)「すべての中で」of all

❸ (1)A：Yes, he does. と答えているので「カレーよりすしのほうが好きですか」という質問にする。

(2)B：**ミス注意!**「男の子と女の子の両方の間で」という意味にする。

WRITING Plus (2)(3)(4)副詞も比較級に変化することに注意。

ポイント 「~よりも…が好き」「いちばん…が好き」の文

・〈like … better than ~〉「~よりも…が好き」

・〈like ~ the best〉「いちばん~が好き」

p.94 ■■■ ステージ**1**

Words チェック (1)long (2)short

❶ (1)longer than (2)longest

(3)as, as (4)shorter than

❷ (例)I usually study for one hour at home.

■■■ 解説 ■■■

❶ アオイ 1 時間，エミリー 2 時間，ソラ 30 分，チェン 1 時間という勉強時間。

(4)「ソラはチェンより短い時間勉強する。」

❷ 時間を表すときは，〈for＋時間〉。

ポイント

・一般動詞＋longer than~「~より長く…する」

・一般動詞＋the longest「いちばん長く…する」

p.95 ■■■ ステージ**1**

Words チェック (1)いらっしゃいませ[何かご用でしょうか]。

(2)~を試着する (3)jacket (4)coat

❶ (1)May / try, on (2)smaller

❷ (1)anything (2)looking (3)much

■■■ 解説 ■■■

❶ (2)**ミス注意!** too big for me「私には大きすぎる」と言っているので，「もっと小さいものはありますか」という文にする。

❷ (1)anything を cheaper「より安い」が後ろから修飾している。

ポイント

・〈Can I try ~ on?〉

「~を試着してもよいですか。」

・〈too＋形容詞〉「~すぎる」

・〈Do you have ~?〉「~はありますか。」

p.96~97 ■■■ ステージ**2**

❶ **LISTENING** (1)イ (2)イ

❷ (1)nicer[better] than (2)as tall

(3)most difficult of (4)earliest in

❸ (1)Is your bag bigger[larger] than mine

(2)What subject do you like the best

(3)This actor is as famous as that musician

❹ (1)ウ (2)larger (3)the smallest

(4)ア．〇 イ．×

❺ (1)among (2)in (3)on

❻ (1)This guide book is more useful than that one.

(2)She is the happiest girl.

(3)He plays the piano (the) best of the five.

(4)I like soccer (the) best of all sports.

■■■ 解説 ■■■

❶ **LISTENING** (1)「私はエミリーより背が高い。エミリーは両手でかばんを持っている。」なので背の低い女の子が両手でかばんを持っているものを選ぶ。

(2)「クラスでいちばん人気がある教科は理科」，「英語は音楽より人気がある」と言っているので，イが適切。

♪音声内容
(1) I am taller than Emily.　Emily is holding her bag with both hands.
(2) The most popular subject in the class is science.　English is more popular than music.

❷ (1) **ミス注意**　nice の比較級 nicer か good の比較級 better。

❸ (1) bigger または larger を補う。
(2) best を補う。
(3) as を補う。

❹ (1) that は前の文の内容を指す。
(4) イ．The USA is as large as China.「アメリカは中国と同じ大きさだ。」というのは×。

❺ (2) **ミス注意**　in this country「この国では」
(3) try ～on「～を試着する」

❻ (2)「最高に幸せな」は最上級を使って表す。
(3) well の最上級は best。

p.98～99　ステージ3

❶ ♩LISTENING　(1)① ×　② ×　③ ○
(2)① ×　② ×　③ ○

❷ (1) **as old as**　(2) **the best**
(3) **newer than**

❸ (1) **well as**　(2) **most important of**
(3) **help**　(4) **too**

❹ (1) **My father likes baseball better than soccer**
(2) **Do you have one in a different color**

❺ (1) 平均寿命
(2)① **(the) longest**　③ **as long as**
(3) **エ**　(4) **longer than**

❻ (1) **I am usually busier than Sora.**
(2) **Can I try this jacket on? / Can I try on this jacket?**

❼ (1) **most popular**　(2) **as**　(3) **eight**
(4) **more popular**

━━━━━ ▶解説◀ ━━━━━

❶ ♩LISTENING　(1)アオイは2時間，ケンは1時間，エミリーは1時間半勉強すると言っている。
(2)ケンは14才，ケンの兄は16才，ユウジはケンの兄と同い年と言っている。

♪音声内容
(1) Aoi studies for two hours every day.
　Ken usually studies for one hour.
　Emily always studies for ninety minutes.
(2) Ken is fourteen years old.
　Ken's brother is sixteen years old.
　Yuji is as old as Ken's brother.

❷ (1) **ミス注意**　「同い年」→「同じくらい年をとっている」と考える。
(2) **ミス注意**　「お気に入り」→「いちばん好き」と考える。
(3)「マユのかばんは私のものより新しい」とする。

❸ (1)「上手に」well

❹ (1) better を補う。
(2) have を補う。Do you have ～?「～はありますか。」

❺ (1)表の項目に Average life expectancy とある。
(2)①表から日本は1位とわかるので，the longest「もっとも長く（生きる）」と最上級にする。
③表からシンガポールとオーストラリア，フランスは同じ順位だとわかるので，as long as「同じくらい長く（生きる）」とする。
(4)表からスイスの人々はスペインの人々より長く生きることがわかる。

❻ (1)「ふだん」の意味の usually のような頻度を表す副詞は，ふつう be 動詞のあとに置く。

❼ (1)「すしは私のクラスでもっとも人気のある食べ物です。」という文にする。
(2)「ピザはスパゲッティと同じくらい人気がありますよね。」という文にする。
(4)「カレーはピザやスパゲッティより人気があると言えます。」という文にする。

Unit 8

Words チェック (1)ポルトガル語 (2)城
(3)旅行者 (4)スペイン語 (5)メキシコ
(6) love (7) more and more (8) photo
(9) build

❶ (1) is opened (2) are washed
(3) called Ken

❷ (1) The king is loved by people.
(2) The house was built by him.
(3) The cake was made by her.

❸ (1)① began ② begun
(2)① spoke ② spoken
(3)① took ② taken
(4)① loved ② loved
(5)① studied ② studied
(6)① had ② had
(7)① put ② put

❹ (1)この手紙は彼の兄[弟]によって書かれました。
(2)これらの建物は 40 年前に建てられました。

❺ (1) Japanese is spoken only in Japan
(2) This photo was taken by a famous actor
(3) These windows were washed
(4) Those baseball players are loved in America

❻ (1)イ (2)ウ (3)ア

◀ 解説 ▶

❶ 受け身は〈be 動詞＋動詞の過去分詞形〉の形。
(1)(3)主語が 3 人称単数なので be 動詞は is。
(2)主語が複数なので be 動詞は are。

❷ (2)(3)動詞は過去形なので，受け身に使われる be 動詞も過去形にする。

❸ (4)，(5)以外は不規則動詞。
(7)**ミス注意！** 不規則動詞 put は原形・過去形・過去分詞形の形がすべて同じ。

❹ ミス注意！ 過去の受け身の文なので「～された」という意味。

❺ (2) by ～で「～によって」の意味を表す。

❻ (1)文字を書くのは write。
(2)絵具で描くのは paint。
(3)ペンなどで描くのは draw。

ポイント 「～される[された]」の文 (受け身の文)
・〈be 動詞＋動詞の過去分詞形〉
「～される[された]」
・規則動詞の過去分詞形は過去形と同じ。
・不規則動詞の過去分詞形は不規則に変化する。

Words チェック (1)品物 (2)一般に (3)広く
(4)電気で動く (5) deliver (6) work for ～
(7) deal with ～ (8) such as ～

❶ (1) Were, cars / they were
(2) Is this room used / it isn't
(3) Are the stamps sold at this store / they aren't

❷ (1) not written
(2) was not[wasn't] eaten
(3) That DVD was not[wasn't] sold

❸ (1) The castle was not[wasn't] found fifty years ago.
(2) Where is French spoken?
(3) When was this bridge built?

❹ (1) The T-shirt is not made in America
(2) These novels aren't read in many countries
(3) I love sports such as baseball and tennis

❺ (1) works for (2) deals with

◀ 解説 ▶

❶ 疑問文は〈be 動詞＋主語＋動詞の過去分詞形 ～?〉の形にする。be 動詞を使って答える。

❷ 「～されなかった[されていなかった]」の意を〈was not＋動詞の過去分詞形〉で表す。

❸ (2)**ミス注意！** 「どこ」where を使ってたずねる文に。
(3)**ミス注意！** 「いつ」when を使ってたずねる文に。

❹ (1)「アメリカ製」→「アメリカで作られている」と考える。
(3)「～といった」such as ～

❺ (1)(2)主語が 3 人称単数で現在の文なので，動詞に s をつけることに注意。

ポイント 受け身の疑問文と否定文
(疑問文)〈be 動詞＋主語＋動詞の過去分詞形 ～?〉
(否定文)〈主語＋be 動詞＋not＋動詞の過去分詞形 ～.〉

p.104〜105 ステージ1

Wordsチェック (1)遺跡 (2)古代の
(3)〜に引きつけられる (4)〜を出版する
(5) come back (6) wild (7) repair (8) seen

1 (1) can be found (2) will be repaired
(3) These cars will be sold

2 (1)ウ (2)イ

3 (1) must be
(2) When will the party be

4 (1) This gate has to be opened by
teachers
(2) Photos don't have to be taken by
professional photographers

WRITING Plus (1)例 Beautiful flowers can
be seen in that park.
(2)例 Strange fish can be seen in this sea.

━━━━━ 解説 ━━━━━

1 〈助動詞＋be＋動詞の過去分詞形〉の形。

2 (1)**ミス注意** be attracted to 〜「〜に引きつ
けられる」
(2)**ミス注意**「出版される」は受け身 be published
で表す。

3 (1)空所の数から must を使う。
(2) in March「3月に」を when「いつ」を使って
たずねる文に。

4 (1) has を補い，〈has to＋be＋動詞の過去分詞
形〉の形にする。
(2) be を補う。

WRITING Plus 〈主語＋can be seen＋in[at]場所〉
の形にする。

ポイント 助動詞を含む受け身の文
・〈助動詞＋be＋動詞の過去分詞形〉

p.106〜107 ステージ1

Wordsチェック (1)インタビュー (2)〜を殺す
(3)値段 (4) hide (5) smell (6) message
(7) pleasure

1 (1) will not be (2) will not be cleaned
(3) information will not be found

2 (1) The cat was helped by the girls.
(2) These flowers are grown by my sister.
(3) This book is not[isn't] read by children.
(4) This room will be used by the English
teachers.

3 (1) is spoken (2) is not known

4 (1) fell in love (2) piece of
(3) Even if (4) First, all

5 (1) to study (2) to do (3) raining

━━━━━ 解説 ━━━━━

1「〜されないだろう」を〈will not be＋動詞の過
去分詞形〉で表す。

2 (1)主語が単数で，過去時制なので be 動詞は
was。
(2)主語が複数で，現在時制なので be 動詞は are。
(3)主語が単数で，現在時制なので be 動詞は is。
(4)助動詞 will の後ろなので be 動詞は原形 be。

3 (1) Many people speak English「多くの人々が
英語を話す」→「英語は多くの人々によって話さ
れる」
(2)**ミス注意** People in America don't know
that actor well.「アメリカの人々はその俳優を
よく知らない」→「その俳優はアメリカでよく知
られていない」

4 (1)**ミス注意**「〜に恋をする」fall in love with
〜。fall の過去形は fell。
(2)「一切れの〜」a piece of 〜
(3)「たとえ〜であっても」even if 〜
(4)「最初に」first of all

5 (1)〈need to＋動詞の原形〉「〜する必要がある」
(2)〈want to＋動詞の原形〉「〜したい」
(3)**ミス注意**〈stop＋〜ing〉「〜するのをやめる」

ポイント 助動詞を含む受け身の否定文
・〈主語＋助動詞＋not＋be＋動詞の過去分詞形 〜.〉

p.108 ステージ1

Wordsチェック (1)イギリス (2)店を経営する
(3) in the future (4) take care of 〜

1 (1) want to (2) in France
(3) to be (4) have to

━━━━━ 解説 ━━━━━

1 (2)**ミス注意**「〜で」と国を表すときには，in
を使って in France とする。
(4)〈have to＋動詞の原形〉「〜しなければならな
い」

ポイント 将来，海外でしてみたいことを発表する文
・〈I want to＋動詞の原形 〜.〉
「私は〜したいです。」
・〈My dream is to＋動詞の原形 〜.〉
「私の夢は〜することです。」

28

p.109　《　文法のまとめ⑤　》

1　(1) more popular　(2) largest　(3) better

2　(1) Tennis is more popular than soccer in our class.

(2) Which do you play better, the guitar or the piano[the piano or the guitar]?

(3) My computer isn't as old as yours.

■■■■■■《　解説　》■■■■■■

1　(1) than があるので比較級。長い単語の比較級は more＋形容詞［副詞］の原級。

2　(2) better は，well「上手に，うまく」を表す副詞の比較級。最上級は best。

p.110～111　《　文法のまとめ⑥　》

1　(1) loved　(2) designed　(3) made

2　(1) are　(2) was　(3) were

3　(1) Were, put　(2) isn't included

(3) was built　(4) were written by

4　(1) The picture was painted by a famous artist.

(2) Were the books bought by my brother?

(3) She was not[wasn't] helped by him with her homework.

(4) When were these pictures taken?

5　(1) This cake will be eaten by my sister

(2) Is baseball played in a lot of countries

(3) These signs can be seen in many places

6　(1) That car was washed by my brother.

(2) English isn't spoken in this country.

(3) Japanese food will be loved by people in the world.

7　(1) was borrowed by　(2) is visited by

(3) are cleaned by　(4) was brought by

■■■■■■《　解説　》■■■■■■

1　受け身の形にする。

(3) make の過去分詞形は made。

2　(1) every week とあるので現在時制。

(2) yesterday とあるので過去時制。

(3) many yeas ago とあるので過去時制。

3　(1) ミス注意！ 主語が複数で過去の話なので be 動詞は were。put は不規則動詞で，過去形，過去分詞形とも put。

(2) include ～「～を含む」の受け身の形。否定なので〈be 動詞＋not＋動詞の過去分詞形〉にする。

(4)「～によって」という動作主は by ～で表す。

4　(1) ミス注意！ 主語が単数で過去時制なので be 動詞は was。

(2) 疑問文では be 動詞を文の先頭に置く。

(4) last night「昨夜」をたずねるので，「いつ」when を使う。

5　(3) ミス注意！〈助動詞＋be＋動詞の過去分詞形〉の形。

6　(2) speak の過去分詞形は spoken。

(3)「～されるだろう」は〈will be＋動詞の過去分詞形〉で表す。

7　受け身の文で使われる be 動詞は，主語や時制によって変わることに注意。

p.112　≡≡ ステージ1

Words チェック　(1)男性，紳士　(2)～の用意［準備］をする　(3)少しの～　(4) lady　(5) fairy

(6) invite

1　(1) Would, like / Sounds　(2) sorry / invite

2　Would you like to have [eat] lunch with me?

■■■■■■　解説　■■■■■■

1　(2) ミス注意！ 宿題をやらならなければならない，と続くので，誘いを断る I'm sorry. が適切。「次回も招待します」という文にする。

2　Would you like to ～? で「～するのはいかがですか」とていねいに誘う言い方になる。

ポイント　誘う表現

〈Would you like to＋動詞の原形 ～?〉
「～しませんか」

p.113　≡≡ ステージ1

Words チェック　(1)都会　(2)田舎　(3)静かな

(4)さわがしい　(5) better　(6) hike

1　(1) Which

(2) watching, better than

(3) three　(4) Second　(5) more exciting

■■■■■■　解説　■■■■■■

1　(2) ミス注意！ メモから「本を読むことよりも映画を見ることが好き」という文にする。

(5) than があるので比較級。exciting の比較級は more exciting。

ポイント　意見をたずねる表現と意見を言う表現

・〈Which do you like better, A or B?〉
「A と B ではどちらのほうが好きですか。」

・〈I like ～ better than ....〉
「私は～のほうが…より好きです。」

p.114　　**Try! READING**

Question (1) among　(2) エ

(3) それに私にはいくつかの労働条件があります。

(4) 1. He has to be a tiger (as his job in the zoo).

　　2. Yes, he does.

 1 (1) 座る　(2) 肉体の　(3) おり

(4) 昼寝

2 (1) hanging out　(2) got off [finished his]

━━━━ **解　説** ━━━━

Question (2)「トラの衣装を作った」に続けて「だから…」と結果を表すつながりにする。

(4) 1. 本文 3 行目参照。

　2. 本文 7 行目参照。

 2 (1)「ぶらぶらする」hang out

(2)「仕事を終える」get off work

p.115　　**Try! READING**

Question (1) 私はあなたにチキンか何かを持っていくつもりです。　(2) be　(3) ア

(4) 1. He will bring him some chicken or something.

　　2. Because a tiger in the zoo doesn't call the manager.

 1 (1) 生きている　(2) ～を着る

(3) 油であげた　(4) fly

2 (1) think, not, idea　(2) Put, on

━━━━ **解　説** ━━━━

Question (2) 命令文は動詞の原形で文を始める。be 動詞の命令文は Be ～. の形になる。

(4) 1. 本文 2 行目参照。

　2. 本文 7 行目参照。

 2 (2)「～を着る」put ～ on

p.116～117　　**ステージ2**

1 **LISTENING** (1) イ　(2) ア　(3) イ　(4) ウ

2 (1) sold　(2) bought　(3) taken

3 (1) This table was made by Sora.

(2) This bike is used by her every day.

(3) The story was written by the girl last Saturday.

(4) The animals can be helped by us.

(5) Are these magazines brought by him?

4 (1) A new building will be built next year

(2) Is this book read in many countries

(3) The picture was drawn three hundred years ago

5 (1) as

(2) そのレストランは地元の人々に愛されている。

(3) イ

(4) 1. He started to work just one month ago.

　　2. People [They] speak Portuguese in Brazil.

6 (1) Sounds　(2) better than

(3) deals with　(4) role in　(5) of all

7 (1) The watch was found by her grandmother.

(2) This movie may not be seen [watched] by old people.

━━━━ **解　説** ━━━━

1 **LISTENING** (1)「夢はなんですか」とたずねられているので，自分のやりたいことを答えているイが適切。

(3) were で聞かれているので were を使って答える。

♪ **音声内容**

(1) Question : What is your dream?

　ア I like my dream.

　イ I want to be a doctor in the future.

　ウ I studied hard yesterday.

(2) Question : Would you like to go shopping with me tomorrow?

　ア I'd love to.

　イ I'm sorry. I don't know that shop.

　ウ I'd like to eat hamburgers.

(3) Question : Were these pictures painted by her?

　ア No, there aren't.

　イ Yes, they were.

　ウ They were at school.

(4) Question : Which do you like better, tea or coffee ?

　ア I like my tea cup.

　イ I don't like it.

　ウ I like coffee better than tea.

30

❷ (1)(2) sell，buy は過去形と過去分詞形が同じ形。

(3) take は原形，過去形，過去分詞形の形がすべて異なる。

❸ (1)(3)主語が単数で過去時制なので be 動詞は was。

(4)主語に関係なく can の後ろは be。

(5)疑問文なので〈be 動詞＋主語＋動詞の過去分詞形 ～?〉に書きかえる。bring の過去分詞形は brought。

❹ (1) ミス注意！ be を補う。

(2) ミス注意！ read を補う。read は過去形，過去分詞形ともに read。

(3) was を補う。

❺ (2) local「地元の」

(4) 1. 本文 2〜3 行目参照。

2. 本文 3〜4 行目参照。

❻ (1)「～そうですね」Sounds ～

(3)「～を扱う」deal with ～

(5)「最初に」first of all

❼ (2)「～されないかもしれない」は〈may not be ＋動詞の過去分詞形〉で表す。

p.118〜119 ステージ3

❶ 🎧LISTENING (1)ウ (2)ウ (3)ウ

❷ (1) scared of (2) Would，like to

(3) love to (4) interview with (5) At first

(6) Thank you for

❸ (1)イ (2) can be seen

(3) I was attracted to Rome

(4) 1. ○ 2. ×

❹ (例)(1) eating dinner at home better than eating dinner at a restaurant

(2) I can watch TV when I eat dinner

(3) eating dinner at a restaurant is more expensive

❺ (1) These dishes must not be used.

(2) What time is the shop opened?

(3) The story was told by my mother.

(4) I want to help wild animals in Kenya in the future.

━━━━━ ▶ 解説 ◀ ━━━━━

❶ 🎧LISTENING (2)日曜には予定があり，土曜に変更した流れを聞き取る。

(3) I want to buy Japanese cups と言っている。

❷ (1)「～におびえている」be scared of ～

(4) ミス注意！ have an interview with ～「～にインタビューする」

❸ (1) ミス注意！ ruins は「遺跡」という意味。

(2) can を使った受け身の文にする。

(4) 1. 1 文目に I'm a tour guide in Rome, Italy. とある。ここから，ローマはイタリアの都市だとわかる。

2. 最終文に When I first traveled around Italy「最初にイタリアを旅したとき」にローマにひきつけられたとあるので×。

❹ (1) I like ～better than …. の文にする。

❺ (1)「これらの皿は使われてはいけない」という文にする。

(2)文頭に「何時」What time を置く。

定期テスト対策 　得点 アップ！ **予想問題**

p.130~131 　第 **1** 回 Unit 1 ~ Let's Talk 1

1 🎧LISTENING (1)ア (2)ア (3)イ (4)ウ (5)ア

2 (1) in front (2) fight against

3 (1) watching (2) are (3) Was

　(4) helps

4 (1) There were many toys in his brother's room.

　(2) When she finds busy people, she helps them. / She helps busy people when she finds them.

　(3) Emi was doing her homework two hours ago. 　She is drinking coffee now.

5 (1)その歌が東北の人々を元気づけました。

　(2) They were singing the song

　(3) 1．× 　2．× 　3．○

6 (1) What were they doing when you met

　(2) Are there many chairs in your room

　(3) When old people are in trouble, we should help

　(4) The restaurant is next to the bookstore

　(5) It is not a pen, but a pencil

━━━━ 解 説 ━━━━

1 🎧LISTENING (2) three boys で聞かれているので they を使って答える。

　(3) Who was walking ...? と聞かれているので, Ken was. と答える。

🎵音声内容

(1) Was Tom reading a book?

　ア Yes, he was. 　イ Yes, he did.

　ウ He was reading.

(2) What were three boys doing?

　ア They were playing soccer.

　イ He was reading. 　ウ No, they didn't.

(3) Who was walking with Sam?

　ア He was Chen. 　イ Ken was.

　ウ Sora did.

(4) How many people were there in the picture?

　ア Six. 　イ Five. 　ウ Seven.

(5) Was the bench next to the tree?

　ア Yes, it was. 　イ No, it wasn't.

　ウ There was a boy.

2 (2)ミス注意 「~と戦う」 fight against ~

3 (1)「~していた」という過去進行形にする。

　(2)ミス注意 now があるので現在時制。

　(3)ミス注意 yesterday があるので過去時制。

4 (3)過去進行形と現在進行形の使い分けに注意。

5 (1) cheer up ~ 「~を元気づける」

　(3) 1. 本文 1 文目参照。「アンパンマンのマーチ」はやなせたかしが書いたもので，東北の人々によって書かれたのではないので×。

　3. the song cheered up the people in Tohoku「その歌(「アンパンマンのマーチ」)が東北の人々を元気づけた」とある本文 2 文目の内容に一致するので○。

6 (3)ミス注意 「困っている」 be in trouble

　(4)「~のとなりに」 next to ~

1 🎧LISTENING (1)ウ (2)イ (3)イ

2 (1) should (2) don't have (3) mustn't

3 (1) I'll do my best.

(2) I'm going to visit Kyoto next week.

(3) It'll be rainy in Tokyo tomorrow.

4 (1)ア (2)すぐに晴れるでしょう。

(3) lasts

(4) 1. 夜景 2. 降っている 3. 短い時間

5 (1) You must not open the window.

(2) Australia is famous for koalas.

(3) They don't have to come home soon.

(4) Ken must go to a doctor.

6 (1) population (2) language

─────────── 解説 ───────────

1 🎧LISTENING (2)「カナダには行かないが，オーストラリアに行く」と言っている。

🎵音声内容

(1) A : Do you have any plans for next Saturday?

B : Yes. My brother and I will visit Mt. Fuji.

(2) A : Are you going to visit Canada this summer?

B : No. But I'm going to visit Australia.

(3) A : What will you do after dinner?

B : I'll do my homework.

2 (3)空所の数から「～してはいけない」must not を省略形で使う。

3 (1) do my best「最善をつくす」

4 (1) It'll be clear soon,「すぐに晴れるでしょう」と言っているので，Don't worry.「心配しないで」が適切。

(3) ミス注意！ 主語が3人称単数なので3単現のsをつけることに注意。

(4) 3. for only a short time「短い時間だけ」

5 (1)「～してはいけない」must not

(3)「～する必要はない」〈don't have to＋動詞の原形〉

6 (1) population「人口」

1 🎧LISTENING (1)ア (2)ウ (3)ウ (4)ア

2 (1) Because he had a cold, he didn't go to school.[He didn't go to school because he had a cold.]

(2) I'll get away from tall buildings if an earthquake happens.

(3) We must not be late for school.

(4) I know (that) she can play the piano well.

3 (1) in case (2) turn off (3) too bad

4 (1)明日火災訓練があることをあなたは知っていますか。

(2)ア (3) I see

(4) 1. We should go out of the school building.

2. Yes, she does.

5 (1) Welcome to my house.

(2) What's wrong?

(3) Our school is in Tokyo.

(4) Our school has the school festival in October.

(5) Because I was tired, I didn't study.[I didn't study because I was tired.]

─────────── 解説 ───────────

1 🎧LISTENING (1) sunny「晴れ」

(2) cloudy「くもり」 (3) rainy「雨」

🎵音声内容

Now let's look at the tomorrow's weather. In Fukuoka, it'll be sunny. Osaka will be cloudy all day. In Tokyo, it'll be cloudy in the morning, and rainy in the afternoon. Sapporo will be sunny.

2 (1)「彼はかぜをひいていました。だから学校に行きませんでした」→「彼はかぜをひいていたので，学校に行きませんでした」

(2) **ミス注意** if に続く文では，未来のことも現在形で表す。

(3) must not の後ろは be 動詞が原形になることに注意。

3 (1)「～の際」in case of ～

(2)「～を消す」turn off ～

4 (2)「(警報器などが)鳴る」go off

(4) 1. 2番目のソラの発言から推察できる。

2. **ミス注意** エミリーは火災訓練で何をするかたずねているので，火災訓練について知りたいといえる。

5 (1)「～にようこそ」Welcome to ～.

(2)「どうかしましたか。」What's wrong?

(3) Our school is in 場所. で表す。

(4) Our school has ～. で表す。

---

p.136~137　第4回　Unit 3 ～ Project 1

1 **LISTENING** (1)イ　(2)イ

2 (1)ウ　(2)イ　(3)イ

3 (1) was doing my homework when my mother came home

(2) Because my father is busy, he can't get home at seven

(3) Do you know that it is cold here

(4) We are going to perform a drama at the school festival

4 (1)イ→エ→ウ→ア　(2)エ

(3) When natural disasters occur, these parks are very useful.　(4) 1. ×　2. ○

5 (1)私は，彼らは魚が好きだと思いません。

(2)私たちが遅刻したのでベル先生は怒りました。

(3)大きな地震が起きたとき，私たちは食べ物と水なしでは生きることができません。

6 Let's go hiking if it is sunny tomorrow.

解説

1 **LISTENING** (1)「医者に行くべき」と勧めるのが適切。

(2)「どうしたのですか」と体調をたずねるのが適切。

音声内容

(1) ア A : How do I look?
　　B : You look fine.
　イ A : I have a headache.
　　B : You should go to a doctor.
　ウ A : I want to eat a hamburger.
　　B : All right.

(2) ア A : May I help you?
　　B : Let me see.
　イ A : What's wrong?
　　B : I have a headache.
　ウ A : What would you like?
　　B : I'd like a pizza.

34

p.138～139　第**5**回　Unit 4 ～ Let's Talk 4

2　(1)「スパゲッティかハンバーガー」という意味
にする。

3　(2)**ミス注意！** カンマ(,)があるので，Because
を文頭に置いて〈Because＋主語＋動詞 ～,〉の形
にする。

4　(1)**ミス注意！** 文の内容と，Now, first, Then,
Next という語に注意して順番を考える。

(4) I . 3 文目に I watched a demonstration.「私
は実演を見ました」とあるので×。

2. 最後の 2 文から○。

5　(2) get angry「怒る」

(3)**ミス注意！** without ～「～なしで」

6　**ミス注意！**「もし晴れたら」は if を使って表す。
if に続く文では，未来のことも現在形で表す。

1　**LISTENING** (1)エ　(2)ウ　(3)カ　(4)オ

2　(1) Thanks to　(2) would, like
(3) necessary, to

3　(1) I think you will be interested in
writing novels
(2) He enjoys playing soccer every day
(3) It is important for me to practice
swimming
(4) Playing the piano is a lot of fun for me

4　(1)①ウ　⑥イ　(2) your voice
(3)会社の製品　(4)④ウ　⑦ア
(5)彼らがそのロボットをプログラムするのは難
しかったです。
(6) 1 . ○　2 . ○　3 . ×　4 . ○

5　私の夢は，プロのダンサーとして働くことで
す。

解 説

1　**LISTENING** (1)(2)〈to＋動詞の原形〉に注意して，
何のために使うものかを確認する。

♪ 音声内容
(1) You use it to play tennis.　You have to hold
it.
(2) You need it to travel.　Without it, you can't
go to a foreign country.
(3) You use it when you walk at night.
(4) You take it when it rains.

2　(1)「～のおかげで」thanks to ～
(2)「何を～したいですか」What would you like
to＋動詞の原形 ～?

3　(1) be interested in＋～ing「～することに興味
がある」
(2) enjoy＋～ing「～することを楽しむ」

4　(1)⑥ work on ～「～に取り組む」
(2) it は前に出てきた単数の名詞を指す。
(4)④ developed「開発した」
(6) 3 . 第 3 段落 2 文目参照。中学生が作ったロ
ボットが世界の人々に感銘を与えたのである。

5　〈to＋動詞の原形〉「～すること」が文の補語に
なっている。

p.140〜141　**第❻回** Unit 5 〜 Let's Talk 5

① **🎧LISTENING**　(1)イ　(2)イ

② (1)ア　(2)ウ　(3)ア

③ (1) to study　(2) something to

　(3) I have

④ They splashed water on each other

⑤ (1) People are excited to see fireworks

　(2)毎年8月1日から3日まで，100万人の人々がその祭りを見に来ます。

　(3) twenty thousand　(4) to pray, victims

　(5)ウ　(6) 1. ×　2. ○　3. ○

⑥ (1) My father gets up early in the morning to run in the park.

　(2) He was disappointed to know the result.

　(3) I don't have time to watch TV.

━━━━━〈 **解　説** 〉━━━━━

① **🎧LISTENING**　(1)最後にコーヒーをたのんでいるので，「何か飲み物をもってきてほしい」→「何がいいですか」→「コーヒー」という流れが適切。

> ♪ **音声内容**
> (1) A : Could you bring some magazines, please?
> 　B : Of course.　Anything else?
> 　A : (チャイム)
> 　B : Certainly.　What would you like?
> 　A : Coffee, please.
> (2) A : Our school has the chorus contest in November.(チャイム)
> 　B : That sounds interesting.
> 　A : Students enjoy singing many songs.

② (1) look like 〜「〜のように見える」

　(2) each other「お互い」

　(3) take part in 〜「〜に参加する」

③ (1)「私は英語を勉強したいのでアメリカに行く予定です」→「私は英語を勉強するためにアメリカに行く予定です」

　(2) **ミス注意!**「私は何か食べたいです」→「私は食べるための何かがほしいです」

　(3) **ミス注意!**「あなたが私に毛布をくれますか」という言い方を「私は毛布をもってもよいですか」という言い方にかえる。

④ each other「お互いに」

⑤ (2) one million「100万」, come to see 〜「〜を見に来る」

　(5)「人々はそれらを見て平和を願う」という文なので，them は white fireworks「白い花火」だと考えられる。

　(6) 1. 2〜3行目に人々は美しい色と大きな音を楽しむと書いてあるので×。

⑥ (2) **ミス注意!**「〜してがっかりする」

　〈be disappointed to＋動詞の原形〉。

36

1 🎧 LISTENING (1)ウ (2)ウ

2 (1)My grandfather sent me a new bag

(2)Ken and I were not at the library then

(3)I will give a present to him

(4)They call their baby Emily

(5)We had a good time in Kyoto

(6)This juice does not taste good

3 (1)①ア ③ウ ⑥イ

(2)寒いとき，彼らの胃はうまく機能することができません。

(3)looks

(4)しかし私は，ナマケモノ[彼ら]の暮らしは平和ではないと学びました。

(5)1. They eat one or two leaves a day.

　　2. Because they can't digest the leaves.

4 (1)My dream is to be a pianist.

(2)It is necessary for me to practice (the piano) for one[an] hour every day.

━━━━━━ 解説 ━━━━━━

1 🎧 LISTENING (1)Kita Hospital 行きは No.1。

🎵 音声内容

(1)Oh, it's already ten fifteen. I have to go to Kita Hospital by eleven o'clock. It takes ten minutes from this bus station to the hospital, so ...

Question : What line and what time of the bus should this man take?

(2)If you go to Sakura Zoo and it's ten thirty-five, how long do you have to wait for the bus?

2 (1)〈send＋人＋もの〉「人にものを送る」の形。

(3)**ミス注意!** 〈give＋もの＋to＋人〉の形。

3 (3)**ミス注意!** 1つ目の④は動詞 look「〜に見える」に3単現の s がついたもの。2つ目の④は名詞 looks「容姿」。

(4)it は their life「彼ら[ナマケモノ]の暮らし」を指す。not の後ろには peaceful が省略されている。

(5)1. 最初の飼育員の発言参照。

　　2. 2番目の飼育員の発言参照。

4 (2)〈It is necessary for＋人＋to＋動詞の原形～.〉の文。

1 🎧 LISTENING (1)イ (2)ウ (3)ア (4)ウ

2 (1)ア (2)ア (3)ウ (4)イ

3 (1)That woman looks kind.

(2)I stopped reading books when the teacher came.

(3)To get up early is good for you.

(4)My grandmother often told me that story.

(5)I don't have anything to eat.

4 (1)When (2)ウ (3)イ

5 (1)changed into (2)Which, goes

(3)work well

6 (1)I'll show her the result of this survey.

(2)Please call me Sora.

(3)He looked shy then.

(4)She gave us a present.

━━━━━━ 解説 ━━━━━━

1 🎧 LISTENING (1)元気な様子を表すのは I feel fine.。

(3)机の上に新しいパソコンがあるので，「あなたに新しいコンピューターを見せてあげます」という文が適切。

🎵 音声内容

(1)ア I'm tired.

　イ I feel fine.

　ウ I feel cold.

(2)ア She looks happy.

　イ She looks busy.

　ウ She looks hungry.

(3)ア I'll show you my new computer.

　イ I can't buy a computer.

　ウ I'm using an old computer.

(4)ア She is studying math.

　イ She told me a story.

　ウ She teaches math to us.

2 (1) hold hands「手をつなぐ」
　(3) by the way「ところで」　(4) lazy「怠惰な」
3 (2)〈stop＋～ing〉「～するのをやめる」
　(3) ミス注意 〈to＋動詞の原形〉「～すること」
が主語になる。
　(5) ミス注意 「食べ物を何も持っていない」→「食べるためのものを何も持っていない」と考える。
4 (3) figure eight は「数字の8」。8の字を描くように踊るということ。
5 (2) ミス注意 Which bus は単数なので，動詞が goes になることに注意。
6 (1)「結果」result，「調査」survey，「～を見せる」は〈show＋人＋ものごと〉もしくは〈show＋ものごと＋to＋人〉の形。

p.146〜147　第 **9** 回　Unit 7 〜 Let's Talk 7

1 🎧LISTENING （1)ウ　(2)イ　(3)ウ
2 (1) earliest　(2) happier　(3) better
3 (1) try, on　(2) too / bigger[larger]
4 (1) I want to be as beautiful as you.
　(2) Which season do you like the best?
5 (1)① more popular　⑤ to try
　(2) among　(3)ウ
　(4) Popular sports differ from country to country
　(5) 1. ○　2. ×　3. ×　4. ○
6 (1) This question is the most difficult in the book.
　(2) I go to bed later than he[him].
　(3) He speaks English as well as his teacher.

解説

1 🎧LISTENING (3)その美術館の来場者数は，2019年4万人，2018年3万5千人，2017年5万人と言っている。

🎵音声内容
(1) I'm fourteen years old.　Ken is fourteen years old too.　Ken's brother is older than I.　My sister is older than he.
(2) I can run faster than Ken.　I can't run faster than Yuta.　Taro can run faster than he.
(3) Forty thousand people visited the museum in 2019.　Thirty-five thousand people visited it in 2018.　Fifty thousand people visited it in 2017.

38

p.148~149 第**10**回 Unit 8 ～ Let's Read

2 ⑴ the があるので最上級。early の最上級は y を i にかえて earliest。

⑶ ミス注意 good の比較級は better。

3 ⑴「この T シャツを試着してもよいですか」という文にする。

⑵「小さすぎます。もっと大きいものはありますか」という文にする。「〜すぎる」は too 〜。

4 ⑴ be beautiful「美しくなる」の beautiful を as 〜as で囲む。

⑵ ミス注意 〈Which 〜 do you like the best?〉「どの〜がいちばん好きですか」

5 ⑴① than があるので比較級。

⑤〈want to＋動詞の原形〉「〜したい」

⑸ 3. ミス注意 ソラの発言とそれに続くベル先生の発言から，ニュージーランドではフットボールが人気だが，これはアメリカンフットボールではなく，サッカーのことなので ×。

4. 6 行目のベル先生の発言から○。

6 ⑶「上手に」は well。「同じくらい上手に」なので as well as となる。

---

1 🔊LISTENING ⑴イ ⑵イ ⑶ウ

2 ⑴ **attracted to** ⑵ **wasn't built**

⑶ **worked for**

3 ⑴ **Where can many stars be seen?**

⑵ **This bag was made by my grandmother.**

⑶ **This book is more interesting than that book[one].**

⑷ **He is the fastest runner in his class.**

4 ⑴私たちは密猟と違法の象牙の取引をやめさせる必要があります。

⑵ウ ⑶イ ⑷ **play, role**

⑸ **what message do you want to give us**

⑹ア

5 医師と看護師のおかげで，彼女はよくなってきました。

━━━━━ 解 説 ━━━━━

1 🔊LISTENING ⑶ second reason「2 つ目の理由」としては Second, I can use my computer easily at home. と言っている。

> 🎵 音声内容
>
> A : Which do you like better, studying at home or studying in the library, Aoi?
>
> B : I like studying at home better than studying in the library.
>
> A : Why do you think so?
>
> B : I have three reasons. First, there is no library near my house. Second, I can use my computer easily at home. Third, I don't have to take heavy textbooks or dictionaries to the library.
>
> *Question :*
>
> ⑴ Which does Aoi like better, studying at home or studying in the library?
>
> ⑵ How many reasons does Aoi have?
>
> ⑶ What is her second reason?

39

② (2) ミス注意 空所の数，また「建てられたの
ではありません」という過去時制なので be 動詞
が wasn't になることに注意。

③ (1)「どこ」where を使ってたずねる文に。

(2) ミス注意 主語が単数で過去時制なので，be
動詞は was。

(4) ミス注意 「彼はクラスでいちばん速く走るこ
とができる」→「彼はクラスでいちばん速い走者
です」

④ (2) Even if ～「たとえ～でも」

(3)直前のタキタ医師の発言参照。sniff out ～「～
のにおいをかぎつける」

(5) what message「どんなメッセージ」を文頭に
置く。

(6)「もし皆が象牙を買うのをやめたら」に続くの
で「ゾウはその(象牙)ために殺されなくなるだろ
う」が適切。

⑤ get better「よくなる」を過去進行形にしている。

---

p.150～152 第**11**回 Unit 8 ～ Let's Read

① ① LISTENING (1)ウ (2)ア (3)ウ

② (1) Would, like (2) Sounds, love

(3) I'm sorry

③ you are young, you can eat all you want

④ (1)ア (2) Is English spoken

(3) 1. No, don't

2. Arabic and French are used in
Morocco.

⑤ (1) I want to play basketball in America
in the future.

(2) My dream is to play basketball in the
NBA.

(3) So I have[need] to study English hard.
[So it is necessary for me to study
English hard.]

⑥ (1) Emily can swim as fast as Aoi.

(2) This book was not[wasn't] read in
Japan.

(3) That movie will be loved by more and
more people.

⑦ (1) coming (2)②ウ ③イ ④ア

(3) way (4)ウ

(5)ライオンは着ぐるみを着た園長の長谷川だか
ら。

(6) 1. × 2. ×

⑧ アメリカでは家の中でも靴をはきます。

―――― 解 説 ――――

① ① LISTENING (1)夏目漱石の『我輩は猫である』
に関する説明文。

(2)スペイン語に関する説明文。5千万人以上の人
が話し，世界で4番目に多くの人が話す言語で，
アメリカでは10％を超える人が話す。

(3)私の姉は京都でガイドをしており，外国人に京
都について英語で語るのが好き。彼女は京都は古
代の遺跡を数多く見られるから好き，と言ってい
る。

40

2 (3)あとの文で，家族で出かけるので行けないと断っているので I'm sorry. と言う。

3 ミス注意！ all you want「好きなだけ」

4 (1) work for ～「～に勤める」

(2) is を主語の前に置き Is English spoken ～？という形にする。

5 (3)「～しなければならない」は〈have to＋動詞の原形〉や〈need to＋動詞の原形〉で表す。また〈it is＋形容詞＋for＋人＋to＋動詞の原形 ～.〉の文でもよい。

6 (3) ミス注意！ more and more ～「ますます多くの～」

7 (2)② over here「こちらに」

(4) ミス注意！ 10,000 yen a day isn't good enough for this!「1日1万円はこれに対して十分ではない」と言っているので，キロクがする仕事の内容としてどんなことが起こるのかを考える。

(6) 1. キロクは「冗談じゃない」と怒っているので，特別なイベントについて知っていたというのは×。
2. 本文8～9行目参照。came closer to ～は「近づいてきた」という意味なので，おりを閉めてキロクから離れたというのは×。